全国普通高等院校食品专业系列规划教材

食品进出口风险及其防范

SHIPIN JINCHUKOU FENGXIAN JI QI FANGFAN

主　编　陈仙丽　朱　昊
副主编　杨晓峰

湘潭大学出版社
XIANGTAN UNIVERSITY PRESS

图书在版编目（CIP）数据

食品进出口风险及其防范 / 陈仙丽，朱昊主编．--
湘潭 ：湘潭大学出版社，2023.7
ISBN 978-7-5687-1251-4

Ⅰ．①食… Ⅱ．①陈… ②朱… Ⅲ．①进出口贸易－食品安全－风险管理－研究－中国 Ⅳ．①F752.658.2

中国国家版本馆 CIP 数据核字（2023）第 180783 号

食品进出口风险及其防范

SHIPIN JINCHUKOU FENGXIAN JIQI FANGFAN

陈仙丽 朱昊 主编

责任编辑：丁立松
封面设计：李跃平
出版发行：湘潭大学出版社
社　　址：湖南省湘潭大学工程训练大楼
电　　话：0731-58298960 0731-58298966（传真）
邮　　编：411105
网　　址：http://press.xtu.edu.cn/
印　　刷：长沙印通印刷有限公司
经　　销：湖南省新华书店
开　　本：787 mm×1092 mm 1/16
印　　张：16
字　　数：360 千字
版　　次：2023 年 7 月第 1 版
印　　次：2023 年 7 月第 1 次印刷
书　　号：ISBN 978-7-5687-1251-4
定　　价：52.00 元

前言

食品贸易是我国国际贸易的重要构成。2022 年度《中国进口食品行业报告》指出，2012—2021 年，中国进口食品总额年均复合增长率达 13%。2021 年，进口食品总额 1 354.6 亿美元，同比增长 24.5%，创近 10 年新高。2021 年，中国进口的前五大食品品类依次为肉类及其制品、粮食及其制品、水海产品及其制品、乳品、水果及其制品。

本教材在介绍我国食品进出口现状的基础上，从我国食品进出口各环节出发，结合食品贸易的核心知识，分析食品进出口中的包装风险、国际运输风险、仓储风险、通关风险、外汇风险、贸易壁垒风险及管理和食品进出口溯源管理。本教材通过大量实际案例，将食品与贸易知识融合，提升学生综合分析问题的能力，以及敏锐的风险识别能力和风险应对能力。教材提供了判断风险信息的数据来源，培养学生运用数据分析实际问题的思维方式和务实的操作能力。对未来从事与食品进出口相关工作的学生提供理论指导和实践操作依据。

本教材内容方面融合了多学科内容：将食品、贸易、供应链、国际贸易法规等多学科进行融合，培养学生的综合应用能力。如课程内容中有食品定义、包装、仓储、运输等知识，食品和贸易知识的结合，可弥补国际经济与贸易专业、国际商务专业学生商品知识的不足。

本教材一共分为九个章节。第一章介绍我国食品进出口安全现状，第二章为风险及风险管理，第三章为食品进出口包装风险及其防范，第四章为食品进出口国际物流风险及其防范，第五章为进口食品冷链的风险及其防范，第六章为我国食品进出口的通关风险及其防范，第七章为外汇风险及其防范，第八章为食品贸易壁垒风险及其防范，第九章为食品进出口溯源管理。

本教材由陈仙丽、朱昊担任主编，杨晓峰担任副主编。

本教材还有不足之处，请各位同仁多提宝贵建议，希望能不断完善！

目录

第一章 我国食品进出口安全现状

第二章 风险及风险管理

第三章 食品进出口包装风险及其防范

第四章 食品进出口国际物流风险及其防范

第五章 进口食品冷链的风险及其防范

第六章 我国食品进出口的通关风险及其防范

第七章 外汇风险及其防范

第八章 食品贸易壁垒风险及其防范

第九章 食品进出口溯源管理

附　录

参考文献

第一章

我国食品进出口安全现状

学习目标

1. 了解我国进口、出口食品安全状况。
2. 熟悉食品定义和分类。
3. 理解食品贸易特殊性。
3. 掌握进出口食品安全工作坚持的原则。

基本概念

农产品；食品；食品质量

引入案例

2023年中国首次向俄滨海边疆区供应李子、油桃和桃子

2023年4月21日，俄罗斯联邦兽医和植物卫生监督局发布消息称，今年中国首次向俄罗斯滨海边疆区供应了重达6.6 t的油桃、2.8 t的桃子和2.4 t的李子。

该局指出，所有产品均顺利通过植物检疫检查，完全符合俄罗斯的要求。

2022年3月5日起，俄兽医和植物卫生监督局取消了从中国向俄罗斯出口核果类水果的限制。2022年5月底，第一批李子和油桃从中国运抵俄滨海边疆区。

资料来源：俄罗斯卫星通讯社．2023-04-21.https://baijiahao.baidu.com/s?id=1763737026270535968&wfr=spider&for=pc

第一节　农产品与食品

一、农产品的定义

2006年4月29日通过的《中华人民共和国农产品质量安全法》所指的农产品是指“来源于农业的初级产品，即在农业活动中获得的植物、动物、微生物及其产品”。农产品是食品主要来源，分为食用农产品和非食用农产品。

世界贸易组织（WTO）的产品分类将农产品定义为：包括活动物与动物制品、植物产品、油脂及分解产品、食品饮料。世界贸易组织对农产品概念的定义比较宽泛。

农产品是源于农业的初级产品，包括直接食用农产品、食品原料和非食用农产品。

二、食品

（一）食品的定义

食品工业基本术语中的定义：可供人类食用或饮用的物质，包括加工食品、半成品和未加工食品，不包括烟草或只作药品用的物质。

现行的《中华人民共和国食品安全法》（2015年4月24日修订）中关于食品的定义：各种供人食用或饮用的成品和原料以及按照传统既是食品又是药品的物品，但是不包括以治疗为目的的物品。从食品安全管理和立法的角度，广义的食品概念还涉及：所生产食品的原料，食品原料种植，养殖过程接触的物质和环境，食品添加剂，所有直接或间接接触食品的包装材料，生产设施以及影响食品本身品质的环境。

（二）食品的分类

1. 按照食物的来源分类

食品主要来源于植物界、动物界和矿物，因此可把食品分为植物性食品、动物性食品和矿物性食品。

植物性食品：来源于植物界，主要包括谷类、杂粮、豆类、薯类、植物油、蔬菜、果品、茶叶、咖啡、糖类、海产植物等，以及它们的各种加工产品。

动物性食品：来源于动物界，主要包括畜类、禽类、蛋类、鱼虾类、奶类等，以及它们的加工产品。

矿物性食品：来源于非生物界，主要有食盐、矿泉水等。

2. 按照原料种类分类

分为果蔬制品、肉禽制品、水产制品、乳制品和粮食制品等。

3. 按照保藏方法分类

分为罐头食品、脱水干制食品、冷冻食品或冻制食品、冷冻脱水食品、腌渍食品和烟熏食品等。

4. 按照加工方法分类

焙烤食品、膨化食品和油炸食品等。

5. 按照食用人群分类

婴幼儿食品。

中小学生食品。

孕妇、哺乳期妇女食品以及恢复产妇生理功能为目的的食品。

适用于特殊人群需要的特殊营养及功能性食品。如：运动员食品、宇航员食品；高温、高寒、辐射或矿井条件下工作人群的食品；高血压病患者适宜低脂肪、低胆固醇食品；以维持、增进人体健康和各项功能为目的，适于各类人群的各种功能性食品。

第二节　我国食品进出口贸易现状

一、食品质量

食品质量由各要素组成。按照国家标准对质量的定义，将食品质量规定为：食品的一组固有特性满足要求的程度。包括安全性、营养性、可食用性、经济性几个方面。其中，食品安全是第一位的。

食品质量有两类品质特性：其一，直观性品质特性，指食品的色泽、风味等，即食品的色、香、味、形；其二，非直观性品质特性，如食品的安全、营养及功能特性。

二、我国农产品贸易状况

在农业领域高水平开放的推动下，我国农产品贸易规模快速增长。据全球贸易综合分析系统（GTAS）统计，中国农产品进出口额由 2001 年的 278 亿美元增至 2021 年的 3 041.1 亿美元，稳居全球第二大农产品贸易国、第一大进口国、第六大出口国，是全球大豆、棕榈油、食糖、猪肉、羊肉、棉花、油籽等农产品的最大买家。

（一）进口农产品现状

1. 进口规模

在消费升级浪潮和国家进口政策红利的激励下，越来越丰富的进口农产品走上消费者的餐桌。我国人均国内生产总值达到 1.25 万美元，接近高收入国家门槛，是全球最大、最有潜力的消费市场。据 GTAS 统计数据显示，2001 年我国进口农产品 118.1 亿美元，成为全球第 11 大农产品进口国；2012 年进口额首次突破千亿美元大关，达到 1 114.5 亿美元，超越德国跃居全球农产品进口亚军；2021 年进口额再次跨上新的千亿美元台阶，达到 2 197.4 亿美元，成功超越美国成为世界第一大农产品进口国。

“入世”前，我国农产品出口常年高于进口，贸易基本保持顺差。“入世”后，进口以高于出口的速度迅猛增长，农产品贸易由顺差逐渐转为逆差。2004 年我国成为农产品净进口国，之后贸易逆差迅速扩大，由 48.4 亿美元增至 2021 年的 1 353.8 亿美元，年均增长 59.5%，远高于同期进出口增速。

农产品进口在国际市场中的份额不断提高。GTAS 统计数据显示，2001 年我国农产品进口额仅占全球的 2.6%，2021 年提高至 11.9%，排位由全球第 11 位上升至第 1 位。

2. 进口农产品品种

“入世”后，我国进口油籽、谷物、棉花、植物油等原料型产品继续增加，肉类、水果、乳制品、水产品、葡萄酒等直接消费品和深加工产品进口也逐渐增多，品种更加丰富。

在土地密集型产品类型中，进口最多的农产品是大豆、棉花和棕榈油等工业原料。大豆是我国进口规模最大的农产品，2021 年进口 9 652 万吨，进口金额高达 3 458.1 亿元，占同期农产品进口总额的 1/4，主要来自巴西和美国。2022 年前 5 个月进口 1 545.7 亿元，同比增长 22.8%，继续保持较快的增长势头。进口大豆用来生产豆油和豆粕。

2021 年我国分别进口食用植物油、棉花和食糖 706.1 亿元、265.7 亿元和 147.5 亿元，分别比 2001 年增长 14.6 倍、44.2 倍和 4.7 倍。

我国进口海鲜数量迅速上升。据海关统计，2021 年我国进口了价值 944.1 亿元的水海产品，比 2001 年增长 7.4 倍，龙虾、帝王蟹、三文鱼、金枪鱼、鲍鱼、对虾、生蚝等是爆款产品。

2021 年我国进口各种肉类价值超过 2 000 亿元，其中牛肉、猪肉和羊肉分别进口 807 亿元、658.7 亿元和 153.6 亿元，较 2001 年分别增长 1 663 倍、190 倍和 93 倍，为丰富国人的餐桌提供更多的选择。我国是牛肉进口大国。由于国外肉牛养殖成本和牛肉价格较低，人们对进口牛肉的需求不断增加，进口牛肉量增长迅速。2019 年受非洲猪瘟影响，我国牛肉进口量大幅增加，为 166 万吨，同比上涨了 59.65%。2020 年我国牛肉进口量保持稳步上升，进口牛肉量高达 212 万吨，但受到新冠病毒疫情影响，牛肉进口要受到严格的检疫，增幅减小，相比 2019 年仅增长了 27.7%。2021 年 1—11 月全国进口牛肉 213 万吨，同比增长 11.4%。

进口水果在品类与时间上与国产水果互补。2021 年我国进口各类水果 987.1 亿元，比 2001 年增长 31.6 倍，其中樱桃、奇异果、榴梿、山竹、莲雾、释迦等水果正受到越来越多消费者的青睐。

随着国民营养健康意识提高，大众人群对乳制品的需求日益增长，乳制品已成为我国居民日常膳食营养摄取来源之一。2021 年我国进口各类乳制品 894.4 亿元，比 2001 年大幅增长 46.6 倍，其中仅奶粉就进口 577 亿元，进口值比 2001 年增长 60 倍。

3. 进口来源国

中国进口农产品来自世界各地，贸易伙伴不断增多，进口来源地从 2001 年的 139 个国家和地区增至 2021 年的 183 个。

中国是巴西最大的农产品出口市场，并连续 14 年保持这一地位；2017 年巴西对中国出口农产品 231.8 亿美元，超越美国成为中国进口农产品的最大来源国。

2021 年，我国分别自泰国、新西兰和印度尼西亚进口农产品 768 亿元、731.5 亿元和 607.1 亿元，分别比 2001 年增长 16.8 倍、23.6 倍和 27 倍，是我国第三至第五大农产品进口来源地。其中自泰国进口的榴梿成为我国进口水果的单品冠军，2021 年进口额高达 272.1 亿元，是 2002 年的 125 倍。

2021 年，我国分别自法国和西班牙两国进口农产品 448.6 亿元和 325.3 亿元，分别比 2001 年增长 17.3 倍和 87.4 倍。这两国是欧洲近 20 年对中国出口农产品最大的受益者。

我国进口的牛肉中，大部分来自拉丁美洲和大洋洲。拉丁美洲和大洋洲适宜的气候使得其畜牧业发展迅速。其中，拉丁美洲中的阿根廷、巴西是牛肉出口大国，因其牛肉价格相对国内便宜而受到人们的喜爱。而大洋洲的澳大利亚、新西兰出口的牛肉虽价格相对国内较高，但因其运输距离短、肉质鲜嫩也受到了人们的青睐。

（二）出口农产品现状

中国农业综合生产能力大大提高，粮食生产实现“十八连丰”，谷物、肉类、茶叶、水果等农作物产量居世界第一。我国农业总产值从 2001 年的 1.46 万亿元增长到了 2021 年的 8.31 万亿元，年均增长 9.1%。

三、我国进口食品安全状况

（一）不合格产品种类

2022 年 3 月以来，共抽检 2 385 批。

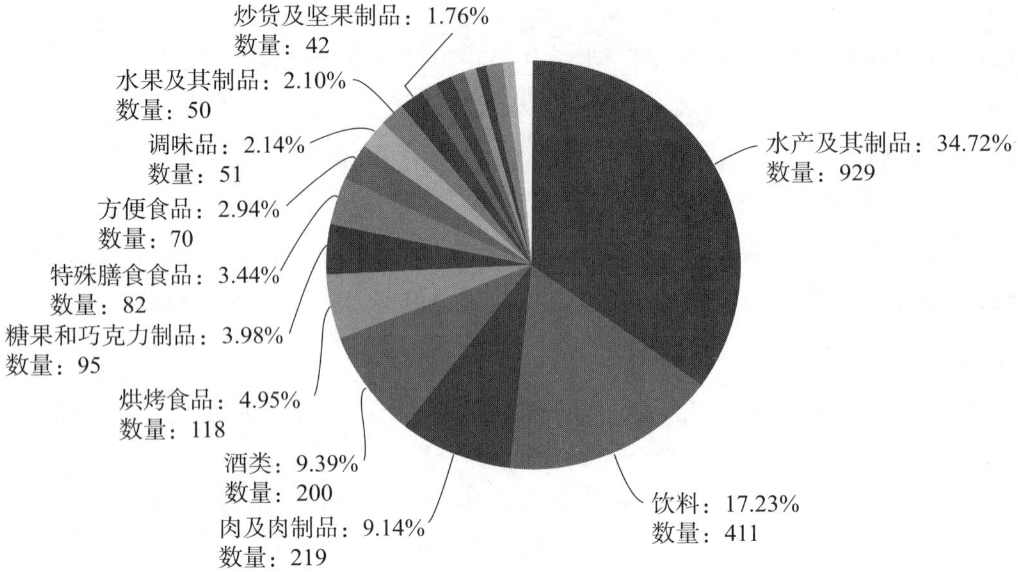

图 1-1　2022.3—2023.1 未准入境食品主要产品种类情况

数据来源：食品伙伴网整理

不合格产品种类比较多。其中，水产及其制品占 34.72%，饮料占 17.23%，肉及肉制品占 9.14%，酒类占 8.39%。

（二）未获准入境产品涉及多种质量安全问题

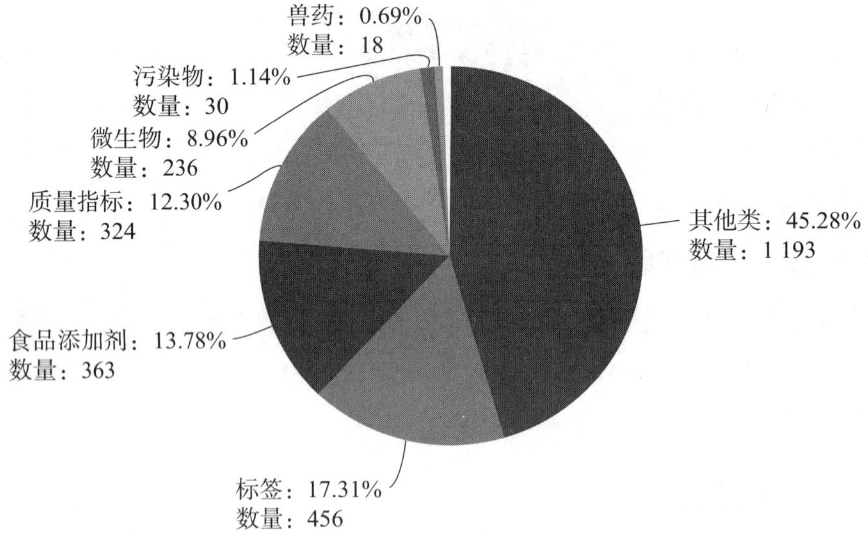

图 1-2　2022.3—2023.1 未准入境食品不合格项目分布

不合格原因中标签、食品添加剂、质量指标、微生物、污染物、兽药不合格分列前 6 位。

水产及其制品（干制水产品）未获入境的原因包括：货证不符、未获准入、资料不全、食品添加剂等。水产及其制品中生鲜（冻）水产品未获入境的主要原因是货证不符、动物疾病、未获准入、食品添加剂、质量指标等不合格。水产加工品未获入境的主要原因是资料不全、货证不符、未获准入等。

饮料中固体饮料未获入境的主要原因是资料不全、标签标识、微生物等不合格。饮料中果蔬汁饮料未获入境的主要原因是微生物、标签标识等不合格。

肉及肉制品未获入境的主要原因是质量指标和货证不符等。酒类未获入境的主要原因是标签、证书不合格和资料不全。

四、近年我国农产品出口安全状况

（一）农产品出口被扣留（召回）批次高位波动

据统计，近十余年，欧盟、美国、日本、韩国、加拿大等西方发达国家对我国农食产品的扣留（召回）批次一直在 1 700 批次上下高位波动，如图 1-3 所示。可见，我国所遭遇的农产品出口阻碍一直存在，高批次出口农产品被召回为我国农产品出口带来巨大损失。

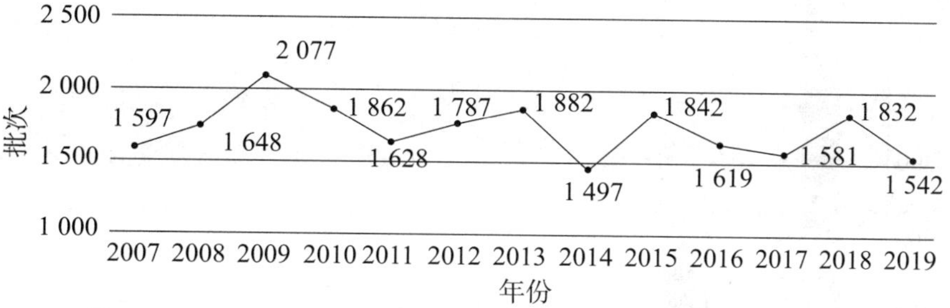

图 1–3 2007—2019 年我国被扣留（召回）不合格农食产品批次

数据来源：查传丽（2022）根据中国技术性贸易措施网整理（http：//www.tbtsps.cn/）。

2022 年 1 月至 12 月，中国港澳台地区、美国、韩国、欧盟、日本、澳大利亚、加拿大共对中国大陆出口食品预警 2 742 批次，涉及 29 类产品。

（二）扣留（召回）国家以欧盟及美日韩等发达国家为主

如表 1-1 所示，2019 年数据显示，我国出口农产品被扣留或召回次数最多的国家为美国，达 526 批次。其次是韩国，其中韩国农林部国立兽医科学检疫院和韩国食药厅分别扣留（召回）我国出口农产品 387 批次和 231 批次。

表 1-1　2019 年我国出口农产品被扣留或召回情况

发布国家及组织	发布机构	不合格批次
美国	美国食品和药品管理局	526
韩国	韩国农林部国立兽医科学检疫院 韩国食药厅	387 231
欧盟	欧盟食品和饲料委员会 欧盟健康消费者保护总司	249 2
日本	日本厚生劳动省	147

数据来源：查传丽（2022）根据中国技术性贸易措施网整理（http：//www.tbtsps.cn/）。

通过统计可以看出，2022 年 1 月至 12 月，美国通报对华预警产品数量最多，为 1310 批次；其次是韩国，详细产品数量见图 1-4。

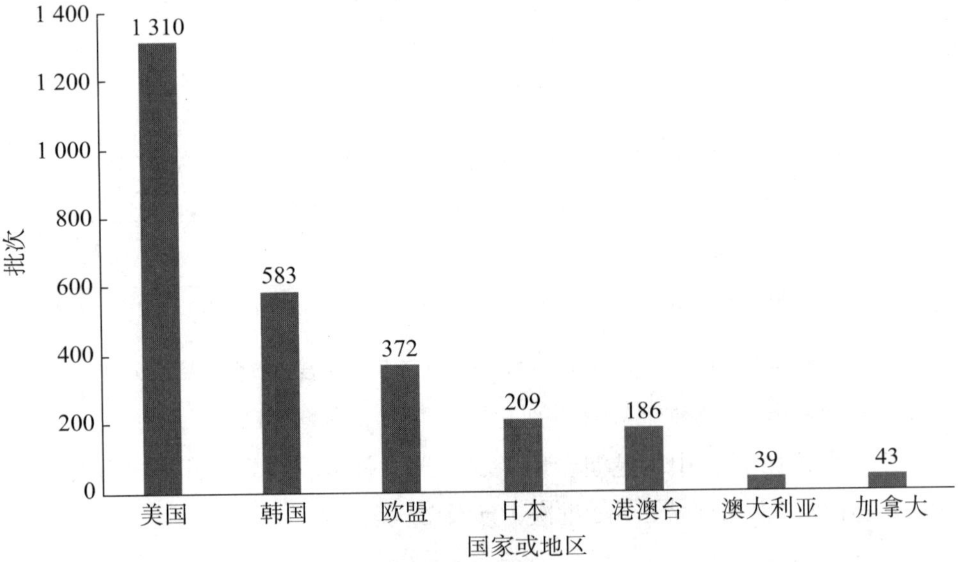

图 1-4　2022 年港澳台及主要贸易组织国家或地区对华预警产品通报数量统计

（三）肉类产品、蔬菜及其制品和水产品被扣留（召回）占比较高

2019 年数据显示，肉类、蔬菜及制品类和水产及其制品类三类合计占比 46.89%，是受到技术性贸易壁垒措施影响的主要农产品（见表 1-2）。

表 1-2　2019 年我国出口农产品被扣留或召回产品种类

产品种类	次数	占比 / %
肉类	284	18.4
蔬菜及其制品类	221	14.3
水产及其制品类	218	14.1

续表

产品种类	次数	占比 / %
其他加工食品类	144	9.3
干坚果类	83	5.4
粮谷及其制品类	81	5.3

数据来源：查传丽（2022）根据中国技术性贸易措施网整理（http：//www.tbtsps.cn/）。

2022 年，我国出口食品所有预警产品中，通报数量位居前三位的类别为蔬菜及其制品、食品相关产品、水产及其制品，分别占总量的 24.03%、18.23% 和 8.79%。各食品分类占比见图 1-5。

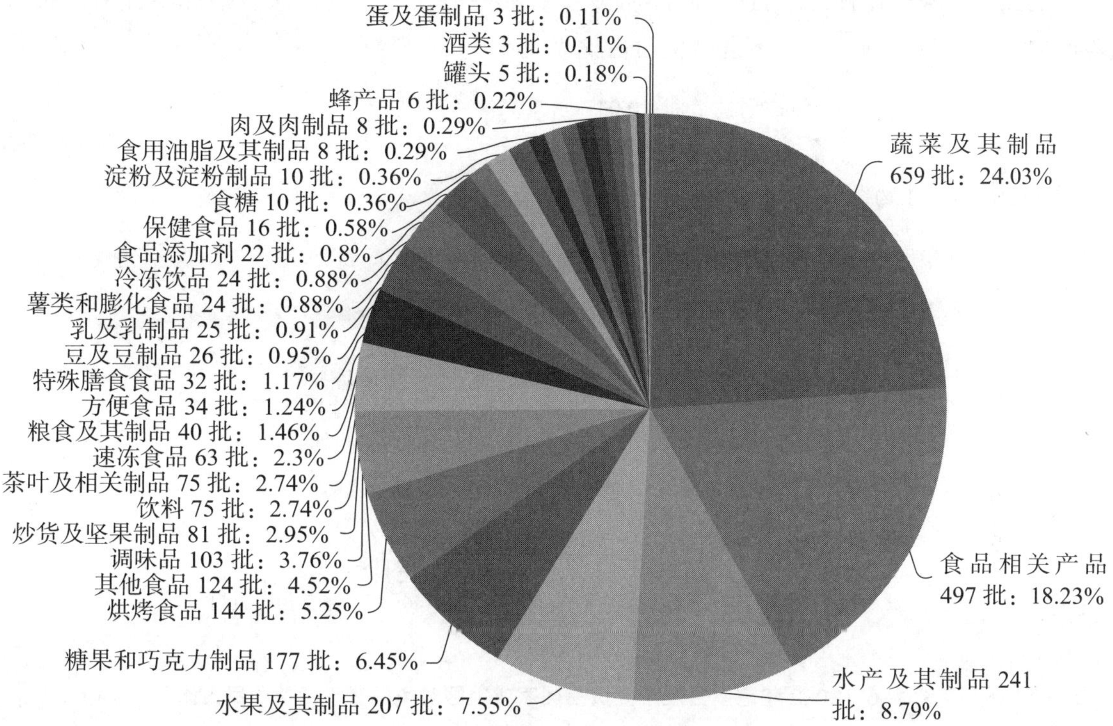

图 1-5　2022 年港澳台及主要贸易国家或地区对华预警产品分类占比

（四）主要风险项目

2019 年，不符合检疫规定、药物残留和不可食用添加物等是主要风险项目。表 1-3 显示，因不符合动物检疫规定、品质不合格以及证书不合格而被扣留或召回的农产品占比将近 50%，是我国出口农产品所遭遇的主要技术性贸易壁垒类型。

表 1-3 2019 年我国出口农产品被扣留或召回原因

扣留或召回原因	次数	占比 / %
未达到检疫标准	218	14.1
质量	210	13.6
证书	200	13.0
药物残留	190	12.3
不可食用添加物	159	10.3
微生物	152	9.9

数据来源：查传丽（2022）根据中国 WTO/TBT-SPS 通报咨询中心数据整理 http：//www.tbt-sps.gov.cn/

2022 年，我国出口食品预警产品所涉及的主要不合格原因是质量指标不合格、农药残留超标、标签不规范等。不合格项目占比见图 1-6。

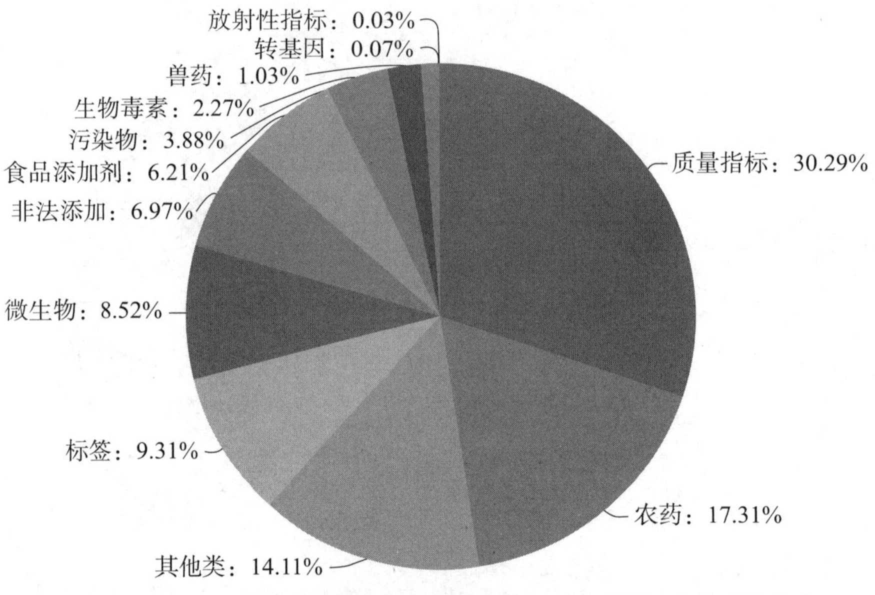

图 1-6 2022 年港澳台及主要贸易国家或地区对华预警不合格项目占比

五、不同国家对于我国出口食品预警情况

（一）出口美国

2022 年，美国对华拒绝进口、自动扣留的我国产品共计 1 310 批次，共 27 类产品。预警数量位居前三位的品类依次为蔬菜及其制品、糖果和巧克力制品、焙烤食品，分别为 404 批次、162 批次、136 批次，占总品类的 30.84%、12.37%、10.38%。各品类占比详见图 1-7。

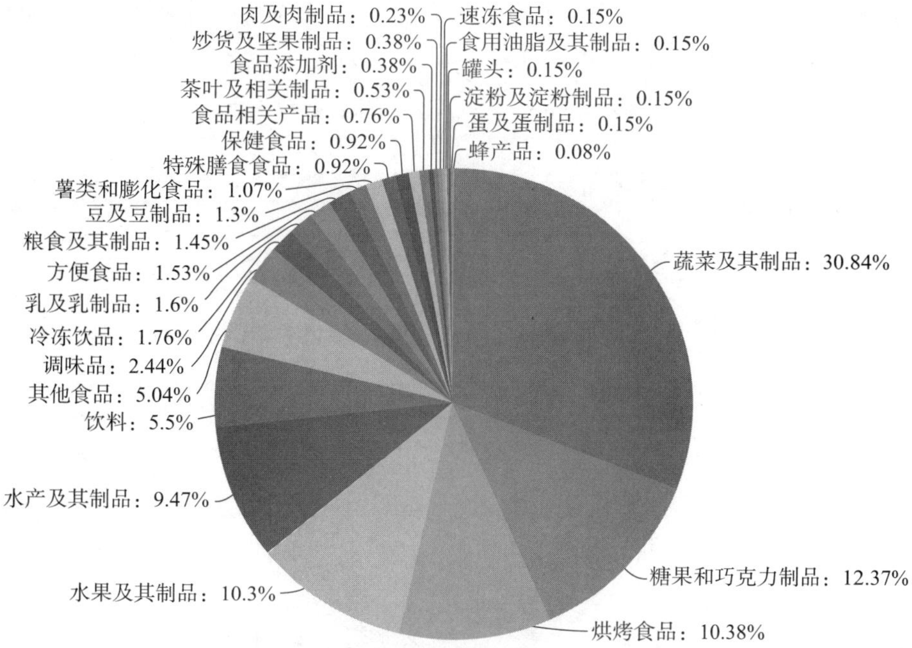

图 1-7　2022 年美国对华预警产品分类占比

数据来源：食品伙伴网整理。

美国对华预警产品主要不合格原因是质量指标不合格、标签标识不合格和非法添加等，详细不合格原因见图 1-8。

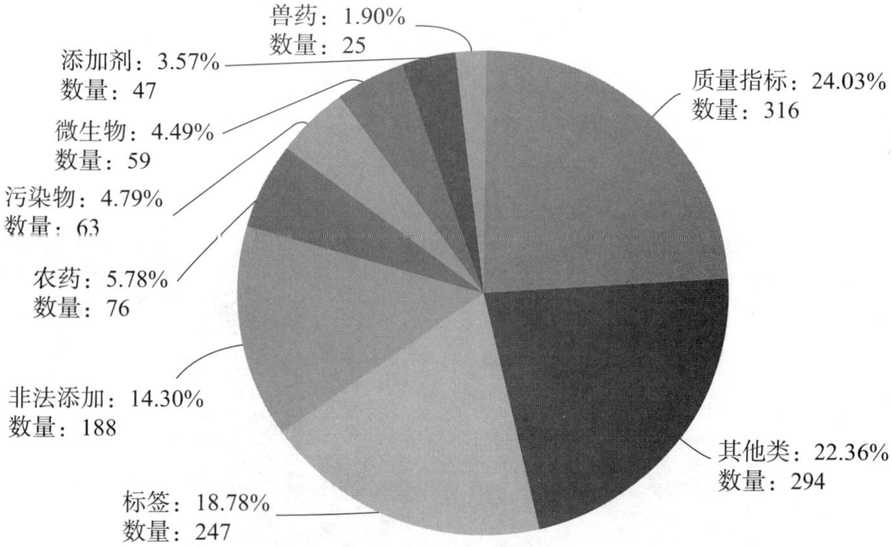

图 1-8　2022 年美国对华预警产品不合格原因占比

数据来源：食品伙伴网整理。

（二）出口欧盟

欧盟食品和饲料快速预警系统通报的我国产品共计 372 批次，涉及 21 类产品。预警数量最多的是食品相关产品，为 151 批次，占总品类的 40.59%。各品类占比详见图 1-9。

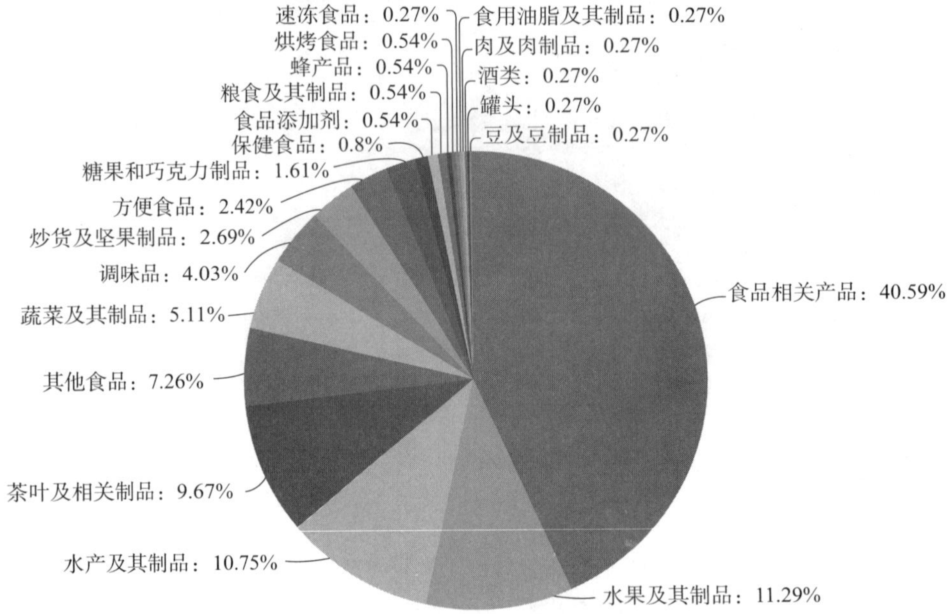

图 1-9　2022 年欧盟地区对华预警产品分类占比

数据来源：食品伙伴网整理。

欧盟对华预警产品不合格原因主要是质量指标不合格、农药残留超标等，详细不合格原因见图 1-10。

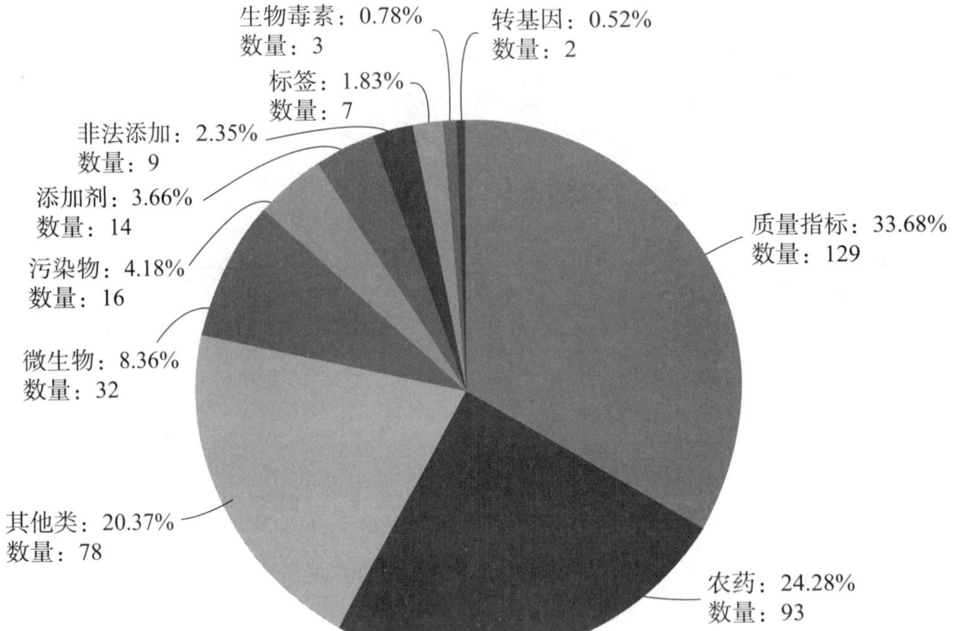

图 1-10　2022 年欧盟地区对华预警产品不合格原因数量及占比

数据来源：食品伙伴网整理。

（三）出口韩国

2022 年，韩国对华预警产品共计 583 批次，涉及 24 类产品。预警数量位居前三位的品类依次为食品相关产品、蔬菜及其制品、调味品，分别占总品类的 40.31%、21.78%、5.83%。各品类占比见图 1-11。

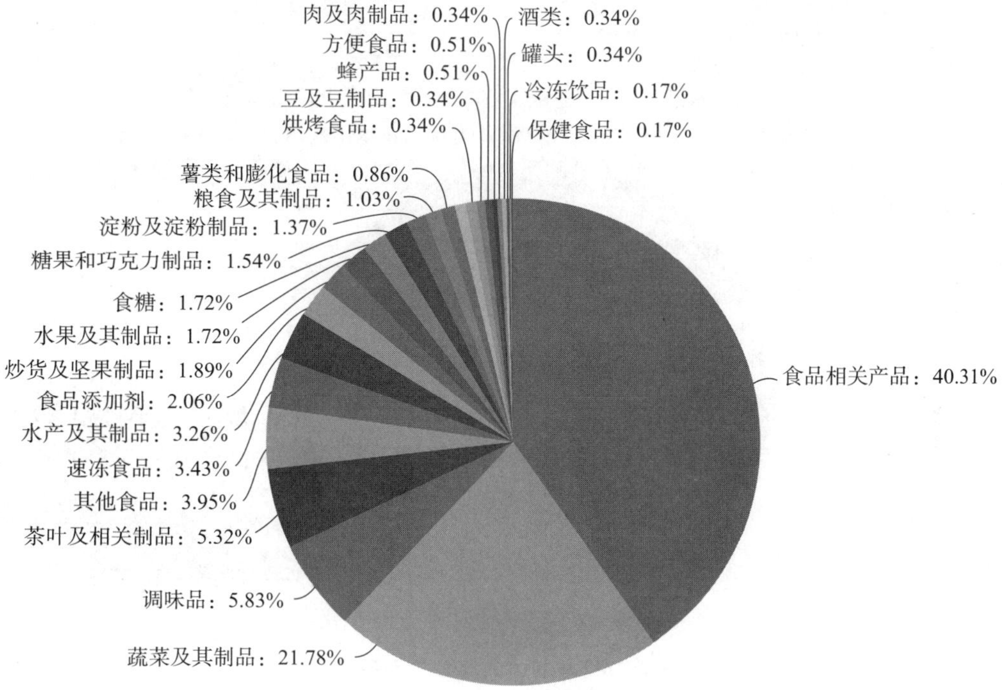

图 1-11　2022 年韩国对华预警产品分类占比

数据来源：食品伙伴网整理。

2022 年，韩国对华预警产品主要不合格原因是质量指标不合格、农药残留超标、违规使用食品添加剂、微生物超标等，详细不合格原因见图 1-12。

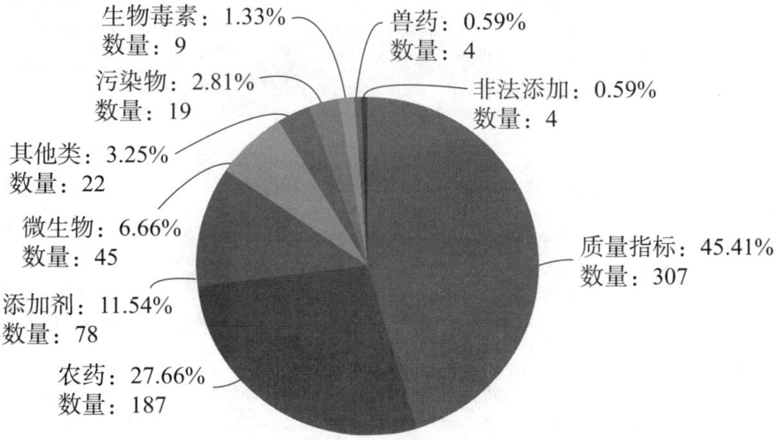

图 1-12　2022 年韩国对华预警产品不合格原因数量及占比

数据来源：食品伙伴网整理。

（四）出口日本

2022年，日本对华预警产品共计209批次，共16类产品。被预警数量最多的是水产及其制品，为39批次，占总品类的18.66%。位居前三的是水产及其制品，为39批次，占总品类的18.66%；炒货及坚果制品，占17.7%；蔬菜及其制品，占16.75%。如图1-13所示。

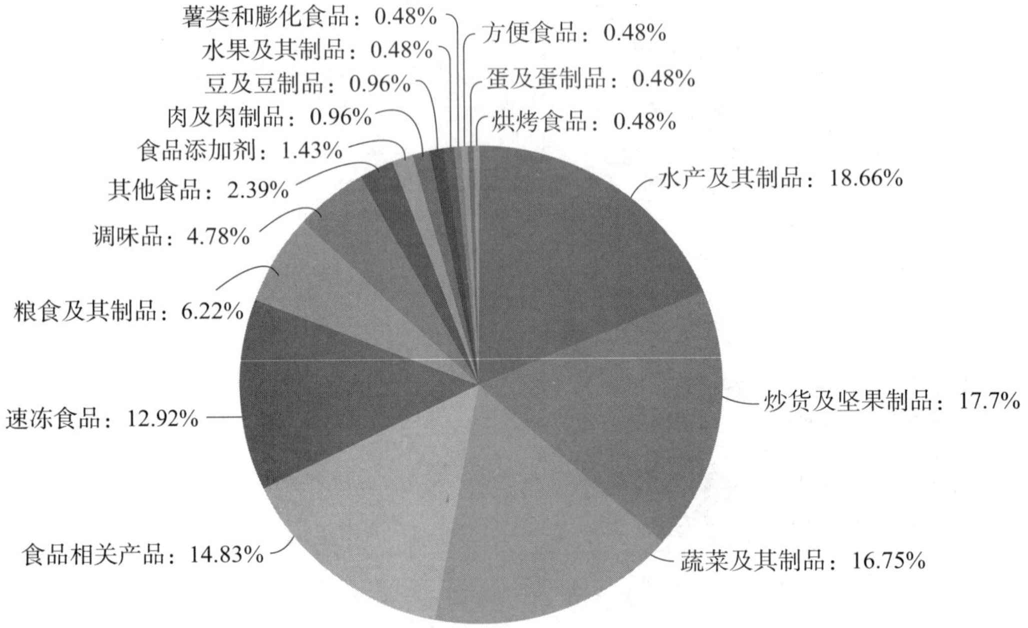

图1-13　2022年日本对华预警产品分类占比

数据来源：食品伙伴网整理。

日本对华预警产品不合格原因主要是微生物超标、生物毒素超标、农药残留超标等，详细不合格原因见图1-14。

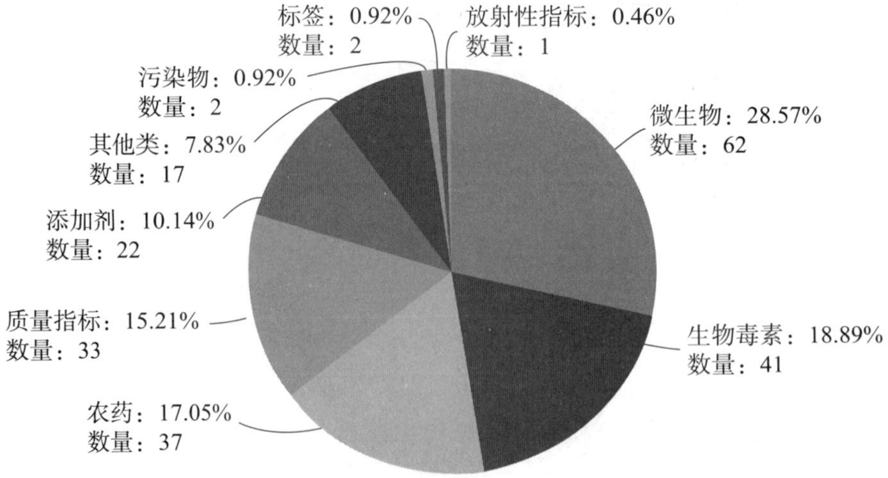

图1-14　2022年日本对华预警产品不合格原因数量及占比

数据来源：食品伙伴网整理。

六、我国进出口食品安全工作

进出口食品安全工作坚持的原则是：安全第一、预防为主、风险管理、全程控制、国际共治的原则。

根据《中华人民共和国进出口食品安全管理办法》，进出口食品生产经营者对其生产经营的进出口食品安全负责。进出口食品生产经营者应当依照中国缔结或者参加的国际条约、协定，中国法律法规和食品安全国家标准从事进出口食品生产经营活动，依法接受监督管理，保证进出口食品安全，对社会和公众负责，承担社会责任。

海关总署主管全国进出口食品安全监督管理工作。各级海关负责管辖区域进出口食品安全监督管理工作。

第三节　食品贸易特殊性

一、食品贸易的特殊性

食品贸易的准入合规与产品合规如图 1-15 所示。

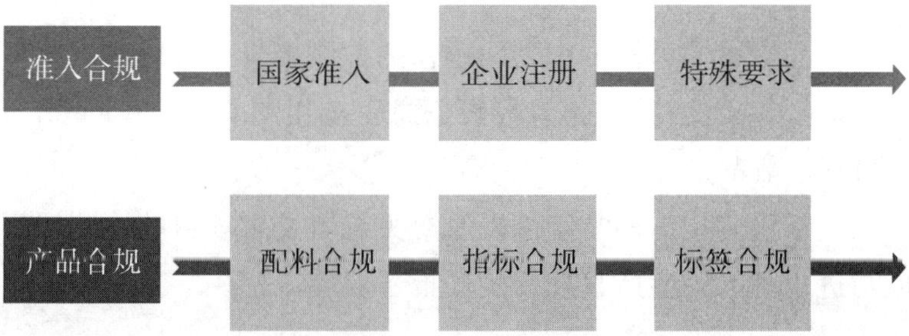

图 1–15　食品贸易准入合规与产品合规

案例 1：洋奶粉闯“七关”

我国对进口婴幼儿配方奶粉的检验检疫监督管理要求非常严格。国外婴幼儿配方奶粉通过正规途径出口到中国要闯“七关”。

1. 境外国家（地区）食品安全管理体系评估和审查

海关总署按照风险管理原则对拟向中国境内出口婴幼儿配方奶粉的境外国家（地区）食品安全管理体系的完整性和有效性开展评估，以此判定该国家（地区）的食品安全管理体系和食品安全状况能否达到中国所要求的水平，以及在该体系下生产的输华婴幼儿配方奶粉能否符合中国法律法规要求和食品安全国家标准。

2. 企业注册及备案

海关总署对向中国境内出口婴幼儿配方奶粉的境外生产企业实施注册管理，对输华婴幼儿配方奶粉的国家（地区）主管部门推荐申请注册的婴幼儿配方奶粉生产企业进行审查，符合注册条件的，准予注册。未经注册的境外生产企业的婴幼儿配方奶粉不允许进口。进口婴幼儿配方奶粉的境外出口商或者代理商、食品进口商应当向海关备案，并对办理备案时提供资料的真实性、有效性负责。

3. 产品配方注册

国家对中国境内生产销售和进口的婴幼儿配方奶粉的产品配方均实行注册管理，奶粉配方须获得国家市场监督管理总局配方注册。在进口环节，海关对婴幼儿配方奶粉配方注册信息实施验核。

4. 随附官方卫生证书

进口乳品须随附出口国家或者地区政府主管部门出具的卫生证书。证书应当有出口国家或者地区政府主管部门印章和其授权人签字，目的地应当标明为中华人民共和国。卫生证书样本应当经海关总署确认。

5. 进口批次产品检测报告

境外生产企业应当熟悉并保证其向中国出口的乳品符合中国食品安全国家标准和相关要求。

（1）首次进口的乳品

应当提供相应食品安全国家标准中列明项目的检测报告。首次进口，指境外生产企业、产品名称、配方、境外出口商、境内进口商等信息完全相同的乳品从同一口岸第一次进口。

（2）非首次进口的乳品

应当提供首次进口检测报告的复印件以及海关总署要求项目的检测报告。

检测报告应与进口乳品的生产日期或生产批号对应。

6. 包装要求

严禁进口大包装婴幼儿配方乳粉到境内分装，进口的婴幼儿配方乳粉必须已罐装在向消费者出售的最小零售包装中。

进口婴幼儿配方乳粉的中文标签必须在入境前已直接印制在最小销售包装上，不得在境内加贴。产品包装上无中文标签或者中文标签不符合中国法律法规和食品安全国家标准的，一律按不合格产品做退货或销毁处理。

7. 合格评定

海关按照相关规定对进口婴幼儿奶粉实施合格评定，合格评定活动包括：向中国境内出口食品的境外国家（地区）食品安全管理体系评估和审查、境外生产企业注册、进出口商备案和合格保证、进境动植物检疫审批、随附合格证明检查、单证审核、现场查验、监督抽检、进口和销售记录检查以及各项的组合，通过合格评定后才会予以放行。

资料来源：http：//news.foodmate.net/2020/12/579964.html。

问题：通过该案例的阅读，我国在婴幼儿奶粉进口时需要注意哪些问题？

二、我国食品安全方面通用国家标准

根据《中华人民共和国食品安全法》第九十二条规定，进口的食品、食品添加剂、食品相关产品应当符合我国食品安全国家标准。因此，海关从事进口食品检验检测等相关工作人员、进口食品境外出口商、境外生产企业和进口商应知悉我国的食品安全相关国家标准，确保进口食品质量安全。目前我国食品安全方面现行有效的11项通用国家标准。如表1-4所示。

表1-4 我国进口食品通用国家标准

	标准	解释
食品标签、标识相关通用国家标准	《食品安全国家标准 预包装食品标签通则》（GB 7718—2011）	适用于直接提供给消费者的预包装食品标签和非直接提供给消费者的预包装食品标签；不适用于为预包装食品在储藏运输过程中提供保护的食品储运包装标签、散装食品和现制现售食品的标识
	《食品安全国家标准 预包装食品营养标签通则》（GB 28050—2011）	适用于预包装食品营养标签上营养信息的描述和说明；不适用于保健食品及预包装特殊膳食用食品的营养标签标识
	《食品安全国家标准预包装特殊膳食用食品标签》（GB 13432—2013）	预包装特殊膳食用食品的标签（含营养标签）
	《食品安全国家标准 食品添加剂标识通则》（GB 29924—2013）	适用于食品添加剂的标识，食品营养强化剂的标识参照该标准使用；不适用于为食品添加剂在储藏运输过程中提供保护的储运包装标签的标识
食品中有毒有害物质限量相关通用国家标准	《食品安全国家标准 食品中真菌毒素限量》（GB 2761—2017）	规定了食品中黄曲霉毒素B1、黄曲霉毒素M1、脱氧雪腐镰刀菌烯醇、展青霉素、赭曲霉毒素A及玉米赤霉烯酮的限量指标
	《食品安全国家标准 食品中污染物限量》（GB 2762—2017）	规定了食品中铅、镉、汞、砷、锡、镍、铬、亚硝酸盐、硝酸盐、苯并［a］芘、N-二甲基亚硝胺、多氯联苯、3-氯-1，2-丙二醇的限量指标
	《食品安全国家标准 食品中兽药最大残留限量》（GB 31650—2019）	规定了动物性食品中阿苯达唑等104种（类）兽药的最大残留限量；规定了醋酸等154种允许用于食品动物，但不需要制定残留限量的兽药；规定了氯丙嗪等9种允许作治疗用，但不得在动物性食品中检出的兽药 适用于与最大残留限量相关的动物性食品
	《食品安全国家标准 食品中农药最大残留限量》（GB 2763—2021）	规定了食品中2，4-滴丁酸等564种农药10 092项最大残留限量
	《食品安全国家标准 预包装食品中致病菌限量》（GB 29921—2021）	规定了预包装食品中致病菌包括沙门氏菌、金黄色葡萄球菌、单核细胞增生李斯特氏菌、致泻大肠埃希氏菌、副溶血性弧菌、克罗诺杆菌属（阪崎肠杆菌）等指标及其限量要求和检验方法，不适用于执行商业无菌要求的食品、包装饮用水、饮用天然矿泉水

续表

	标准	解释
其他相关食品安全通用国家标准	《食品安全国家标准 食品添加剂使用标准》（GB 2760—2014）	规定了食品添加剂的使用原则、允许使用的食品添加剂品种、使用范围及最大使用量或残留量
	《食品安全国家标准 食品营养强化剂使用标准》（GB 14880—2012）	规定了食品营养强化的主要目的、使用营养强化剂的要求、可强化食品类别的选择要求以及营养强化剂的使用规定适用于食品中营养强化剂的使用。国家法律、法规和（或）标准另有规定的除外

资料来源：曹娟．食品安全有哪些通用国家标准［J］．中国海关，2022（1）。

第四节 实践案例

案例

某信息技术有限公司在某电子商务平台开设网店，出售进口维生素胶囊食品。江某在该网店购买30瓶维生素胶囊食品，共支付货款8 000元。根据原食品药品监督管理总局《关于含非普通食品原料的食品定性等相关问题的复函》和《食品安全国家标准 食品添加剂使用标准》（GB 2760—2014）的规定，该维生素胶囊食品违法添加了食品添加剂。江某遂以某信息技术有限公司在网店上出售的维生素胶囊食品违反我国食品安全国家标准为由，起诉该公司承担惩罚性赔偿责任。

讨论问题

进口食品经营者以进口食品已经过出入境检验检疫为由提出免责抗辩的，对其抗辩，人民法院是否应当支持?

分析要点

进口食品必须符合我国食品安全国家标准。如果进口食品不符合我国食品安全国家标准，进口食品经营者仅以进口食品已经过出入境检验检疫为由提出免责抗辩的，对其抗辩，人民法院不应当支持。

法院裁判结果

人民法院认为，虽然该进口食品已经过我国出入境检验检疫机构检验检疫，但这并不代表进口食品必然符合我国食品安全国家标准。原国家食品药品监督管理总局《关于含非普通食品原料的食品定性等相关问题的复函》和《食品安全国家标准 食品添加剂使用标准》（GB 2760—2014）规定的相关食品添加剂的使用范围，并不包括该维生素胶囊食品。某信息技术有限公司亦不能举证证明行政主管部门已许可其在该进口食品上使用涉案添加剂。某信息技术有限公司销售的进口维生素胶囊食品在配料中使用涉案食品添加剂，该进口食品属于不符合我国食品安全国家标准的食品。某信息技术有限公司以其销售的进口食品经过我国出入境检验检疫机构检验检疫为由提出免责抗辩，对该抗辩法院不予支持。故对江某的诉讼请求，人民法院予以支持。

法律依据

《最高人民法院关于审理食品安全民事纠纷案件适用法律若干问题的解释（一）》第十二条：进口的食品不符合我国食品安全国家标准或者国务院卫生行政部门决定暂予适用的标准，消费者主张销售者、进口商等经营者依据《中华人民共和国食品安全法》第一百四十八条规定承担赔偿责任，销售者、进口商等经营者仅以进口的食品符合出口地食品安全标准或者已经过我国出入境检验检疫机构检验检疫为由进行免责抗辩的，人民法院不予支持。

资料来源：人民法院报 .2020-12-09.http：//www.court.gov.cn/zixun-xiangqing-278201.html

练习与思考

一、单选题

1. 食品分为植物性食品、动物性食品和矿物性食品，这种分类是按照(　　)来分类的？

A. 食品的来源

B. 原料种类

C. 保藏方法

D. 加工方法

2. 适用于特殊人群需要的特殊营养及功能性食品。这里特殊人群不包括（　　）。

A. 运动员

B. 宇航员

C. 高血压病患者

D. 婴幼儿

3. 食品质量由各要素组成，这些要素中，(　　) 是第一位的。

A. 营养性

B. 安全性

C. 可食用性

D. 经济性

二、简答题

1. 食品质量有哪些品质特性？
2. 我国进口食品通用国家标准有哪几个？
3. 如何理解食品贸易的特殊性体现？

扩展阅读

哪些认证是出口食品生产企业的“敲门砖”

一、体系类认证

1.HACCP 体系认证

HACCP（Hazard Analysis and Critical Control Point）意为危害分析和关键控制点，即确保食品在生产、加工、制造、准备和食用等过程中的安全，在危害识别、评价和控制方面是一种科学、合理和系统的方法。HACCP 通过对加工过程每一步进行监视和控制，可以有效降低危害发生的概率。

2.BRC 认证

英国零售商协会（British Retail Consortium，BRC）是一个重要的国际性贸易协会，其成员包括大型跨国连锁零售企业、百货商场、城镇店铺、网络卖场等各类零售商，产品涉及种类非常广泛。1998 年，英国零售商协会应行业需要，制定了 BRC 食品技术标准(BRC Food Technical Standard)，用以评估零售商自有品牌食品的安全性。

二、产品类认证

1. USDA 认证

USDA（United States Department of Agriculture）认证是美国农业部有机认证，为全美最高级别的有机认证，从原材料到生产均严格把关。作为美国农业部认证的有机食品，USDA 标志必须为 100% 有机成分食品才能使用。

2. Euro-leaf 认证

Euro-leaf 为欧盟有机认证标志。该标志是 2010 年经欧盟委员会投票推举选出，欧盟任何成员国生产符合有关标准的预包装有机产品须具有该有机标志；对于进口食品，该标志则是可选的。

三、国家类认证

1. FDA 认证

FDA（Food and Drug Administration）是美国食品药品监督管理局的简称，是美国专门从事食品与药品管理的最高执法机关，由医生、律师、微生物学家、药理学家、化学家和统计学家等专业人士组成，致力于保护、促进和提高国民健康水平。目前，许多国家或地区通过 FDA 认证来促进并监控本国产品的安全性。

2. JAS 认证

JAS（Japanese Agriculture Standard）是日本有机农业标准。JAS 认证是由授权认证机构对符合 JAS 标准 的生产商、加工商以及其他相关商实施的一种认证。

四、宗教洁食类认证

1. HALAL 认证

HALAL 认证是清真认证，即符合穆斯林生活习惯和需求的食品、药品、化妆品，以及食品、药品、化妆品添加剂。所有用于生产 HALAL 食品的原料均须通过 HALAL 认证，产品或原料须在较高的清洁和卫生标准下完成加工、生产和包装。目前，马来西亚颁发的清真认证在国际上享有很高的信誉度。

2. KOSHER 认证

KOSHER，意为符合犹太教规的、清洁的、可食的，泛指与犹太饮食相关的产品。经过 KOSHER 认证的食品是符合犹太教规的，可以为信奉犹太教的人们所接受。KOSHER 在美国、以色列、加拿大、欧盟等国家或地区均设有认证机构。

资料来源：林晨，胡伟，徐坤．哪些认证是出口食品生产企业的“敲门砖”［J］．中国海关，2022（9）.

第二章

风险及风险管理

学习目标

1. 了解风险构成要素。
2. 熟悉风险识别。
3. 掌握风险评估。

基本概念

风险；合规；风险识别；风险评估

引入案例

网络销售酒类虚假宣传“有机”被罚

上海一酒业有限公司在其网店内销售巴拿马100周年纪念酒，在该商品销售页面宣传该产品为有机食品。

合规解析:《中华人民共和国反不正当竞争法》第八条规定，经营者不得对其商品的性能、功能、质量、销售状况、用户评价、曾获荣誉等作虚假或引人误解的商业宣传，欺骗、误导消费者。

案例来源：上海市闵行区市场监督管理局

第一节　风险概述

一、风险的概念及原理

（一）风险的概念

智库百科的解释：“风险是指在某一特定环境下，在某一特定时间段内，某种损失发生的可能性。风险由风险因素、风险事故和风险损失构成。换句话说，是在某一个特定时间段内，人们所期望达到的目标与实际产出出现的结果之间产生的距离。”这种解释相对专业，但是有的风险是长期存在的，不是在特定时间段内出现的。

国际标准化组织在 2009 年发布的 ISO31000—2009 风险管理系列标准中，界定风险为“不确定性对目标的影响”，并指出这种影响是对预期正向或者负向的偏离。

ISO22000—2018 食品安全管理体系 3.39：风险指不确定性的影响。

GB/T 35770 合规管理体系指南：合规风险：不确定性对于合规目标的影响。因食品生产经营企业未能遵守食品合规可能遭受法律制裁、监管处罚、经济损失和声誉危机等风险。

尽管界定的视角不同，但大部分学者都将风险限定在给组织带来损失的不确定性方面。因此，风险是指发生对组织不利事件的不确定性，包括事件发生的可能性及后果的大小。

（二）风险的构成要素

1. 风险因素（风险因子）

风险因素是风险事故发生的潜在原因，是造成损失的内在或间接原因。风险因素是促使或引起风险事件发生的条件，以及风险事件发生时，致使损失增加、扩大的条件。

风险因素可以只是一个非常具体的事项，也可以是比较广泛的一类事项。大多数情况下，风险都是由各种不同的因素共同组成的，并由于风险事件的触发而导致风险因素转化为现实的损害。

2. 风险事件

风险只是一种理论上的受到损害的可能性，它并不直接导致现实的损害。

风险事件是造成损失的直接的或者外在的原因，是损失的媒介物，风险只有通过风险事故的发生才能导致损失。如果没有风险事件，风险只是一种未来可能发生也可能不发生的可能性事件，甚至始终未能造成现实的损失。就某一事件来说，如果它是造成损失的直接原因，那么它就是风险事故；而在其他条件下，如果它是造成损失的间接原因，它便成为风险因素。

3. 风险损害

损害是非故意的、非预期的、非计划的经济价值的减少。风险损害是由于风险事件触发而引起的后果。由于风险事件触发引起的利益、安全等遭遇到不希望发生的损失、不利情形等负面后果。

通常把损失分为直接损失和间接损失。直接损失，比如直接的人身伤害、精神损失、财产损失。间接损失，比如间接的名誉损失、机会损失等。

风险是由风险因素、风险事件、风险损害三者构成的统一体。三者的关系为：风险因素是风险事故发生的潜在原因，风险事件是风险损害的媒介，风险损害是非故意的、非预期的和非经济计划的经济价值的减少。

二、风险的度量方法

风险等于风险损失额乘以风险发生的概率，即“风险＝风险损失额 × 概率”。

风险概率是指在单位时间或单位数量内发生风险事故的次数。概率越高，意味着风险发生的可能性越大。

风险损失是对风险损害的量化，数值越大代表损失越大。风险损失的计量分为主观方式和客观方式，许多时候不得不同时采用两种方式，因为某些损失并不直接体现为数值。

风险值是将风险概率与风险损失经过量化计算而得出的数值。风险值的思维模式具有相当高的使用价值，使得难以确定的风险程度有了新的展示方法。有了这些量化的数据，企业可以集中使用有限的资源应对风险值较高的各类风险。

例如：某产品每年的净利润为 100 万元。每次产品责任法律事件的损失是净利润的 10%，该类事件平均 4 年发生一次。因此，计算公式中的风险损失额为 10 万元，每年发生这类事件的概率为 25%。二者相乘，每年的产品责任损失值为 2.5 万元。即：

$$风险 = 100\ 000 \times 25\% = 25\ 000$$

三、风险管理流程

食品安全风险识别与分析，就是通过对食品相关的食品安全舆情事件、国内外抽检和预警通报信息、判决案例、行政处罚、飞行检查和体系检查等信息进行收集整理，形成结构化数据，并对这些数据进行分析，从而总结出主要风险点并制定相应措施。

主要包括以下四个环节：信息管理、风险识别、风险评估和风险应对。

信息管理：包括确定相关方、收集信息、将信息分类、汇总信息、处理数据。

风险识别：包括风险因子提取、风险因子分析、风险因子研究、风险可视化。

风险评估：包括风险准则确定、风险等级确定、内部风险排查、风险确认。

风险应对：风险原因分析、控制措施制定、控制措施实施、控制措施评价。

（一）信息管理

风险信息包括政策法规、标准信息、抽检信息、食品安全热点、飞行检查、国外监管、国际预警，或者供应商、自检自查、产品质量异常信息等。

风险的信息源来自标准法规数据、行业舆情数据、政府监督抽检数据、判决案例数据和行政处罚数据。

（二）风险识别

风险识别：指管理者运用相关的知识和方法，全面、系统和连续地发现和描述组织所面临的各种风险、风险原因以及潜在的后果。组织内外的环境总是在不断的变化中，风险识别是一个连续的过程。

风险识别的目的是确认风险点的客观存在和相关情形。这一环节需要一定的科学知识和思维能力，否则很有可能将毫无相关性的事物当成风险因素来对待。

风险分析：通过对食品进出口相关的数据进行收集整理，形成结构化的数据，对这些数据进行分析，总结出主要风险点，制定相应措施。

一个“网络购物合同纠纷一审民事判决书”中，发现的主要问题是：该产品为不符合我国食品安全标准的产品，涉案产品属于日本婴幼儿奶粉产品，没有标注简体中文标签，也未在进口食品境外生产企业注册专栏网页注册，违反食品安全标准。这个例子可以找到的风险因子：中文标签，进口食品境外生产企业注册。

发现引发风险事故的风险因素，有目的地改变风险因素存在的条件，防止风险因素的增加。风险识别的重要步骤是能够预见到风险事故，将可能产生事故的风险因素消灭在萌芽状态。

食品舆情信息管理包括三个方面。

1. 进行舆情监控

随着互联网的迅速发展，网络媒体作为一种新型的信息传播形式，成为表达公众情感、畅通社会交流、凝聚公众智慧的重要渠道。对于热门话题与紧急情况，众多的互联网用户通过网络渠道表达其观点。因此，有必要有效收集、监测与分析食品安全舆情信息。

2. 识别风险

（1）事件分析

分析以下几个方面：内容；事件过程；各方声明、回应；官方态度；媒体态度；专家态度；网友态度；舆情热度分析和行业启示。

（2）事件风险点分析

分析标准法规的符合性 / 风险因子；分析问题出现的原因；涉事企业以及政府监管措施。

3. 合规措施

应急性措施：内部风险点紧急排查、处理。

预防性措施：风险点资料收集；产品其他风险点排查；制定风险点应对措施。

案例： 婴儿配方奶粉中 3-MCPD 的风险知多少

（1）舆情监控

2020 年 8 月 17 日，中国香港地区（以下简称香港）消费者委员会发布抽检的市面上 15 款婴儿配方奶粉的检测结果，15 款奶粉中全部含有损害肾脏的污染物氯丙二醇（3-MCPD）。报道一经发布，引起了婴儿配方奶粉行业内广泛的关注。

（2）风险识别

风险点分析：3-MCPD，不是认为添加，原料是一种常见的污染物，最初是在酸水解的植物蛋白和酱油中发现，后来也在其他食品中被发现。3-MCPD 及其酯可在食品或食品接触材料中的氯离子存在下，由甘油或酰基甘油酯在热处理过程中形成。目前尚未发现 3-MCPD 具有遗传毒性，但长期摄入过量可对人体的生殖系统和肾功能造成损害。

此次香港消费者委员会抽检的婴儿配方奶粉中虽检出 3-MCPD，但按建议食用量喂养婴儿，每日摄入量均未超出 JECFA 设定的 4 μg/kg BW。另外，香港目前没有法例规定 3-MCPD 的限量要求，因此，此次抽检的婴儿配方奶粉不代表产品不合格。

目前，中国、欧盟、韩国等对酱油和水解植物蛋白中 3-MCPD 制定了限量要求，但尚未有国家或地区对婴儿配方奶粉中 3-MCPD 的限量作出规定。

（3）风险应对

应急性措施：检查是否有植物油原料中和产品中 3-MCPD 含量检查及风险控制措施，是否需要制定新的措施。

预防性措施：3-MCPD 其他资料收集整理，制定风险应对措施。

资料来源：食品伙伴网 .2020-08-24.http：//law.foodmate.net/rule/show-203813.html

（三）风险评估

风险评估：指组织在分析既有风险损失信息的基础上，运用概率论和数理统计方法对特定风险事故发生损失的概率和损失程度做出评价，为风险防范决策提供依据。风险评估结果会影响到风险方法决策。

评估风险一般是在识别风险之后，其目标是确定风险发生的概率、可能造成的损失，以及可采取的措施、应对措施的成本，哪些风险需要优先应对等。这一环节有些可以采用客观分析的方法。比如根据过去的数据来进行评估，有的只能通过主观赋值的方法进行定量分析，或者只做定向分析。

风险评估的作用之一是为排查出的风险排序，找出需要优先应对的风险及最优的应对措施，使得有限资源可以最大化地发挥控制风险的作用。

1. 制定分级规则（矩阵图，如图 2-1 所示）

可能性					
	5				
	4				
	3				
	2				
	1	2	3	4	5

影响程度

图 2-1　风险评价矩阵图

纵轴是发生这种风险的可能性。数值越大，那么它代表的影响程度越大：

1——基本不可能发生风险；

2——略有可能发生风险；

3——可能发生风险；

4——很可能发生风险；

5——发生风险的可能性很大。

横轴是某个义务条款如果没有履行到位对企业的影响程度：

1——基本不会产生负面影响；

2——可能有经济损失，但不涉及食品安全和质量合规的负面影响；

3——有经济损失，不涉及食品安全负面影响；

4——产生较大经济损失或品牌损失，涉及食品安全的负面影响；

5——产生食用危害，或涉及企业生存和刑事责任的负面影响。

风险等级划分：分为一般风险、普通风险、关键风险、核心风险 4 个等级。

2. 可能性、影响程度打分

将企业识别的合规义务逐条进行分析，根据企业实际运行的情况，对合规义务发生风险的可能性进行打分，根据未履行合规义务对企业的影响程度打分。组合后依据落在矩阵图内区域的颜色，我们划定为不同的风险等级。

3. 打分分级

矩阵图中，横轴是某个义务条款如果没有履行到位对企业的影响程度，纵轴是发生这种风险的可能性。数值越大，那么它代表的影响程度越大，风险可能性越高。通过可能性和影响程度在矩阵图中的组合，落定的区域，来判定风险等级。

在食品进出口中，通过风险评估，分析如果食品进出口生产或者经营组织没有履行相关法律法规义务，会有什么风险。并结合风险的严重程度和发生的可能性，进行风险等级划分，明确食品进出口生产或者经营企业合规风险的核心风险和关键风险，进行整体规划，做好风险防范。食品进出口生产经营企业制定控制措施、规则，确认风险等级，制定和实施控制措施，做好记录。

（四）控制风险的策略

组织在进行了风险识别和评估之后，就需要研究如何有效应对这些风险，将风险控制在可以容忍的范围内。依据风险处置方式的不同，组织控制风险的方法可以分为：风险避免、风险分担、损失降低管理和风险保留。

1. 风险避免

也称风险规避，指在风险发生的可能性较大且影响程度较高的情况下，组织采取中止、放弃或调整等风险处理方式以避免损失的一种方法。例如，为防止某种食品可能伤害到顾客而导致顾客索赔，企业决定放弃该种食品的生产，就是风险避免的方式。

（1）完全拒绝承担风险

当组织对风险进行评估后发现，风险事件发生的可能性很大且损失程度很高，或者认为自身不愿承担该风险时，就可以直接拒绝承担该风险。

（2）试探承担部分风险

当组织对风险进行评估后发现，一步到位开展某种经营活动的风险太大且组织难以承担时，就可以采取分步实施，回避掉一部分风险的方式来开展该项活动。例如，某企业经过分析发现，某种食品在国外有需求，但大规模出口有风险，此时就可以采取少量出口的方式，以了解市场和消费者的反应。

（3）中途放弃承担风险

组织在进行某项经营活动时，由于内外环境的变化，使得风险增加或者组织承担风险的能力降低，此时可以采取中止该活动的方式来避免风险。例如，某肉类进口商发现集装箱费用价格上涨，决定停止肉类的进口。

2. 风险分担

风险分担指组织将自身可能遭受的风险或损失，有意识地通过正当、合法的手段，部分或全部转移给其他经济单位的风险处理方式。例如：食品进出口过程中运输、仓储环节购买保险。

根据风险分担的形式，风险分担可以分为财务型和非财务型。财务型主要有保险、套期合约、期货、期权等。

财务型风险分担是最常用的一种风险分担方式。利用保险进行风险分担就是通过保险合约，以投保的方式将组织面临的潜在风险转移给保险公司。保险实质上是众多风险承受单位通过建立保险基金结合在一起，以共同应付风险事件的发生。企业通过参加保险，缴纳保险费将风险转移给保险公司。而保险公司则将面临风险的企业结合起来建立保险基金，利用基金来补偿发生风险事件的企业。这是降低平均损失的一种方式。

通过保险转移风险较简单且易操作，得到了广泛的应用。企业增强了驾驭风险、防范风险的能力。

非财务型风险分担，指企业将可能引起损失的风险通过一系列合约转移给非保险业的经济单位的形式。非财务型风险分担是财务型风险分担方式的重要补充。

3. 损失降低管理

指组织有意识地接受经营管理中存在的风险，并以谨慎的态度，通过对风险的分散以及风险损失的控制，从而化大风险为小风险，变大损失为小损失的风险处理方式。

风险分散是指组织将面临的风险单位进行分割，划分为若干个较小而价值低的独立单位，并分散在不用的空间，以降低组织可能遭受的风险损失程度。

4. 风险保留

风险保留是指面临风险的组织自己承担事故造成的损失，并做好相应的资金安排。当风险事件发生并造成损失时，组织通过内部资金的融通来弥补所遭受的损失。

组织在采取风险保留后，需要确定资金的安排。应重点考虑资金的来源、对损失的补偿程度、损失发生后补偿资金来源的变现性等。可以通过筹集资金提高自身的抗风险能力，也可以通过套期保值和专业自保公司的方式实施风险管理。

（五）食品舆情事件风险管理应用

1. 食品舆情事件风险管理

（1）进行舆情信息监控。

（2）识别风险。

2. 事件分析

从以下几个方面进行分析：内容，事件过程，各方声明、回应，官方态度，媒体态度，专家态度，网友态度，舆情热度分析和行业启示。

3. 分析事件风险点

分析标准法规的符合性 / 风险因子，分析问题出现的原因，涉事企业以及政府监管措施。

4. 制定合规措施

应急性措施：内部风险点紧急排查、处理。

预防性措施：风险点资料收集，产品其他风险点排查，制定风险点应对措施。

第二节　不同主体在风险防范方面的责任

一、合规风险定义

合规风险指因食品生产经营企业未能遵守食品合规可能遭受法律制裁、监管处罚、经济损失和声誉危机等风险。

包括资质相关风险、过程相关风险、成品相关风险。

资质相关风险包括生产、经营合法等；过程相关风险包括原料采购、运输、储存、生产过程、经营过程、检验、销售等；成品相关风险包括配料、标签标识、指标等；标签也是职业打假的主要领域。

二、食品生产企业责任

（一）食品合规

食品生产经营企业的生产经营行为符合食品相关法律法规、规章、标准、行业准则和企业章程、规章制度，以及国际条约、规则等规定的全部要求和承诺。

（二）食品合规管理体系

1. 主要内容和条款

食品生产企业可以通过建立食品合规管理体系实现食品合规。食品伙伴网 2021 年公布的食品合规管理体系企业标准 Q/FMS 0002S—2021《食品生产企业食品合规管理体系要求及实施指南》，为食品生产经营企业实施合规管理提供了思路和指导方向，是企业建立食品合规管理体系的基础和指南。

《食品生产企业食品合规管理体系 要求及实施指南》分为 13 个章节。

表 2-1 食品生产企业食品合规管理体系要求及实施指南

1 范围 2 规范性引用文件 3 术语和定义 4 食品合规管理体系 4.1 总要求 4.2 文件要求 5 建立食品生产企业食品合规管理组织框架，并明确角色、职责和范围 5.1 总则 5.2 建立食品合规治理小组 5.3 食品合规治理小组组长职责和权限 5.4 食品合规治理小组职责和权限 5.5 管理层的职责范围 5.6 员工职责和权限 6 确定食品合规管理的内容 6.1 总体要求 6.2 食品合规义务的识别 6.2.1 资质合规义务识别 6.2.2 过程合规义务识别 6.2.3 食品成品合规义务识别 6.3 合规风险分析与评价 6.4 合规风险控制点的控制措施	7 支持 7.1 资源 7.2 能力 7.2.1 总则 7.2.2 聘用流程 7.2.3 培训 7.3 合规文化建设 7.4 沟通 8 建立和完善食品合规管理制度 8.1 总体要求 8.2 合规绩效考核制度 8.3 合规风险或隐患举报和汇报制度 8.4 合规案件调查制度 8.5 合规管理问责制度 8.6 食品合规报告制度 9 监视、测量、分析和评价 10 食品合规内部审核 11 管理评审 12 食品合规演练 13 改进 13.1 持续改进 13.2 不符合项和不合规纠正措施 附录 A（资料性）食品生产企业食品合规管理体系审核表

第 5 章建立食品生产企业食品合规管理组织框架，并明确角色、职责和权限是食品合规管理体系的保障。需要选择合适的人员，组建好团队，明确相关职责权限。

第 6 章确定食品合规管理的内容是食品合规管理体系的核心内容，明确阐明使用风险矩阵的模式，对风险进行识别，进一步分析与评价，制定控制措施。

第 8 章建立和完善食品合规管理制度，给予企业文件性的指导。

第 12 章食品合规演练，目的是确认和验证合规管理体系实施的效果，以期对人员的能力及流程规定的有效性进行验证，是检核的过程。

食品生产企业食品合规管理体系审核表可以作为食品生产经营企业自查、内部审核、演练及外审的表格。

2. 食品合规管理体系的基本原则

（1）全员参与原则。食品合规，是企业全体人员共同的义务，所以必须全员参与。

（2）完整性原则。食品合规管理体系是个持续改进、不断完善的动态闭环系统，是一系列活动的有机组合，是一套系统化的管理体系，是个 PDCA 循环。

（3）透明化原则。所有的合规义务、责任及合规管理工作应是透明的，任何人在食品合规管理工作中都不应有任何徇私舞弊，应履行各自的食品合规责任和义务。

（4）持续改进原则。合规管理工作是持续的，不管是法律法规和标准的要求，还是企业自身的要求都是越来越高的，只有通过反复的自查、管理评审、外审、改进才能满足内外部的环境变化。

3. 食品合规管理体系的 PDCA 模型

食品合规管理体系通过对法律法规、标准、企业承诺的输入，经过 PDCA 大循环，输出企业资质、过程、成品包括服务的合规以及食品合规管理体系的预期结果。

（1）计划 (Plan)：第 4 章食品合规管理体系。

主要包括策划、培训并宣传食品合规方针目标及合规文化；策划食品合规管理体系的内容；食品合规风险的控制措施与改进的策划。

（2）执行 (Do)：第 6 章确定食品合规管理的内容，第 7 章支持、第 8 章建立和完善食品合规管理制度。

主要包括建立和完善食品合规管理制度并运行，如合规绩效考核制度、合规风险或隐患举报和汇报制度、合规案件调查制度、合规管理问责制度、食品合规报告制度；以及食品合规管理体系核心内容，食品合规义务的识别、合规风险分析与评价和合规风险控制点的控制措施部分。

（3）检查 (Check)：第 9 章监视、测量、分析和评价，第 10 章食品合规内部审核，第 11 章管理评审，第 12 章食品合规演练。通过这几个章节内容检核体系运行的适用性、充分性和有效性。

（4）处理 (Act)：第 13 章改进，包含了对不符合项的分析、评价以及纠正措施等。

其中第 5 章组织框架，角色、职责和权限作为食品合规管理体系的保障贯穿于 PDCA 的全过程。

通过 PDCA 模型，食品生产经营企业可以更系统地进行食品合规管理，并持续改进，实现合规管理的螺旋上升，达到企业的整体持续合规。

（三）生产经营企业合规管理的具体实施步骤

食品合规管理主要分为三步：第一步义务识别，第二步风险分析与评估，第三步风险控制措施制定及落实。

图 2-2　合规管理三步骤

1. 合规义务识别

（1）合规义务识别内容

合规义务识别主要通过资质合规、过程合规和食品成品合规三个方面进行识别。

①资质合规

食品加工企业的资质合规包括：营业执照、相应食品类别的生产许可证、特殊食品注册或备案资质等。其相应的合规义务主要包括：是否依法取得相应的证照、是否在批准的许可范围内进行生产、特殊食品是否依法注册或备案、证照是否依法管理（申请、变更、延续、注销、补办）等。

食品经营企业的资质合规包括：营业执照及相应食品类别的经营许可证（包括餐饮服务类）、食用盐的专营许可证等。其相应的合规义务主要包括：是否依法取得相应的证照、是否在批准的许可范围内进行经营、证照是否依法管理（申请、变更、延续、注销、补办）等。

②过程合规

食品企业生产经营过程的全程合规，从供应商选择、生产过程到产品销售等各环节进行食品合规义务的识别，包括以下过程的合规义务识别。

原辅材料采购过程的合规义务识别。相应的合规义务主要包括：供应商资质、物料进货查验标准、是否为非法或者禁止物料、合格证明及验收证明等。

生产过程合规义务识别。相应的合规义务主要包括：生产或餐饮制作过程、标准配方、工艺流程、质量检验、卫生控制、设备、非法添加等食品欺诈、区域设置、人员卫生、环境控制、记录管理、文件要求等。

检验（包括原辅材料、半成品和成品）过程的合规义务识别。相应的合规义务主要包括：检验人员、标准、过程、记录等。

贮存（包括原辅材料、半成品及成品）过程合规义务识别。相应的合规义务主要包括：贮存环境（必要时含制冷和通风）、食品防护、防止交叉污染、贮存卫生等。

运输（包括原辅材料和成品）过程合规义务识别。相应的合规义务主要包括：运输工具的资质、条件、防护、卫生及检查等。

经销过程的合规义务识别。相应的合规义务主要包括：销售记录、经营资质、过程及广告宣传等。

其他涉及食品合规的义务，也需要符合相关法律法规和食品安全标准的要求。

③食品成品合规

依据相应的食品安全国家标准和产品执行标准等要求，对相应产品指标及配料进行合规义务识别，包括使用范围、使用量及含量的合规性义务，确保食品成品合规。相应的合规义务主要包括：原辅材料的使用、范围及添加比例、产品的指标、产品标签、广告及网页宣传、成品的其他技术要求及参数等。

（2）合规义务识别具体方案

①识别法规标准清单并拆解

根据企业所属的业态、生产经营的产品类别及产品标准、生产过程、物料等相关方面对法律法规和标准进行识别。

企业需将与产品相关的所有法规、标准、政策、通告、解读等进行收集汇总。法规标准清单的收集要考虑食品行业通用的相关法规、标准；企业所在的业态及产品类别相关的法规、标准；企业所在地的地方规定、通知、要求等。同时要考虑强制性规定及企业承诺的自愿性的规定。尤其要关注到法规及标准变更。识别法规清单是合规管理至关重要的一步，一定要识别全面，不得出现遗漏。如果有遗漏、缺失，合规体系将不全面，并有可能失控。必要时可借助第三方的力量。

识别出法规标准清单后，将所有法规标准按照条款逐条拆解，避免出现遗漏。按照条款规定逐条分析，识别出该条款是否为企业要履行的义务。

②法规条款的合规内容分类

将识别出的企业义务条款进行分析，按照条款要求的内容进行分类，如配料合规、标签合规等，填写在该条款的合规内容项目下。

通过合规义务识别，食品生产经营企业整理出适用自己的专属法规标准清单，将需要履行的法规及标准进行条款拆解，识别出企业应该履行的合规义务条款。将合规义务进行分类，为接下来的风险分析与评价和控制措施制定与落实打下良好的基础。

2. 风险分析与评估

（1）制定风险分析与评价原则

针对识别的合规义务，对每个合规风险点产生风险的可能性、影响程度（后果严重程度），利用风险分析的原则进行合规风险的分析与评价。

（2）风险等级判定

将企业识别的合规义务逐条进行分析，根据企业实际运行的情况，对合规义务发生风险的可能性进行打分，并根据未履行合规义务对企业的影响程度进行打分。所有的合规义务全部划分好风险等级。

（3）风险分析及评价的要点

①法规及行业的适用性

适用范围：食品生产企业、食品经营企业。

②内容维度

适用范围：食品质量及食品安全。

（4）评分所站的立场

①站在法规标准及行业适用性角度来判定

例如站在食品生产经营企业的角度去考虑风险程度：如包材生产行业、种养殖行业为间接义务，风险也相对较小。

②站在食品质量及食品安全的角度考虑

例如反对食品浪费虽然是强制法规，且对违反法规也有处罚。但是与食品质量及安全相关性不大，站在食品合规的角度考虑，风险相对较小。

③站在企业本身的基础上，并综合各种情况进行判定

一般来说，严重程度按照原则进行分析，但可能性方面是以企业自身发生违规风险的可能性来评分的。企业某个法规标准条款的风险等级不是一成不变的，是动态的，可根据客户反馈、投诉、内审、管理评审等反映出来的问题进行调整。通过风险分析与评价，食品生产经营企业明确合规风险的红线有哪些，重点风险有哪些，从而进行合理的资源分配。将最重要的资源放置在最需要的地方，进行资源合理利用，达到整体合规。

3. 风险控制措施制定及落实

对合规风险点制定并实施有效的控制措施，预防或杜绝合规风险的产生。控制措施包括合规风险点可能产生的原因分析、控制对象、控制方法、监控频率及控制人员，表 2-2 给出了合规风险点控制措施制定原则示例。

表 2-2 合规风险点控制措施制定原则

控制要素	核心合规风险点	关键合规风险点	普通合规风险点	一般合规风险点
合规风险产生原因	分析合规风险产生的原因，识别并明确直接原因、主要原因及次要原因	分析合规风险产生的原因，识别并明确直接原因、主要原因及次要原因	分析合规风险产生的原因，识别并明确直接原因、主要原因及次要原因	分析合规风险产生的原因，识别并明确直接原因、主要原因及次要原因
控制对象	以直接原因、主要原因和次要原因为主要控制对象	以直接原因、主要原因和次要原因为主要控制对象	以直接原因、主要原因和次要原因为主要控制对象	以直接原因、主要原因和次要原因为主要控制对象
控制方法	监视	监视、测量、例行检查等手段	监视、测量、例行检查等手段	监视、测量、例行检查等手段
监控频率	连续监控	连续监控	连续监控或抽检	抽检或评估分析
控制人员	合规组长监控，法人代表或负责人审核批准；当合规组长与公司注册的负责人或法人代表是同一人时，则由公司的第二负责人进行监控，合规组长进行审核批准	合规小组人员或部门主管级人员亲自负责，合规组长审核批准	合规小组人员或区域负责人负责	专人负责
纠偏措施	按治理小组制定的纠偏措施执行	按治理小组制定的纠偏措施执行	按治理小组制定的纠偏措施执行	按治理小组制定的纠偏措施执行
记录	形成完整的记录	形成完整的记录	形成完整的记录	形成完整的记录

企业可依据表 2-2 对不同等级的风险点，制定控制对象、方法、频率、人员及纠偏措施原则。风险等级不同，监控人员及频率也不同，等级越高，需要监控的人员知识水平及考量会更具体全面，频率及监控措施也会越严格。企业需要设计出适合本企业的风险控制措施原则，并按照此原则执行。

三、食品进口代理商的责任

1. 案例

2022 年 4 月，H 海关对 A 公司实施食品进口商核查，发现 A 公司近两年内共申报进口 3 批食品，但未按规定建立食品进口和销售记录制度，未如实记录进口食品的相关情况，违反了《中华人民共和国食品安全法》第九十八条以及《中华人民共和国进出口食品安全管理办法》（以下简称《进出口食品安全管理办法》）第二十一条规定。H 海关依据《中华人民共和国食品安全法》第一百二十六条及第一百二十九条第二款规定，责令 A 公司改正并予以警告。A 公司辩称自己不是食品进口商，仅作为进口代理商，为 B 公司代理进口这 3 批食品，实际货主为 B 公司，应由 B 公司承担建立进口及销售记录制度并予以记录的责任，海关不应对其作出处罚。

2. 食品进口商的主要责任

为保障进口食品的可追溯性，有效处理进口食品安全事件，保障进口食品安全，依据《中华人民共和国食品安全法》相关规定，食品进口商的主要责任包括：建立境外出口商、境外生产企业审核制度，主动召回义务以及建立并遵守食品、食品添加剂进口和销售记录制度等。

（1）建立境外出口商、境外生产企业审核制度

进口商应重点审核境外出口商、境外生产企业是否已在我国备案或注册，进口食品是否符合我国食品安全国家标准要求、是否随附合格证明材料，进口预包装食品是否有中文标签或按规定应有的中文说明书，以及食品添加剂是否符合《进出口食品添加剂检验检疫监督管理工作规范》相关要求等内容，审核不合格的，不得进口。

（2）主动召回义务

发现进口食品不符合我国食品安全国家标准或者有证据证明可能危害人体健康的，进口商应当立即停止进口，并依照《中华人民共和国食品安全法》第六十三条的规定召回。

（3）建立并遵守食品、食品添加剂进口和销售记录制度

如实记录食品、食品添加剂的名称、规格、数量、生产日期、生产或者进口批号、保质期、境外出口商和购货者名称、地址及联系方式、交货日期等内容，并保存相关凭证。记录和凭证保存期限应当符合《中华人民共和国食品安全法》第五十条第二款的规定。

另外，还有备案、如实申报、办理检验审批的责任。

3. 案例分析

（1）海关对食品进口商的监管

为保障进口食品的可追溯性，有效处理进口食品安全事件，保障进口食品安全，我国对向境内出口食品的境外出口商或者代理商、食品进口商实行备案管理。依据《中华人民共和国食品安全法》第九十六条和《进出口食品安全管理办法》第十九条规定，向中国境内出口食品的境外出口商或者代理商应向海关总署备案。食品进口商应向其住所地海关备案。

（2）具备食品进口资格的代理商与外商签订进出口合同，并依据合同从境外购进食品，是外贸合同中的买方和执行人，其在报关申报时身份填报为“境内收货人”。此时的食品进口代理商，在食品进口监管行政法律关系中已符合“食品进口商”的定义，应承担进出口食品相关法律法规赋予“食品进口商”的义务，如有违反，海关可依法对其进行处罚。

（3）在本案中，A公司虽然是B公司的代理商，但其在进口环节中作为海关备案的进口食品收货人，与外方直接签订外贸合同并实施食品进口行为，属于《中华人民共和国食品安全法》的“食品进口商”，H海关对其未履行《中华人民共和国食品安全法》规定义务的行为进行处理于法有据。

第三节　进出口食品合规风险及应对措施

合规风险主要包括准入合规风险、配料合规风险、指标合规风险、标签合规风险。

一、准入合规风险

风险来源：国家准入要求；企业注册要求；其他要求。

（一）国家准入要求

进口应对措施：查阅相关信息，确认我国的要求，确认国家层面是否准入。

食品进口方面我国准入要求注意事项：8大类以外，不代表没有准入要求；目录系统中没有的，不代表不能准入；含植物源性食品的加工食品，注意植物源食品的准入。

注意动态变化，应持续关注准入情况及预警通报信息。

出口应对措施：务必确认目标国是否准入。

（二）企业注册要求

1. 进口方面

根据海关总署第248号令《关于公布〈中华人民共和国进口食品境外生产企业注册管理规定〉的令》，进口方面企业注册分为主管当局推荐注册和企业自行注册两种。

2. 出口方面

确认目标国是否有注册要求。

比如美国要求：未进行美国 FDA 注册，90 天内进行销毁或退运。所有美国本土及对美出口的食品的生产、加工、包装、仓储企业必须在 FDA 进行注册。

美国企业注册需要提交的材料：企业注册类型；企业名称、地址、电话及邮箱信息（企业邮箱建议不使用 163、126、QQ 及公司邮箱）、企业唯一识别码（UFI 码、邓白氏码）；企业紧急联系信息确认；外国企业美国代理人的姓名、地址、邮箱地址及电话号码；适用的企业食品类别；适用的企业加工类别；注册企业的所有者、经营者、负责代理人或者实体名称及地址信息确认；声明提交的信息准确及提交注册信息的人已授权；承诺 FDA 可以在《联邦食品、药品和化妆品法案》允许的时间和方式检查企业。

（三）特殊要求

是否有配方注册、食品注册、序列号等要求。

二、配料合规风险及应对措施

（一）产品分类

产品分类是合规的基础。

案例分析：牛奶巧克力涂层饼干，产品成分：小麦粉、起酥油、巧克力。具体产品成分见表 2-3。

问题：这个产品应该是饼干还是巧克力制成品？

表 2–3　产品成分表

配料	含量
小麦粉	30%
起酥油	25%
巧克力	20%
乳糖	10%
糖	10%
……	……

表 2–4　巧克力和饼干国家标准比较

	GB 9678.2—2014《食品安全国家标准 巧克力、代可可脂巧克力及其制品》	GB 7100—2015《食品安全国家标准 饼干》
范围	本标准适用于巧克力、代可可脂巧克力及其制品	本标准适用于饼干。

续表

	GB 9678.2—2014 《食品安全国家标准 巧克力、代可可脂巧克力及其制品》	GB 7100—2015 《食品安全国家标准 饼干》
术语、定义	巧克力与其他食品按一定比例，经特定工艺制成的在常温下保持固体或半固体状态的食品	以谷物粉（和/或豆类、马铃薯粉）等为主要原料。添加或不添加糖、油脂及其他原料，经调粉（或调浆）、成型、烘烤（或煎烤）等工艺制成的食品，以及熟制前或熟制后在产品之间（或表面、或内部）添加奶油、蛋白、可可、巧克力等食品
原料要求	原料应符合相应的食品标准和有关规定	原料应符合相应的食品标准和有关规定
其他	巧克力成分含量不足 25% 的制品不应命名为巧克力制品	—

准确对产品分类需要注意的事项。

1. 标准适用范围

一般会有个标准适用范围描述，以判定符合情况。

2. 加工工艺

比如：我国产品标准在术语和定义中会描述产品的基本加工工艺，也可以参考食品生产许可审查细则中对产品加工工艺的描述，以判定符合情况。

3. 配料

产品标准中会描述可使用配料（包括原料、食品添加剂，营养强化剂）的相关信息，需要使用的配料应符合标准要求。

4. 监管差异

不同国家发展历史、文化背景不同，对监管也有一定差异。（澳新料酒根据酒精含量可能归为酒）

（二）可食用性

在目标国能否作为普通原料使用？

案例：判定板栗、罗汉果、金银箔粉能否用于食品中？

我国规定：2022 年 6 月 23 日，国家市场监督管理总局、农业农村部、国家卫生健康委员会、海关总署联合制定了《查处生产经营含金银箔粉食品违法行为规定》，其中第六条规定：食品进口商应当依法进口食品，进口的食品应当符合我国食品安全国家标准，不得进口含金银箔粉食品和用于食品生产经营的金银箔粉。

★ 分析方法：

查询食品原料库、食品的产品标准、新食品原料数据库、食物成分表数据库和预警信息。比如欧盟食品和饲料预警系统中通报了添加中国板栗的休闲食品，原因为中国板栗为未经授权的新食品原料。

（三）添加剂

在目标国能否作为添加剂使用？

案例分析：二氧化钛、甜蜜素的可使用性？

二氧化钛：中国允许使用，在糖果和巧克力中为 GMP；欧盟禁止使用；美国使用量为 1%；日本、韩国为 GMP。

甜蜜素：美国、日本和韩国禁止使用；中国、欧盟允许使用。

★ 分析思路：

在 GB 2760—2014 中查找添加剂的编码，有编码对应编码，没有编码查看添加剂的规格标准；查阅目标国家对应的添加剂的规格，明确和中国的添加剂是否一种；查阅目标国食品添加剂的使用法规，明确食品类别。

总的来说，可食用性判定应对策略：梳理食品原料、添加剂相关的法规标准，建立原料和添加剂使用的数据库。

三、指标合规风险及应对措施

需要判定产品指标是否满足相应国家法律法规的要求。

表 2-5　中国和欧盟指标相关标准比较

类型	中国	欧盟
产品标准	GB 19644—2010 食品安全国家标准 乳粉	2011/114/EC
通用限量	GB 2761—2011 食品安全国家标准 食品中真菌毒素限量	（EC）No 1881/2006
	GB 2762—2017 食品安全国家标准 食品中污染物限量	（EC）No 1881/2006
	GB 29921—2021 食品安全国家标准 预包装食品中致病菌限量 GB 31607—2021 食品安全国家标准 散装即食食品中致病菌限量	（EC）No 2073/2005
	GN 31650—2019 食品安全国家标准 食品中兽药最大残留限量	（EC）No 37/2010
	GN 2763—2021 食品安全国家标准 食品中农药最大残留限量	（EC）No 396/2005

指标合规风险：质量指标、安全性指标（微生物、污染物、农药残留、兽药残留等）是否符合规定。

防范风险思路：产品的各项指标要符合目标国的规定。

一般来说产品要符合目标国产品标准的要求，如果没有产品标准需要做好原料质量把控、符合通用标准要求，也有的国家会明确指出可以参考 CAC 标准。

应对措施：研究目标国家指标合规要求，并和中国指标进行比较分析，得出差异点。

将产品相关的质量指标，安全性指标进行梳理，形成可查询、可搜索的产品指标数据库，为进出口合规奠定数据基础。

四、标签合规风险及其应对

通过法规识别标签标识是否满足相应国家标签的要求。如表 2-6 所示。

表 2-6　中国与欧盟标签相关的法规

中国	欧盟
进出口食品安全管理方法	（EU）No 1169/2011
GB 7718—2011 食品安全国家标准 预包装食品标签通则	（EU）No 1924/2006
GB 28050—2011 食品安全国家标准 预包装食品营养标签通则	（EU）No 432/2012
GB 13432—2013 食品安全国家标准 预包装特殊膳食用食品标签	产品标准

各国的标签标识要求不同，所以要注意区别不同国家的要求。如表 2-7 所示。

表 2-7　不同国家标签标识要求

国家	强制标识项目	自愿标识项目
中国	食品名称、配料表、净含量、代理商、进口商或经销商、原产国国名或地区区名、日期、贮存条件、营养标签、转基因	批号、食用方法、致敏物质、FOP
欧盟	食品名称、配料表、净含量、进口商或经销商、原产国、日期、贮存条件、致敏物质、营养标签、转基因	批号、使用说明、FOP
日本	食品名称、配料表、净含量、进口商或经销商、原产国、贮存条件、致敏物质、营养标签、转基因	日期、FOP

合规判定主要包括两部分内容：形式合规审查和内容合规审查。

形式合规审查指食品标签标识的格式是否准确；标签的项目是否齐全。

内容合规审查指标签的内容的真实性。

第四节　我国进出口食品安全管理政策

《中华人民共和国进口食品境外生产企业注册管理规定》和《中华人民共和国进出口食品安全管理办法》于 2021 年 4 月 12 日公布，自 2022 年 1 月 1 日起实施。

一、进出口安全管理体系

1. 目标

为了保障进出口食品安全，保护人类、动植物生命和健康，注重传统食品安全、非传统食品安全、生态安全、全面体现总体国家安全观。

2. 海关总署是全国进出口食品安全工作主管部门

依据：四个最严、海关法、食品安全法、动植物检疫法、商品检验法等。

原则：风险管理、预防在先、全程监管、国际共治。

监管体系：建立起了一套进口食品全供应链安全管理体系。

3. 落实各方责任

落实出口方政府总体责任。

落实生产经营主体责任。

履行海关监管责任。

4. 建立食品安全国际共治格局

海关总署主动与各个国家和地区开展合作，积极参与 WTO 各类 TBT/SPS 及自贸区谈判，积极参与 APEC 食品安全论坛。

二、食品进口监管

1. 合格评定

引入 WTO《TBT 协定》和《中华人民共和国进出口商品检验法》（以下简称《进出口商品检验法》）的合格评定概念，对进口商品是否符合食品安全国家标准进行评定。

境外国家（地区）食品安全管理体系评估和审查；

境外生产企业注册；

进出口商备案和合格保证；

进境动植物检疫审批；

随附合格证明检查；

单证审核；

监督抽检；

进口和销售记录检查。

2. 强化进口前源头管理

进口前主要监管 4 个环节：

境外国家（地区）食品安全管理体系评估和审查；

境外生产企业注册；

进出口商备案和合格保证；

进境动植物检疫审批。

3. 口岸监管：以风险管理为基础的指定口岸

明确了“进口食品口岸现场查验制度”，指出海关现场查验的要求，为海关一线实施进口食品现场检查提供规范化依据，主要包括运输工具、存放场所、内外包装的卫生要求；货证符合性要求；标签标示要求；感官检查要求；现场检疫要求等五大方面要求。同时，这些现场查验要求，通过海关风险系统指令统一下达，与其他海关现场要求一起同时实施。

口岸监管主要包括五方面，申报、检疫、现场检验、送检、处置，见图 2-3。

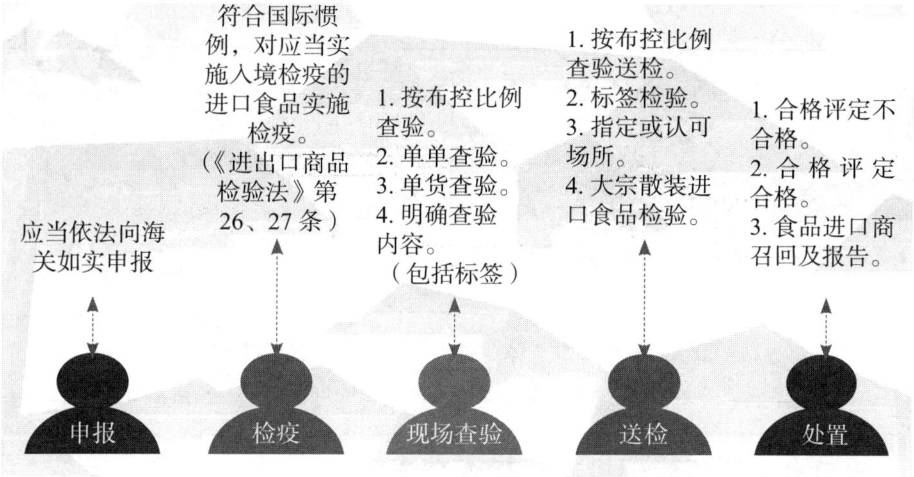

图 2-3 口岸监管环节

资料来源：焦阳．中国食品进出口安全管理政策探讨［R］. 2022 年进出口食品安全大会报告

进口食品安全监督抽检和风险检测计划（《进出口商品检验法》第 29 条）。

标签监管（《进出口商品检验法》第 30 条及海关总署 70 号公告）。标签监管内容更丰富更严格，对企业主体责任加严，增加了新的规定（如保健食品）。

进口食品不合格处置制度，明确了进口食品经合格评定不合格的处置机制，对规范海关一线监管执法具有很强的指导意义。特别强调了相关进口食品不能在规定时间内完成技术处理，或者经技术处理仍不合格的，由海关责令食品进出口商销毁或退运，为海关一线在实施进口食品不合格技术处理过程中一改再改、久拖不决等问题提供有力依据。

实施风险预警控制措施（《进出口商品检验法》第 34 条 ~ 第 36 条）。注意区分暂停和禁止进口措施和风险预警控制措施解除条件。

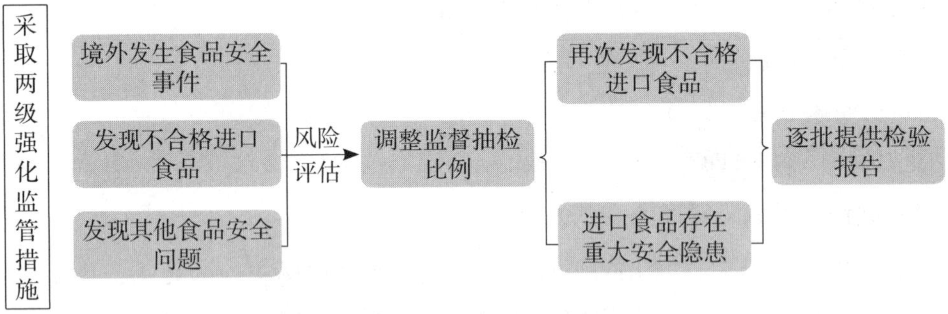

图 2-4　两级强化监督监管措施

资料来源：焦阳．中国食品进出口安全管理政策探讨［R］．2022 年进出口食品安全大会报告

三、食品出口监管

我国建立了五位一体的出口食品安全监管机制，强化了海关对出口食品安全的监管。

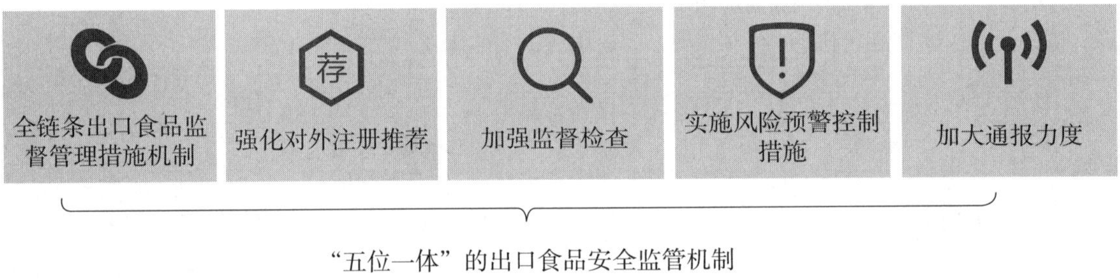

图 2-5　“五位一体”的出口食品安全监管机制

资料来源：焦阳．中国食品进出口安全管理政策探讨［R］．2022 年进出口食品安全大会报告

（一）出口食品监督管理措施包括 8 个方面

出口食品原料种植养殖场备案，出口食品生产企业备案，企业核查，单证审核，现场查验，监督抽检，口岸抽查，境外通报核查以及各项的组合。

（二）建立三项制度

1. 出口食品对外注册推荐制度

《出口食品生产企业申请境外注册管理办法》（以下简称《办法》）建立了出口食品对外注册推荐制度，本制度的提出是为了更好地推动我国食品规范有序出口。各国出口食品生产企业互相注册并相互实施卫生安全管理体系等效性评估的管理模式，是国际上普遍采用的针对进口食品安全卫生的管理措施，同时也是出口国对食品生产企业生产过程、安全卫生、质量控制体系进行系统性合格评定，并对外推荐的生产管理制度。

2. 出口食品生产企业卫生控制制度

本制度为出口食品生产企业建立出口食品安全保障的制度体系提供法律依据，明确了出口食品生产企业卫生控制的依据。企业应当建立供应商评估制度、进货查验记录制度、生产记录档案制度、出厂检验记录制度、出库食品追溯制度和不合格食品处置制度等。卫生控制的对象不仅涉及食品生产、加工、贮存全过程，还包括包装和运输方式。

3. 出口食品生产企业监督检查制度

《办法》废止了《出口食品生产企业备案管理规定》，但吸纳了出口食品生产企业监督检查制度。该制度固化了海关分段监管体制对出口食品生产企业食品安全卫生控制体系监督检查的流程和方式，提出监督检查包括日常监督检查和年度监督检查两类，与出口食品生产企业备案管理相对接。同时，还明确监督检查方式可以采取资料审查，现场检查、企业核查等方式，并可以与出口食品境外通报核查、监督抽查、现场查验等工作结合开展，强调监督检查要求渗透到对出口食品生产企业监管的各项环节之中。

（三）出口食品安全治理体系

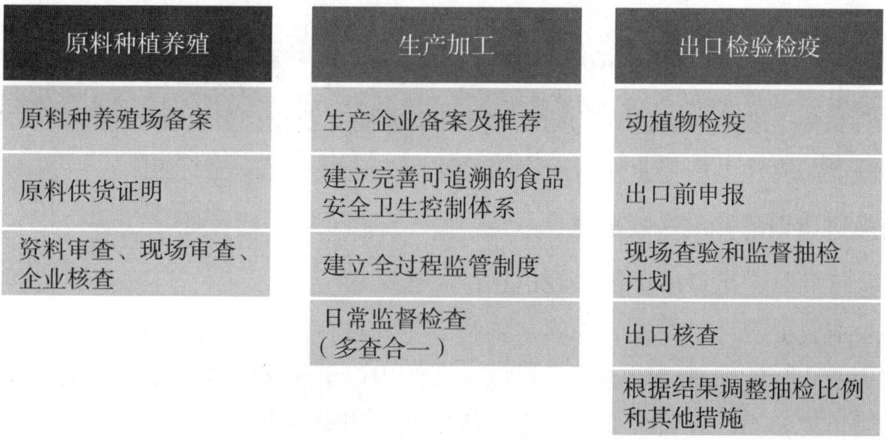

图 2–6 出口食品安全治理体系

资料来源：焦阳．中国食品进出口安全管理政策探讨［R］．2022 年进出口食品安全大会报告

（四）监督管理（见《办法》第四章）

包括进出口食品安全信息、进出口食品风险预警（比如对出现问题的奶粉发出预警）、进口食品安全风险检测、进出口食品安全突发事件应急（如突发疫情）、企业信用管理、过境食品及复验。

第五节 大数据与食品进出口风险管理

大数据，指在一定时间范围内用常规软件工具进行捕捉、管理和处理的数据集合，是需要新处理模式才能具有更强的决策力、洞察发现力和流程优化能力的海量、高增长率和多样化的信息资产。

外部风险来自外部环境的变化。外部风险的信息源包括：标准法规数据、行业舆情数据、政府监督抽检数据、判决案例数据、行政处罚数据。

一、外部风险信息

（一）进口方面数据

1. 查找判决案例数据

如何查找判决案例数据？可以通过“中国裁判文书网”查找。

比如：查询“乳制品进口”，可以看到相关判决案例。

其中一个“网络购物合同纠纷一审民事判决书”中，发现主要问题是：该产品为不符合我国食品安全标准的产品，涉案产品属于日本婴幼儿奶粉产品，没有标注简体中文标签，也未在进口食品境外生产企业注册专栏网页注册，违反食品安全标准。

2. 商品进出口的标准法规信息

如何获得商品进出口的标准法规信息?

根据企业行业及产品类别、原料、辅料、包装材料等特点确定信息来源渠道，并关注和跟踪相关变化。比如进口乳制品，可以关注国内以下相关渠道信息：海关总署、市场监督管理总局、卫健委、农村农业部、生态环境部、国家食品安全风险评估中心，中国营养学会、中国奶业协会、畜牧业协会等。出口乳制品，应该关注国外的相关渠道。

3. 行政监管数据

从中华人民共和国海关总署进出口食品安全局（网址：http：//jckspj.customs.gov.cn/），可以查询到每个月我国“未准入境的食品信息”，如图 2-7 所示。这些食品在进口检验时不符合我国食品安全国家标准或相关法律法规要求，均已依法做退货或销毁处理。

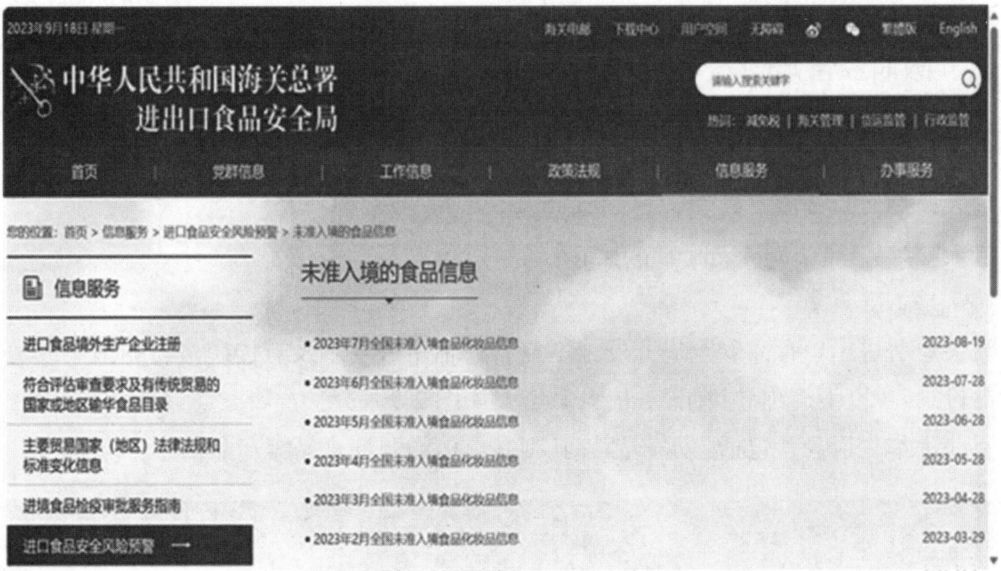

图 2-7 “未准入境的食品信息”网页

（二）出口食品的信息渠道

出口食品的信息可以通过以下渠道查询：中国技术性贸易措施网（网址：http：//www.tbtsps.cn/page/tradez/IndexTrade.action），查到主要贸易国扣留（召回）我国农食品数据或分析报告，如图 2-8 所示。

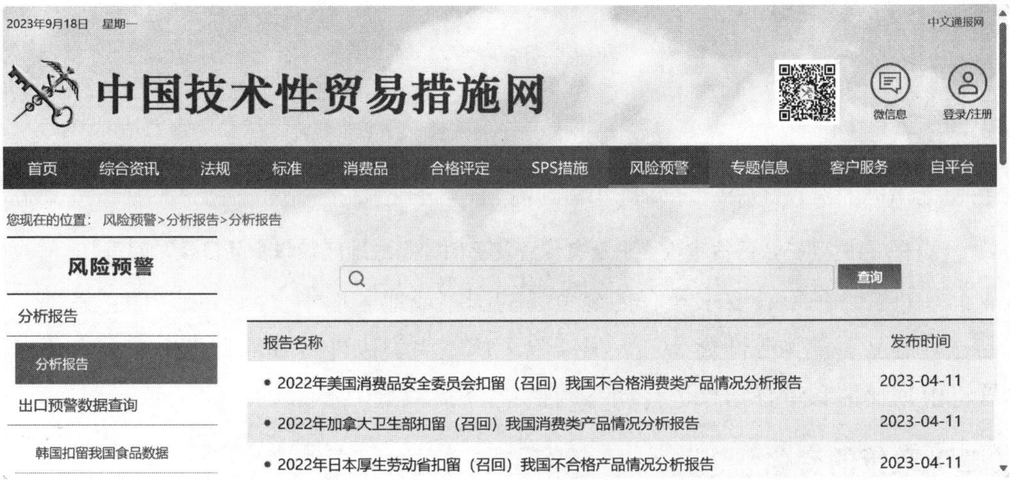

图 2-8 “主要贸易国扣留（召回）我国农食品分析报告”网页

二、政府监管方面

（一）进口准入

准入合规风险及应对措施。

进入网址：http：//jckspj.customs.gov.cn/。

确认是否准入。

海关总署进出口食品安全局开发了“符合评估审查要求及有传统贸易的国家或地区输华食品目录”（以下简称“目录”）信息系统，如图 2-9 所示。

目前，本“目录”包括：水产品、乳制品、植物源性食品等产品信息。

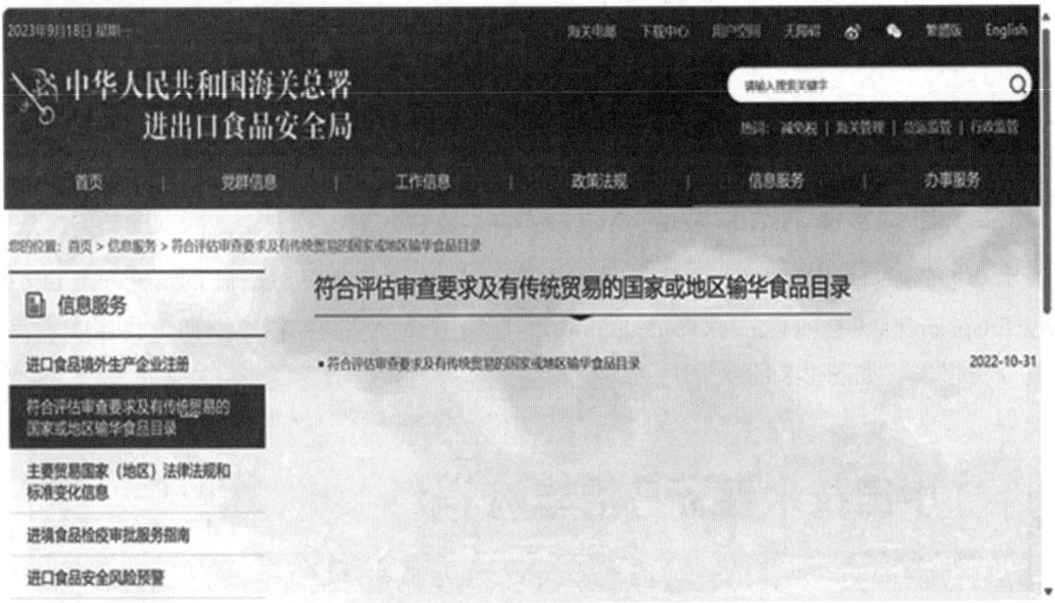

图 2-9 “符合评估审查要求及有传统贸易的国家或地区输华食品目录”网页

查询“符合评估审查要求及有传统贸易的国家或地区输华食品目录”信息系统，分为水产品、乳制品、植物源性食品三大类。除了这三大类以外，其他食品也有准入要求。海关总署将根据评估和审查结果进行动态调整。

（二）政策的变化

注意政务公开中的最新文件：比如海关总署和农村农业部公告第 13 号中规定“禁止直接或间接从秘鲁、玻利维亚和土耳其输入禽及其相关产品（源于禽类未经加工或者虽经加工但仍有可能传播疫病的产品）”。海关总署和农村农业部公告第 10 号中规定“禁止直接或间接从阿塞拜疆输入绵羊、山羊及其相关产品（源于绵羊或山羊未经加工或者虽经加工但仍有可能传播疫病的产品）”。

海关总署第 248 号令《中华人民共和国进口食品境外生产企业注册管理规定》自 2022 年 1 月 1 日起正式实施。

境外生产企业由所在国家（地区）主管当局向海关总署推荐注册的食品包括：肉与肉制品、肠衣、水产品、乳品、燕窝与燕窝制品、蜂产品、蛋与蛋制品、食用油脂和油料、包馅面食、食用谷物、谷物制粉工业产品和麦芽、保鲜和脱水蔬菜以及干豆、调味料、坚果与籽类、干果、未烘焙的咖啡豆与可可豆、特殊膳食食品、保健食品。

其他食品境外生产企业，应当自行或者委托代理人向海关总署提出注册申请。

如何从网上查找我国从新西兰进口婴幼儿配方乳制品的“进口食品境外生产企业注册信息”？

首先进入中华人民共和国海关总署网 http://www.customs.gov.cn/，点击“进出口食品”进入网页（http://jckspj.customs.gov.cn/）信息服务栏，点击“进口食品境外生产企业注册”（见图 2-10），点击“进口食品境外生产企业注册名单”，在产品类别（CATEGORY）填写“婴幼儿配方乳制品”，所在国家（地区）COUNTRY(REGION) 填写“新西兰”，可以查到 18 个进口企业的注册信息。

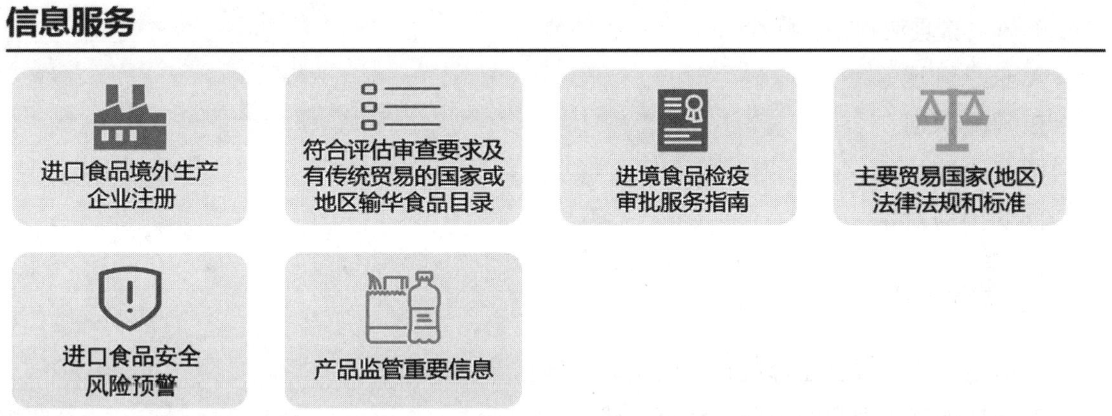

图 2-10　海关总署进出口安全局“信息服务”信息

练习与思考

一、单选题

1.（　　）指造成损失的直接原因或者外在原因。

A. 风险事件

B. 风险因素

C. 风险损害

2. 判决案例数据的查询渠道是（　　）。

A. 海关总署网站

B. 中国裁判文书网

C. 市场监督管理总局

D. 中国技术贸易措施网

3. 风险管理流程中，哪个环节是最后环节？（　　）

A. 信息管理

B. 风险识别

C. 风险评估

D. 风险应对

二、简答题

1. 描述生产经营企业合规管理的具体实施步骤。

2. 食品进口代理商的主要责任有哪些？

3. 如何进行食品舆情风险管理？

4. 判断配料合规风险应该注意哪几个方面？

实践案例

我国 2022 年输欧食品受阻的风险因子及欧盟对相关风险因子的监管要求

一、2022 年我国食品输欧通报信息概况

欧盟食品和饲料类快速预警系统（RASFF，下同）通报信息数据统计显示，2022 年该系统共计通报食品和饲料不合格信息 5 715 批次，我国出口不合格产品被通报 400 批次，

占比7.00%：不合格食品230批次，食品接触材料159批次，分别占总通报批次的4.02%和2.78%。

在食品方面，被通报的类别主要包括水果和蔬菜、香辛料、茶叶、坚果、水产品和其他休闲食品如方便面等；而使用未经授权的农兽药和食品添加剂，农兽药残留限量超标，微生物、真菌毒素、重金属等危害物质限量超标、标签标识不合格（如未标示过敏原成分）、出口证明文件等风险因子成为出口受阻的主要原因。

经汇总分析，出口风险因子占比如图2-11所示。

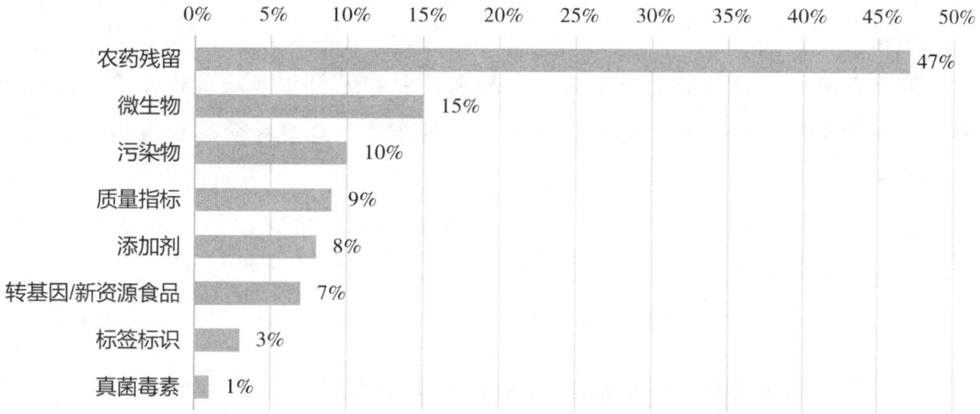

图2-11 出口风险因子占比

二、各类风险因子分析

由图2-11可以看出，2022年我国输欧食品的风险因子占比较大的依次为农药残留、微生物和污染物，而产品中被检出含有违规使用的添加剂、转基因或新资源食品成分，标签中未标示过敏原成分也应引起出口企业的重视。下面对我国输欧食品受阻的几大重要的风险因子作简要分析。

1. 农药

关于农药残留限量要求：欧盟法规（EC）No 396/2005《动植物源性食品和饲料中农药最大残留限量》及其修订单通过多个附录的方式来管理和规定农药的使用和残留限量要求。根据（EC）No 396/2005第18（1b）条的规定：如果一种农药未在任何附录中出现，则应采用0.01 mg/kg的默认值。因此输欧农产品和食品要注意：未制定农药残留标准，并不意味着豁免相关农药在产品中的限量要求。

以毒死蜱为例：2020年的欧盟委员会法规（EU）2020/1085将毒死蜱和甲基毒死蜱的MRL均设定为0.01 mg/kg并于2020年11月13日正式生效。法规正式生效后，含有毒死蜱或甲基毒死蜱的产品在规定期限内必须退出欧盟市场且不得进口及销售。欧盟近两年来持续加强了对相关产品中毒死蜱的残留限量的检测，并对不合格产品采取了官方扣押、召回和退运等较为严格的官方控制措施。

2. 致病菌微生物

2022 年我国输欧的水产品、生鲜蔬菜、香辛料中多次被通报检出致病菌微生物或致病菌限量超标。以沙门氏菌为例，欧盟法规（EC）No2073/2005《食品微生物标准》中要求部分肉制品、乳制品、生鲜果蔬和香辛料中均不得检出（n=5，c=0，Not detected in 25 g）。出口企业应在食品链的各个环节都注重防范该危害物质的污染，包括从生产、运输、贮存、加工到餐桌的全过程监管，加强相应品类沙门氏菌的出厂检验频次和整改力度，以降低产品出口欧盟被拒的风险。

3. 污染物

2022 年，我国出口欧盟的水产制品、新鲜水果和香辛料中多次被检出重金属如汞、镉和铅限量超标，造成产品被官方扣押或召回等不良后果。欧盟对食品中污染物包括重金属限量监管的主要依据为（EC）No1881/2006《食品中特定污染物的最大限量要求》：对食品（包括乳制品）中真菌毒素、重金属、二噁英和多氯联苯、3−氯丙醇等食品污染物的限量要求作出了明确规定。

4. 真菌毒素

在真菌毒素指标不合格方面，2022 年我国出口欧盟被通报产品主要为花生及其制品和坚果类产品。经分析，不合格原因占比较高的真菌毒素的主要风险是黄曲霉毒素。欧盟委员会法规（EC）No1881/2006《食品中污染物的最高限量标准》规定了食品包括坚果类产品中黄曲霉毒素的限量水平，用以确保食品安全卫生，使其不会对消费者健康构成威胁。

5. 过敏原成分

2022 年，我国输欧食品也因产品标识不合格而被多次通报，其中占比较高的风险因子为产品标签未按规定要求标示乳、大豆、谷物等过敏原成分，对消费者易造成误导，导致产品被退出市场流通或退运。欧盟对过敏原标示的要求主要依据为（EU）No 1169/2011《向消费者提供食品信息的规定》，其中，对包括乳、蛋、花生、坚果、大豆类等 14 大类过敏原的标示要求为：对于作为食物成分有意加入的过敏原，在配料表后必须以对比或突出显示的方式清晰标明过敏原种类及名称。

资料来源：林晓辉 . 我国食品出口欧盟遭遇重重阻碍，这些因素你知道吗？［EB/OL］. 食品伙伴网，食品标法圈 .2023−03−14

第三章

食品进出口包装风险及其防范

学习目标

1. 了解不同食品进口的包装要求。
2. 了解食品出口包装要求。
3. 掌握进口食品木制包装要求。

基本概念

木制包装;《国际植物保护公约》(IPPC)

引入案例

罐装食品密封垫圈安全事件

2007 年 6 月，瑞士苏黎世州检验中心在对来自亚洲的采用玻璃罐、金属旋盖式包装的油浸式食品进行检测后，宣布对其中 10 种使用软质聚氯乙烯（PVC）垫圈包装的食品实施禁售，这其中就包括我国某著名品牌的产品。遭禁的原因是这些用于密封玻璃罐的软质 PVC 垫圈中使用了邻苯二甲酸酯类增塑剂，此类增塑剂易被油质吸收，进入人体会产生有害影响。

第一节 不同食品进口的包装要求

一、水果

以从泰国进口水果为例。水果应使用干净和未使用过的材料进行包装，并储存在集装箱或冷藏集装箱中以供运输或转运。MOAC应对集装箱加施封识。包装箱应标注：水果名称、产地、果园和包装厂的名称或注册登记号。泰国输华水果包装箱上须用英文标注“Export to the People’s Republic of China”。

二、牛肉进口

以进口意大利牛肉为例。

1. 牛肉必须使用符合中国食品安全国家标准和国际卫生标准的全新材料包装。

2. 牛肉应有单独的内包装，内包装上应当标明品名、产地国、生产企业注册号、生产批号。外包装上应当以中文标明产品名、产地国、产品的规格、产地（具体到省 / 市）、生产企业注册号、生产批号、目的地（目的地应当标明为中华人民共和国）、生产日期（年 / 月 / 日）、保质期、储存温度等内容。外包装上应加施意大利官方的肉类检验标识。

3. 预包装肉类产品还应符合中国关于预包装食品标签的法律法规和标准的要求。

4. 冰鲜真空或非真空包装牛肉（不论有无气调包装），应符合中国和意大利包装卫生标准，出口商应确认保质期并在包装上明确标识。冰鲜真空包装牛肉保质期不超过120天，冰鲜非真空包装牛肉保质期不超过14天。

三、进口冷冻肉类产品对包装的要求

1. 内外包装使用无毒、无害的材料，完好无破损。

2. 内外包装上应当标明产地国、品名、生产企业注册号、生产批号。

3. 内外包装上应当以中文标明规格、产地（具体到州 / 省 / 市）、目的地、生产日期、保质期、储存温度等内容，目的地应当标明为中华人民共和国，加施输出国家或者地区官方检验检疫标识。

四、冷链食品的运输包装

冷链食品的质量问题可以出现在流通的各环节，而运输包装直接影响着冷链食品的质量。

运输包装要求包装牢固、质轻、防震、防潮、密闭、无污染，在商品储存、装卸、搬运、运输等环节中保证货物的安全。

传统的包装方法方便快捷，成本低廉，但是其最大的缺点就是若运输时间过长，保温效果降低，导致商品变质，而且容易发生交叉污染。

第二节　木质包装

木质包装是指用于承载、包装、铺垫、支撑、加固货物的木质材料，如木板箱、木条箱、木托盘、木框、木桶、木轴、木楔、垫木、枕木、衬木等。

一、案例

A 公司申报进口货物一批，海关工作人员现场查验时发现货物木质包装未申报且无 IPPC 标识。经海关查实，未申报行为系 B 公司（报检企业）工作人员未认真核实 A 公司提交的单证及货物真实情况所致，故依据《进出境动植物检疫法实施条例》的规定，对该批无 IPPC 专用标识的木质包装作销毁处理，同时对 B 公司实施了相应处罚。

问题：海关能否对报检企业进行处罚?

二、国际植物保护公约

（一）IPPC 标识

2002 年 3 月，《国际植物保护公约》（International Plant Protection Convention，简称 IPPC）发布了第 15 号国际植物检疫措施标准《国际贸易中木质包装材料管理准则》（ISPM15）。该标准实施后经过多次文字和内容修改，包括增加了除害处理方式，更新了除害处理指标等。最新的版本于 2019 年出台。该标准规定，国际贸易中的货物木质包装应按标准规定的方式和指标进行除害处理，并加施具有 IPPC 图样的标识。我国从 2006 年起执行这一国际标准。

IPPC 专用标识：用以识别符合 IPPC 标准的木质包装，表示该木质包装已经按照 IPPC 检疫标准处理。IPPC 标识可以有多种样式，但都应具有 IPPC 符号、国家代码、处理企业编号、处理方式代码。以我国出境木质包装为例，IPPC 符号代表《国际植物保护公约》；CN 代表中国；海关批准的处理企业编号以“2 位关区代码＋3 位流水号”表示；木质包装除害处理方式为：HT 代表（蒸气或窑干）热处理，DH 代表介电加热处理，MB 代表溴甲烷熏蒸处理，SF 代表硫酰氟熏蒸处理。

（二）木质包装的优缺点

木质包装的优点：强度高、韧性好、可回收重复使用，是国际货物运输的主要承载、支撑物。

缺点：木质包装是林木有害生物跨境传播的主要载体，可以传播松材线虫、天牛、白蚁、蠹虫、树蜂、吉丁虫、象甲等有害生物。

自 1998 年起，一些主要贸易国家要求出口国官方对出境木质包装实施检疫，并出具植物检疫证书。由于国际贸易中的木质包装涉及众多货物种类及其相关企业，批次量很大，按照常规检疫做法对每批木质包装实施检疫和出具证书，将耗费大量行政资源。为此，IPPC 成员国经协商达成了上文提到的第 15 号国际植物检疫措施标准，即国际贸易中的木质包装，只要经过除害处理并加施标识，不再对每批木质包装实施检疫和出证；各成员国对标识互认，在进境时只查验 IPPC 标识，无须查验植物检疫证书。

（三）实施范围

用于承载、包装、铺垫、支撑、加固货物的木质材料，如木板箱、木条箱、木托盘、木框、木桶（盛装酒类的橡木桶除外）、木轴、木楔、垫木、枕木、衬木等，由于还有传带有害生物的可能，在出境前需要经过除害处理并加施 IPPC 标识。

经人工合成或者经加热、加压等深度加工的包装用木质材料（如胶合板、刨花板、纤维板等），薄板旋切芯、锯屑、木丝、刨花等，以及厚度等于或者小于 6 mm 的木质材料，由于传带有害生物的可能性很小，不需要实施除害处理。

木质包装应当以去皮木料制作，但允许带有宽度不到 3 cm（不管长度是多少），或者宽度大于 3 cm 但单块树皮总表面积不到 50 cm^2 的树皮。

三、我国海关对进出境木质包装检疫的规定

（一）对出境货物使用的木质包装海关实施抽查检疫，发现不符合规定的，不准出境。只有获得海关批准的出境货物木质包装标识加施企业，才能生产并对出境货物木质包装加施 IPPC 标识。未获得标识加施资格的木质包装使用企业，不得擅自加施 IPPC 标识，但可从海关公布的标识加施企业处购买经除害处理、加施 IPPC 标识的木质包装，并要求标识加施企业提供出境货物木质包装除害处理合格凭证。

（二）对进境货物使用的木质包装的规定

1. 需要向海关申报

《中华人民共和国进出境动植物检疫法实施条例》规定，装载动植物、动植物产品和其他检疫物的装载容器、包装物、铺垫材料，货主或者其代理人应当及时向口岸动植物检疫机关申报。《进境货物木质包装检疫监督管理办法》规定，进境货物使用木质包装的，货主或者其代理人应当向海关报检。向海关申报进境木质包装是企业的强制性义务。

2. 海关对进境木制包装的监管

（1）对已加施 IPPC 专用标识的木质包装，按规定抽查检疫，未发现活的有害生物的，立即予以放行；发现活的有害生物的，监督货主或者其代理人对木质包装进行除害处理。

（2）对未加施 IPPC 专用标识的木质包装，在海关监督下对木质包装进行除害处理或者销毁处理。

（3）对报检时不能确定木质包装是否加施 IPPC 专用标识的，海关按规定抽查检疫。经抽查确认木质包装加施了 IPPC 专用标识，且未发现活的有害生物的，予以放行；发现活的有害生物的，监督货主或者其代理人对木质包装进行除害处理；经抽查发现木质包装未加施 IPPC 专用标识的，对木质包装进行除害处理或者销毁处理。

（4）对未报检但经抽查发现使用木质包装的，按照有关规定处理，并依照有关规定予以行政处罚。

（5）对木质包装违规情况严重的，在报经海关总署批准同意后，监督货主或者其代理人连同货物一起作退运处理。

（三）再利用、再加工或者经修理的木质包装，应当重新验证并加施标识，确保木质包装材料的所有组成部分均得到了处理。

四、收货人、报检企业注意事项

（一）如实申报

报关单专门设置了“包装种类”等栏目，收货人、报检企业要充分认识准确填报木质包装信息的重要性，如实提供真实资料、如实填报，并且重点核实进境木质包装是否加施 IPPC 专用标识。

（二）其他规定

需要实施木质包装检疫的货物，除特殊情况外，未经海关同意，不擅自卸离运输工具和运递及拆除、遗弃木质包装。

五、案例处理

《中华人民共和国进出口商品检验法实施条例》规定，代理报检企业、出入境快件运营企业接受委托人的委托办理报检手续的，应当对委托人所提供情况的真实性进行合理审查。《出入境检验检疫报检企业管理办法》规定，代理报检企业应当在委托人授权范围内从事报检业务，并对委托人所提供材料的真实性进行合理审查。合理审查包括对进出口货物、进境木质包装、植物性填充物实际情况的审查。

在本案中，A公司已将相关单证资料如实提供给B公司，B公司因工作人员疏忽大意，未实地查看货物状况，对A公司提供的单证资料也未进行认真审核，未尽到合理审查义务，最终导致了未申报行为的发生。对此，B公司具有主观过错，根据行政处罚的过错责任原则，应当由其承担法律责任。

B公司与A公司的民事纠纷，不影响行政管理法律关系的成立，二者并非排斥关系。在B公司受到海关处罚后，两公司仍可根据委托合同的约定，追究相关民事法律责任。

第三节　食品出口包装要求

水果出口美国：以新疆香梨为例。

一、批准的果园、包装厂

出口香梨果园和包装厂须由中华人民共和国海关总署（以下简称“GACC”）审核批准注册。GACC将应要求向代表美利坚合众国农业部（以下简称“APHIS”）提供注册果园和包装厂名单。

批准的果园、包装厂查询链接：http：//www.customs.gov.cn//dzs/2747042/2754240/index.html

二、果园管理

注册果园应在海关监管下，建立和维护出口香梨质量管理体系，了解美方关注的检疫性有害生物名单，如龟纹蚧（Eulecanium circumfluum Borchsenius）、香梨优斑螟（Euzophera pyriella Yang）。

配备经培训的专职或兼职植保技术员，负责有害生物监测与防控，实施有害生物综合防治，并保存所有监测、防治及采收等记录，以便溯源。

注册果园要维持田间卫生，及时清除植物残体和落果，确保采摘香梨时不携带树叶、树枝及落果。

香梨从注册果园到注册包装厂运输途中，做好采摘后植物卫生防护措施，防止有害生物再次感染。

三、包装厂管理

出口香梨应在海关监管下，进行加工、包装、储藏和运输。包装厂须防控有害生物，并满足系统控制措施要求。所有香梨应在经GACC注册登记的包装厂内包装，并应对于同一批次的出口香梨编注批号。一批是指一天内从单一果园运抵到同一包装厂的香梨。

包装过程中，要将树枝、树叶、裂果、烂果等剔除。注册包装厂在加工输美香梨过程中，确保不同时加工输往其他国家的果实。

如果香梨在采收后 24 h 内不能完成包装，应将香梨置于冷藏室或专用库内，或置于包装厂内，并用防虫网或塑料防水布盖好。包装箱上应标明注册果园、原产地、包装厂等溯源信息。标识尺寸要能清晰展示所需的溯源信息。

包装好的输美香梨应独立存放，与运往国内市场或其他国家或地区的香梨至少间隔 1 m。

练习与思考

一、单选题

1. 木质包装除害处理方式为 HT，请问 HT 代表（　　）。

A. 介电加热处理

B.（蒸气或窖干）热处理

C. 溴甲烷熏蒸处理

D. 硫酰氟熏蒸处理。

2. 下列哪一个出境前不需要实施除害处理？（　　）

A. 木板箱

B. 木托盘

C. 枕木

D. 胶合板

3. 香梨出口美国过程中，要求如果香梨在采收后（　　）小时内不能完成包装，应将香梨置于冷藏室或专用库内，或置于包装厂内，并用防虫网或塑料防水布盖好。

A.24

B.12

C.48

D.36

二、简答题

1. 为什么要加施 IPPC 标识？

2. 水果出口过程中包装要求主要应注意哪些方面？

第四章

食品进出口国际物流风险及其防范

学习目标

1. 了解国际物流。
2. 理解海运风险的分类。
3. 熟悉海运风险的防范策略。
4. 掌握食品运输中的主要风险问题。

基本概念

国际物流；国际货物运输；风险；《中国保险条款》(CIC)

引入案例

2016 年 10 月 2 日凌晨 5 时，一列运载着乌拉圭冻肉的列车到达成都国际铁路港，这是国内进口冻肉首次通过铁路运输在内陆口岸清关。该批进口冻肉从南美乌拉圭始发，通过海运抵达宁波后，又于 9 月 30 日凌晨从宁波北仑港上岸，办理转关手续后，无缝对接铁路运输，搭乘“蓉欧 +”宁波专列赴蓉，全程运输时间为 70 h。由于该批进口冻肉在成都铁路口岸即可完成报检报关接货，不仅使运输费用降低 30% 以上，同时减少了人员差旅成本，报检报关的时效也比过去缩短 3~5 天。

青岛港国际货运物流有限公司总经理李武成说，“2017 年青岛口岸进口蔬菜水果就达 140 万吨，可以说青岛口岸是国内冷冻货物操作量最大的口岸，其市场腹地可以覆盖沿黄流域，具有非常大的潜力。随着人们生活水平的提高，人们对世界各地的新鲜水果、蔬菜肉类的需求会越来越多，冷链物流的需求也会越来越大，而满足这一需求的前提，就是进一步发展海铁联运。”

随着我国消费升级，消费者对进口水果品质要求越来越高，会关心产地、品种、甜度和口感等，对新鲜度和时效性要求高。

向中国出口车厘子的国家主要有：美国、加拿大、澳洲、新西兰、南非、智利等。美国和智利的进口量较多，澳洲和新西兰质量最优。

新西兰的车厘子无论是尺寸、口感或储藏都是世界公认顶级的品种。这是因为新西兰地理位置优越。智利生产方面相对落后，生产的标准很难统一，每个批次产品的品质差异大，出口标准较低，运输途中容易出问题。智利车厘子基本船运，需要一个多月的时间。为了保证外观及品质，所有水果表层涂有防腐剂。新西兰的车厘子基本采用空运，不含防腐剂，从采摘到中国客户手中，基本上 72 h 内可以送到。运输方式不同，车厘子的市场价格不同。京东上，颜曼箐新西兰车厘子 2 kg 3J（30 mm（含）~32 mm（不含））价格 986 元，竹域智利车厘子礼盒装 1 500 g 特大果 JJJ 级 30~32 mm 价格 169.9 元。

本章将介绍主要的国际食品运输方式及其风险管理。

第一节　国际运输方式及其优缺点

一、国际物流与国际运输

（一）物流

物流（Logistics）是指管理如何获取、储存、运输实体物质资料到最终目的地的整体过程。我国标准《物流术语》对物流的定义是：“物品从供应地向接收地的实体流动过程。根据实际需要，将运输、储存、装卸、搬运、包装、流通加工、配送、信息处理等基本功能实施有机结合，形成完整的供应链，为用户提供多功能、一体化的综合服务”。

物流活动始于人类社会“物”的生产与交换活动，“物”的流通消除了生产与消费间的空间阻隔与时间阻隔，有效地构建了生产与消费间的桥梁，可以说物流活动与经济发展是相辅相成的。

自 18 世纪后期的工业革命开始，技术变革促使劳动生产率快速提高、运输成本大幅降低，而信息通信技术的发展减少了生产与消费间的空间阻隔与时间阻隔。随着各经济体间国际经济活动的日益活跃，跨国公司开始大量出现，物流活动突破国境限制，开始向国际物流发展。伴随着经济与政治的演进，经过数次全球化浪潮后的当今世界已是各经济体间联系紧密、高度依存的格局，因此国际物流已成为世界经济发展不可或缺、极其重要的一类活动。

国际物流根据不同国家或地区间的流向，可分为进口物流和出口物流。

（二）国际物流

国际物流（International logistics）是一个精细的系统，集成了原料采集、物料处理、生产、包装、运输、流通加工、储存、库存管理、信息管理、资源安全性管理等。国际物流有时也被划分为供应链管理的一部分，简而言之，它就是对物品及有关物品的信息的管理，通过控制它们在不同的国家或地区间高效且有效地正、反向流动，以满足客户的需求。我国标准《物流术语》对国际物流的定义较为简单，即："不同国家（地区）之间的物流"，由此可见，国际物流就是对物流的一种在国界和流通范围的拓展。

因为运输占物流活动的很大一部分，因而在现代物流观念出现前，运输常被视为等同物流。事实上，运输（Transportation）的概念应当与物流的概念相区分，运输指人与物从一地到另一地的移动，以及完成这个移动的各种方式。《中华人民共和国国家标准：物流术语》对运输的定义是："用设备和工具，将物品从一地点向另一地点运送的物流活动。其中包括集货、分配、搬运、中转、装入、分散等一系列操作。"

国际货物运输，又称国际贸易运输，指的是货物在不同国家或地区间的运输。国际货物运输又可分为贸易物资运输和非贸易物资运输，食品进出口的国际运输便属于贸易物资运输。

二、国际运输方式

食品进出口的主要国际运输方式有海洋运输、公路运输、航空运输、铁路运输、集装箱运输、多式联运和邮政运输。

（一）国际运输方式

1. 国际海洋运输（International Maritime Shipping）

简称海运，是国际贸易和全球经济的支柱。联合国贸易和发展会议的数据显示，按体积计算，2018 年全球贸易 80% 左右的货物通过海洋运输，按价值计算则在 70% 左右。

按照船舶的经营方式，海洋运输可分为班轮运输和租船运输两种。

（1）班轮运输

班轮运输指船舶在特定的航线上和既定的港口之间，按照事先规定的船期表进行有规律的、反复的航行，以从事货物运输业务并按照事先公布的费率表收取运费的一种运输方式。其服务对象是非特定的、分散的众多货主，班轮公司具有公共承运人的性质。

特点：班轮运输有固定的船期、航线、停靠港口和相对固定的运费率；班轮运费中包括装卸费，故班轮的港口装卸由船方负责；班轮承运货物的数量比较灵活，货主按需订舱，特别适合于一般件杂货和集装箱货物的运输。

运费：班轮运费由班轮运价表规定，包括基本运费和各种附加费。基本运费分成两大类：一类是传统的件杂货运费；一类是集装箱包厢费率。班轮运费中的附加费名目繁多，其中包括：超长附加费、超重附加费、选择卸货港附加费、变更卸货港附加费、燃油附加费、港口拥挤附加费、绕航附加费、转船附加费和直航附加费等。

（2）租船运输

指租船人向船东租赁船舶用于货物运输的一种方式，通常适用于大宗货物运输。有关航线和港口、运输货物的种类以及航行的时间等，都按照承租人的要求，由船舶所有人确认。租船人与出租人之间的权利义务以双方签订的租船合同确定。

租船方式

①定程租船：定程租船是以航程为基础的租船方式，又称程租船。船方必须按租船合同规定的航程完成货物运输任务，并负责船舶的运营管理及其在航行中的各项费用开支。程租船的运费一般按货物装运数量计算，也有按航次包租金额计算。

②定期租船：定期租船是按一定时间租用船舶进行运输的方式，又称期租船。船方应在合同规定的租赁期内提供适航的船舶，并负担为保持适航的有关费用。

2. 国际公路运输（International Road Transportation）

常见于欧洲、北美等运输车辆能在国境间穿梭自由的地区。公路运输的优势在于其灵活性相比其他运输方式，更容易实现“门到门”的运输，且常用于其他不同运输方式间的接驳。我国于 2016 年 7 月加入《国际公路运输公约》，成为国际公路运输系统（TIR）的重要成员，采用 TIR 证的集装箱货物运输从起运地海关检查封志后，运输到达目的地海关之前，途经的所有过境国海关只需查看 TIR 证及海关封志是否完好无损即可放行，不需要对货物再行开箱检查。随着对国际公路运输系统的推进，我国与周边地区国家的互通越来越便捷，通关效率和安全性显著提高，而运输成本则大幅降低。在食品进出口方面，我国至远东地区、朝鲜、港澳地区、东南亚地区和中亚地区皆有公路运输通达。

3. 国际铁路运输

运行速度较快、载运量较大、运输途中风险较小，在国际货物运输中是仅次于国际海洋运输的一种运输方式。由于铁路的时刻表稳定，能保持终年正常运行，因此还具有高连续性、低成本的特性。

中欧班列是指中国国家铁路集团有限公司按照固定车次、线路等条件开行，往来于中国与欧洲及一带一路沿线各国的集装箱国际铁路联运班列。铺划了西中东 3 条通道中欧班列运行线：西部通道由我国中西部经阿拉山口（霍尔果斯）出境，中部通道由我国华北地区经二连浩特出境，东部通道由我国东南部沿海地区经满洲里（绥芬河）出境。

我国的中欧班列（CR Express）直达欧洲腹地，途经“一带一路”沿线众多国家，是我国食品进出口相当重要的一条运输路径。中欧班列自 2011 年开通运行以来，因其具有速度快、时间准、连接海陆等明显优势，10 年来发展迅速，中欧班列从最初每 1 000 多标准箱、零回程，到如今每年 15 000 标准箱以上，往返重箱率达 90% 以上，已实现常态化运营，累计开行 48 814 列，运送货物 443.2 万标准箱。截至 2021 年年底，中欧班列已开通 73 条运行线路，通达欧洲 23 个国家的 170 多个城市。中欧班列作为跨大洲、跨国别、长距离、大运量的新型运输方式，是我国参与全球开放合作、共建“一带一路”、推动构建人类命运共同体的“中国方案”，已成为沿线国家广泛认同的国际公共产品。

铁路运输和公路运输属于陆运。我国国内的陆运口岸主要有新疆、内蒙古、西藏、云南、黑龙江、辽宁、广西、广东等省和自治区。

我国的主要陆运口岸

新疆：红旗拉甫、吐尔尕特口岸、伊尔克什坦、阿拉山口、巴克图、吉木乃、霍尔果斯、乌拉斯台、塔克什肯、红山嘴、老爷庙。

内蒙古：巴彦淖尔、策克、满洲里、二连浩特。

西藏：樟木、普兰、吉隆、日屋、亚东。

云南：畹町、瑞丽、清水河。

黑龙江：逊克、抚远、密山、漠河、绥芬河。

辽宁：丹东。

广西：友谊关、凭祥、东兴、水口。

广东：皇岗、文锦渡、罗湖、沙头角。

4. 国际航空运输（International Air Transportation）

包括班机运输、包机运输、集中托运和急件快递等。航空货物运输适用于高附加值、低重量、小体积的物品运输、急快件及时效性高、季节性强的货物运输。在食品方面，较有代表性的有牛奶、海鲜、水果等。

（1）班机运输（Airliner Transportation）指使用固定航线定期运行的航班。此种运输方式的始发与经停航空站及运费率相对固定。

（2）包机运输（Chartered Carrier Transportation）是相对于班机运输的另一种形式，即不定期运输。此种运输方式常按往返路线计算运费，不仅航权上有一定限制，审批手续也较为复杂。实操中，对于某些紧要运输任务，或特殊需要的用户，可以采取此种运输方式。

（3）集中托运（Consolidation）指将若干批单独发运的货物集中组为一批货物向航空公司办理托运，采用一份航空总运单集中发运到同一目的航空站，由集中托运人在目的地指定的代理收货，再根据集中托运人所签发的航空分运单分拨给各实际收货人。

5. 集装箱运输（International Container Transportation）

指利用标准化的集装箱，通过一整套运输体系，将货物在物流中心汇集，通过各种海、陆、空、铁等方式将货物送到目的地的物流中心或收货人处的运输方式。

集装箱运输是目前国际上最先进的现代化运输方式。作为全世界最大数量的运输载体，全球超过 9 成的进出口业务来自海运，其中超过总货值 80% 的货物使用集装箱运输。

集装箱（Container）是由钢、铝、玻璃钢等材料制成的装货容器，按用途可分为：冷冻集装箱（Reefer Container）、干货集装箱（Dry Container）、罐式集装箱（Tank Container）、框架集装箱（Flat Rack Container）、开顶集装箱（Open Top Container）等。

6. 国际多式联运（International Multimodal Transportation）

指以集装箱作为最小运输单位，将多种运输方式进行有机结合，所构成的一种连贯的、综合的一体化货物运输方式。按时交付产品对企业的生产秩序和信誉维护十分重要，任何一种运输方式都有其内在的风险，而多式联运将海、陆、空、铁多种运输方式有机地结合起来，最大限度地发挥了它们的优势，对风险控制、成本压缩、速度提升、单据简化都有帮助。

进口食品海铁联运是指进出口食品由铁路运输经由沿海海港与船舶运输相连，只需“一次申报、一次查验、一次放行”就可以完成整个运输过程的一种运输方式。这种运输方式早已成为国际通行模式，国外发达国家成熟的国际港口中，海铁联运的比例往往占20%~40%，而且在硬件建设方面都可圈可点，如荷兰鹿特丹港港内就有直接通入码头的铁路集装箱编组中心（RSC）。

7. 国际邮政运输（International Postal Transportation）

指通过各国邮政系统之间联合作业完成的国际运输方式。全球邮政特快专递（Express Mail Service，EMS）由万国邮政联盟（Universal Postal Union，UPU）发起，是较为知名的一个国际邮政运输品牌，在全球有多达 177 家合作运营商。其特点为：终端网点大多为邮局、从验收到最终交付的优先处理、端到端运输状态跟踪、交货时要求收货人签名、直接送达收件人。中国邮政运营的国际 EMS 服务分为航空包裹、空运水陆路包裹（SAL）、水陆路包裹三种类型，三种方式在价格和速度上逐次递减：航空包裹是指利用航空邮路优先发运的包裹业务；空运水陆路包裹是指利用国际航班剩余运力运输，在原寄国和寄达国国内按水陆路邮件处理的包裹；水陆路包裹是指全部运输过程利用火车、汽车、轮船等交通工具发运的包裹。

（二）不同国际运输方式的比较

在业务实操中，应当结合现实情况选择最为合适的运输方式。表 4-1 展示了这些运输方式的优缺点。

1. 海运优点

（1）天然航道：不受道路、轨道的限制，通过能力更强，可随时调整和改变航线完成运输任务。

（2）运输量大：超巨型游轮装载量达 60 多万吨，第五代集装箱船的装载能力已超过 5 000 TEU（TEU 为标准集装箱，系集装箱用量统计单位，以长 20 ft（约为 6.096 m）的标箱作为标准）。

（3）运费低廉：海上运输航道为天然形成，港口设施一般为政府所建，船舶运载量大、使用时间长、运输里程远，单位运输成本低。

2. 海运缺点

（1）受气候、港口的限制：遇暴风雨、大雾等恶劣天气需及时躲避，货船到达港口之后，因为港湾水深或装卸设备等硬件，也会对货船入港及作业产生影响。

（2）不能实现“门到门”直接服务：由于航道和港口的限制，海运的可达性、灵活性不高，往往需要地面运输系统的配合才能完成货物运输的全过程。

（3）航速低：因为大型船舶体积大，航线水流阻力高，因此航速一般较低，货运时效性差。

表 4-1　不同国际运输方式的比较

运输方式	优点	缺点	适用的场合
国际海洋运输	天然航道、运输能力强、成本低廉	受限制、风险大、不能实现门到门直接服务、航速低	大宗货物的中长途运输
国际公路运输	灵活性高、成本适中、装卸速度快、适应性强	单位运输成本相对较高，风险高，路途中的情况不易把握，费用较海运偏高	中短途、零担运输，门到门运输
国际航空运输	速度快、风险小、方便提货	成本高、运输容量小、易受自然条件影响、对环境不友好	高时效性要求货物的中长途运输
国际铁路运输	速度快、运输容量大、风险小、连续性高、不易受自然条件影响、对环境友好	只能在固定的线路上行驶、灵活性差、需要与其他运输方式配合与衔接，短距离运输成本高	大宗货物的中长途运输
集装箱运输	装卸迅速、转运方便、装运货物安全、便于实施港口运输机械化	对货物品种和规格有限制、手续及单证不统一	件杂货、大宗散货运输
国际多式联运	缩短运输时间、降低运输成本，简化托运、结算和理赔手续	对承运商业务能力要求高、风险大	海运无法满足货期时的运输
国际邮政运输	成本低、手续简单	速度慢、运输方式不定、易丢件	样品等小件货物运输

3. 海铁联运方式的优缺点

（1）优点：海洋运输与铁路运输都拥有大宗货物运输低成本、大运量的优点，衔接便利且总成本更低，在 600 km 以上运距中与公水联运相比成本优势明显，一般情况下可以比公水联运节约 30%，另外还可以大规模降低环境等外部成本。

（2）存在的问题：①作为海铁联运的主要载体，集装箱海铁联运发展却相对滞后。

集装箱海铁联运的数量仅占全国港口吞吐量的 1.5% 左右。以我国大连为例，大连港 2015 年以 34.9 万 TEU（国际标准箱单位）在全国海铁联运中排名第一，但与其 930.1 万 TEU 的集装箱总吞吐量比较，仅占 3.75%。

②实际操作中的问题

A. 运输组织中各利益主体的严重博弈，铁路部门、港口、船公司、货代等缺乏利益共同体机制，难以共赢。

B. 铁路线与港口码头硬件衔接缺乏系统性设计，以铁路集装箱为主体的港口集疏运体系不足，往往需要公路进行二次倒装增加费用而降低了效率。

C. 以海运为主的国际物流信息平台与铁路的 TMIS 信息平台自成体系，共享不足，且接口也缺乏标准，难以实现“一次申报、一次查验、一次放行”等海铁联运的核心价值。

第二节　运输风险及其防范

国际物流运输除了选择运输方式，处理运输单据，还包括投保等相关问题。在国际物流中，货物的交接要经过长途运输、装卸和存储等环节。运输过程中，货物可能遭遇自然灾害或意外事故，造成损失。

一、海运风险

海洋自然条件变幻莫测，商船航行中易遭风险、事故频繁，由此诞生的海运保险是众多物流保险中最早得以发展的一种。

（一）海运风险的类别

海运风险包括海上风险（Perils of Sea）与外来风险（Extraneous Risks）两种，它们各自包含的类别与内容如表 4-2 所示。

表 4–2　海运风险的分类

风险种类	类别	内容
海上风险	自然灾害	恶劣气候、雷电、海啸、洪水、地震、流冰、火山爆发等
	意外事故	船舶搁浅、触礁、沉没、火灾、爆炸、碰撞、失踪等
外来风险	一般外来风险	偷窃、雨淋、短量、玷污、渗漏、破碎、串味、受潮、钩损等
	特殊外来风险	战争、罢工、交货不到、拒收等

自然灾害（Natural Calamities）是指由于自然界的变异引起破坏力量所造成的灾害。在海运保险中，自然灾害仅指恶劣气候、雷电、海啸、洪水、地震、流冰、火山爆发等人力不可抗拒的灾害。

意外事故（Fortuitous Accidents）是指由于意料不到的原因所造成的事故。在海运保险中，意外事故仅指船舶搁浅、触礁、沉没、失火、爆炸、碰撞、失踪等意外灾害，它们的具体说明如表 4-3 所示。

表 4–3　海运中意外事故类别

意外事故类别	具体说明
搁浅（Aground / Strand）	指船舶在事先无法预料到的意外情况下与海底、浅滩、堤岸发生触搁，并搁置一段时间，使船舶无法继续行进以完成运输任务。但规律性的潮汛、涨落所造成的搁浅则不属于保险搁浅的范畴
触礁（Strike on a Rock）	指载货船舶触及水中岩礁或其他阻碍物（包括沉船）
沉没（Founder / Sink）	指船体全部或大部分已经没入水面以下，并已失去继续航行能力。若船体部分入水，但仍具航行能力，则不视作沉没
失火（Catch Fire）	指船舶本身、船上设备以及载运的货物失火燃烧
爆炸（Explosion）	指船上锅炉或其他机器设备发生爆炸和船上货物因气候条件（如温度）影响产生化学反应引起的爆炸
碰撞（Collision）	指船舶与船或其他固定的、流动的固定物猛力接触。如船舶与冰山、桥梁、码头、灯标等相撞等
失踪（Missing）	指船舶在航行中失去联络、音讯全无，并且超过了一定期限后，仍无下落和消息的情形

一般外来风险（General Extraneous Risks）指货物在运输途中由于偷窃、下雨、短量、渗漏、破碎、受潮、受热、霉变、串味、玷污、钩损、生锈、碰损等原因所导致的风险。

特殊外来风险（Special Extraneous Risks）指由于战争、罢工、拒绝交付货物等政治、军事、国家禁令及管制措施所造成的风险与损失。如因政治或战争因素，运送货物的船只被敌对国家扣留而造成交货不到；某些国家颁布的新政策或新的管制措施以及国际组织的某些禁令，都可能造成货物无法出口或进口，导致企业遭受损失。

（二）海上运输风险的防范对策

1. 选择适当的运输方式。

根据商品自身特性、特点，选择合适的运输船只及运输路线。

2. 选择适当的保险类别为货物投保。

（三）海运货物保险的险别

各国为适应国际贸易的高速发展，都设有国际运输货物保险机构，并制定了详尽繁复的保险条款。这些列于保险公司签发的保险单中的条款，明确规定了保险公司对承保货物蒙受损失时的责任范围。这种对保险公司承保责任范围所作的规定，一般称为保险险别。

我国进出口货物的保险一般采用中国人民保险公司（PICC）修订的《中国保险条款》（China Insurance Clause，CIC）；而世界上有约 2/3 的国家在海运货物保险方面选择英国伦敦保险协会制定的《协会货物条款》（Institute Cargo Clause，ICC），这两种保险险别在国际贸易实操中都经常使用。

ICC 起源于 1912 年，而现行的版本是 1982 年 1 月 1 日颁布的，该条款共包括 6

种险别，分别是:（1）协会货物条款（A）[ICC（A）];（2）协会货物条款（B）[ICC（B）];（3）协会货物条款（C）[ICC（C）];（4）协会战争险条款（货物）（IWCC）;（5）协会罢工险条款（货物）（ISCC）;（6）恶意损害险条款（Malicious Damage Clause）。在这六种险别中，恶意损害险属于附加险别，不得单独投保;（A）险采用承保“除外责任”之外的一切风险的方式表明其承保范围;（B）险和（C）险都采用“列明风险”的方式表示其承保范围；战争险和罢工险在征得保险公司同意后，方可作为独立险别进行投保。

CIC 的现行版本是 1981 年 1 月 1 日修订的，它较为侧重海运货物保险，其险别按是否能单独投保分为基本险、附加险、专门险三种。

基本险承保自然灾害和意外事故引起的货物损失与费用，分平安险（Free from Particular Average，FPA）、水渍险（with Average/with Particular Average，WA/WPA）、一切险（All Risks，AR）三种。

附加险是对基本险的补充和扩大，承保除自然灾害和意外事故外的各种外来原因造成的损失。附加险只有在投保某一种基本险的基础上才可加保，可分为一般附加险、特别附加险和特殊附加险三种。

表 4–4　附加险类别

附加险类型	内容
一般附加险	偷窃、提货不着险；淡水雨淋险；短量险；混杂、玷污险；渗漏险；破损、破碎险；串味险；受潮受热险；锈损险；包装破裂险；钩损险
特别附加险	交货不到险；进口关税险；舱面险；拒收险；黄曲霉素险；港澳存仓火险
特殊附加险	战争险；战争险的附加费用险；罢工险

专门险有海洋运输冷藏货物险和海洋运输散装桐油险两种。

从总体上来看，CIC 和 ICC 大体相同，一般认为两者一一对应：即一切险对应 ICC（A）、水渍险对应 ICC（B）、平安险对应 ICC（C）。但实际上这样并不严谨，两者是有差异的，如不进行详细比较，会错保或引起纠纷。

1. 两者的比较归纳如下：

（1）CIC 条文规定只有三种基本险可以单独承保，而 ICC 的战争险和罢工险在征得保险公司同意后方可单独承保。近年来，在我国保险业务实践中，战争险与罢工险的单独承保业务也已逐步开展。

（2）CIC 仅原则性地规定了“船舶互撞”条款的赔偿责任，而 ICC 各险均特别指明保险人在赔付时有对被保险人此种索赔抗辩的权力。

（3）ICC 将被保险人无法控制的延迟或绕道等情况与运输契约在目的地之前终止的情况区别对待：在前一种情况下，被保险人无须发出通知，保险责任自动继续有效；在后一种情况下，只有在被保险人及时将情况通知保险人并在必要时加缴保险费的情况下，保险责任才可以继续有效。CIC 对这两种情况没有区分对待，而是均需被保险人及时将情况通知保险人并在必要时加缴保险费，保险责任才可以继续有效。显而易见，CIC 的规定对被保险人不利。

在国际贸易实操中，常常出口用 CIF，进口用 FOB，在这样的基础上，应据理力争使用 CIC 作为保险险别。

2. 海运货物保险的选择

被保险人在选择保险险别时，应根据货物的实际情况全面衡量。即要考虑货物得到充分保障，又要节约保险费的支出。一般首先选择平安险或者水渍险加必要的附加险。如果货物遭受外来风险的范围较广，遭受损失的可能性较大，可以选择一切险。在特定情况下，还可以按需要投保特别附加险和特殊附加险。

二、陆上运输货物保险

陆上运输货物保险（Overland Transportation Cargo Insurance）是主要承保以铁路、公路等运输方式进行货物运输的保险，其责任起讫采用“仓至仓”责任条款，索赔时效为两年，从被保险货物在最后目的地车站全部卸离车辆时开始计算。陆上运输货物保险的主要险别可分为基本险与附加险。

陆上运输货物保险的基本险有陆运险（Overland Transportation Risks）和陆运一切险（Overland Transportation All Risks）两种。常用于冷藏食品运输的陆上运输冷藏货物保险（Overland Transportation Cargo Insurance Frozen Products）也具备基本险的性质。

陆运险承保范围与 CIC 的水渍险大致相似，而陆运一切险则与 CIC 的一切险大致类似，它们的主要区别归纳如下。

1. 陆运货物保险的承保风险不包括流冰、海啸等海上自然灾害，但增加了倾覆、出轨、崖崩、隧道坍塌等陆上意外事故。

2. 陆运货物保险的承保风险不包括共同海损牺牲、分摊及救助费用等海上损失和费用。

3. 陆运货物保险中，只要是承保范围内的损失，无论是由自然灾害还是意外事故引起的，损失的程度是全部还是部分，保险人一般都予以赔偿。因此，陆运货物保险中没有海运货物保险中的“单独海损不赔”问题，这也是陆上运输货物保险没有与 CIC 的平安险相对应的险别。

陆上运输冷藏货物保险是陆上货运险的一个专门险种，可以单独投保。它承保陆上运输工具冷藏设备装运的冷藏货物因运输途中遭到自然灾害、意外事故而造成的损失和腐败损坏。主要责任包括：

1. 被保险货物在运输途中由于暴风、雷电、地震、洪水；陆上运输工具遭受碰撞、倾覆或出轨；在驳运过程中驳运工具的搁浅、触礁、沉没、碰撞；隧道坍塌、崖崩、失火、爆炸等所造成的全部或部分损失。

2. 冷藏机器或隔温设备在运输途中损坏所造成的被保险货物解冻溶化而腐败的损失。

3. 被保险人对遭受承保责任内危险的货物采取抢救、防止或减少货损的措施而支付的合理费用，但以不超过该批被救货物的保险金额为限。

三、航空运输货物保险

航空运输货物保险包括航空运输货物基本险和航空运输货物战争险。

第三节　食品运输中的主要风险

一、食品运输特殊性

随着时间流逝，易腐产品的质量会不断恶化，因此必须对它们进行适当管理，如冷藏、冷冻等。研究显示，成本对易腐食品的重要性低于非易腐食品，因此选择易腐食品的运输方式时，可以适当减少对成本的考虑。接下来将介绍食品运输中的风险及主要运输方式。

二、食品运输中的主要风险

在本章的开头，我们已经学习了运输就是包括集货、分配、搬运、中转、装入、分散等一系列操作的物流活动。在食品运输中，这一系列操作中的每个阶段都是潜在的威胁，各种类型的风险都可能发生。食品运输，特别是水果、蔬菜、肉类、鱼类和乳制品等新鲜产品的运输，对运输条件特别敏感。温度过高或过低、湿度过高或过低，都会使它们的品质下降（包括褪色、枯萎、腐烂或变质），不再适合消费，甚至可能助长疾病的发生，对消费者健康产生威胁。据市场数据显示，食品行业因货物运输或储存不当造成的食品损失达到 30% 左右 。

约翰·M·瑞恩博士曾任美国夏威夷州农业部质量保证司司长，他的著作《运输过程中的食品安全和质量指南：控制标准和实践》中列出了食品运输过程的 15 个主要风险问题：冷藏和温度控制，运输单位管理（预防、卫生等），包装，装卸，安全，虫害控制，容器设计，预防性维护，员工卫生，政策风险，处理废弃货物，储存，可追溯性。

当食品制造企业或进出口企业自身无法对整个食品物流链进行控制时，应当求助于外包企业，即选择第三方物流（3PL）完成食品运输任务。

当下食品运输行业的重要发展趋势是，在保证货物运输质量的同时，保持合适的运输条件并降低运输成本，这就迫使食品运输行业中的企业不断地寻找创新解决方案，以满足更高的要求。

三、不同食品的运输要求

（一）新鲜果蔬

新鲜果蔬对运输的要求比较严格。由于生理特性不同，流通过程应采取不同的防护措施，其中最关键是温度的控制。果蔬运输的环境条件有两个。

1. 温度

运输温度对果蔬品质有重要的作用。采用适宜的低温流通，可以保持果蔬的新鲜度和品质，降低运输中的损耗。装运堆码不能过多，堆码间要留有适当的空隙，以利于通风。

2. 湿度

果蔬腐败变质与环境中的湿度有很大关系。大多数果蔬在储藏和运输时环境中的空气相对湿度应保持在 80% ~ 95% 之间。

★ 注意事项：

1. 果蔬质量要符合运输标准，没有病虫害，成熟度和包装应符合规定，并且新鲜、完整、清洁、无损伤；
2. 装运时要注意通风，篷车要将门窗打开，保温车要有通风设备；
3. 长距离运输要有保温车，根据运输季节不同分别采取保温或降温措施；
4. 不同种类果蔬最好不要混装，以免挥发性物质互相干扰，使某些果蔬过度熟化。

（二）肉和肉制品

肉和肉制品含有丰富的蛋白质，是微生物大量繁殖的良好温床。在流通中如果管理不善，会受到微生物污染，极大地影响肉的保存性。

肉制品运输注意事项：

1. 运输车、船内应保持 0 ~ 5℃、80% ~ 90% 的相对湿度，肉制品除牛肉罐头外应在 10℃以下流通，尽量减少与外界空气的接触；
2. 运输车、船的结构应为不易腐蚀的金属制品，并便于清洗和消毒；
3. 酮体肉应使用吊挂式，分割肉应避免高层剁起，最好库存有货架或使用集装箱，并且留有一定的空隙，以便于空气顺畅流通。

（三）牛乳

牛乳营养丰富，微生物容易滋生和繁殖。

1. 肉制品运输注意事项

（1）生鲜乳在 4~6℃条件下储存，每次挤乳后及时冷藏运输，储存时间不得超过 12 h，避免多次挤乳混合；

（2）对储乳罐、乳泵、输乳管和运输罐车必须及时清洗消毒，以防止污染；

（3）生鲜乳必须使用有隔热或制冷设施的乳罐车进行运输并及时装卸，期间乳温不得超过 10 ℃；

（4）运输过程中，防止强烈振荡改变乳的组织状态引起的乳变质。

2. 水产品

鱼体水分及蛋白质含量均较高，头、鳃、内脏携带大量的细菌，同时受到环境的二次污染，鱼体自溶现象较为强烈；鲜鱼及其制品温度不能超过 8 ℃。

必须在流通过程中采取适当的保鲜措施，并结合不同的水产品采用不同的保鲜方法。在 10 ℃以上，大多数食物中毒菌能迅速生长繁殖，部分食物中毒菌和病原菌在温度降至 3 ℃前仍能缓慢生长繁殖。在长时间的运输过程中，温度高于 8 ℃微生物就会迅速生长。

四、我国海关对水果检验检疫要求

以我国进口南非鲜食柑橘植物为例。

（一）包装厂和检疫处理设施

输华柑橘果园、包装厂、冷藏库及冷处理设施须在南非共和国农业、土地改革和农村发展部（以下称“DALRRD”）审核备案，并由中华人民共和国海关总署（以下称“GACC”）和 DALRRD 共同批准注册。

注册信息须包括名称、地址及标识代码，以便在出口货物不符合本植物检疫要求相关规定时准确溯源。注册名单应在每年出口季节前，由 DALRRD 向 GACC 提供。获得批准的企业名单可在中华人民共和国海关总署网站查询。

（二）果园管理

1. 输华柑橘果园应在 DALRRD 的指导下实施有效的有害生物监测、预防和综合管理措施（IPM），以避免和防治中方关注的检疫性有害生物的发生。

2. 输华柑橘果园的植物检疫措施必须在具有有害生物防控和监测等植物检疫知识的技术人员指导下实施，技术人员应当接受 DALRRD 或 DALRRD 授权培训机构的培训。

具体的监测计划和综合管理措施须由 DALRRD 批准，并应要求向 GACC 提供。

3. 所有注册果园必须保留有害生物的监测和防治记录，并应要求向 GACC 提供。

防治记录应包括生长季节使用所有化学药剂的名称、有效成分、使用日期及使用浓度等详细信息。

4. 输华柑橘须产自石榴螟的非疫生产点（果园）。

如在果园、包装厂和出口检疫环节发现石榴螟，则相关果园的柑橘当季不得输华。

（三）检疫处理要求

1. 所有输华柑橘必须采取冷处理措施，冷处理指标要求如下。

柠檬：3 ℃或以下（果肉温度），连续处理 18 天或以上。（请特别关注输华柠檬冷处理措施与其他种类的温度要求有所区别）

柑橘（柠檬除外）：–0.6 ℃或以下（果肉温度），连续处理 24 天或以上。

柑橘（柠檬除外）冷处理前须在 –0.6 ℃条件下预冷 72 h。

如果某天或某天的部分时间中冷处理温度高于 –0.3 ℃，则相应延长处理 8 小时 / 天。如果温度超过 0 ℃，则本次冷处理无效。

2. 运输途中冷处理需按照出口运输途中冷处理操作程序进行。

3. 采用“冷藏船运输”的柑橘，应保证运输过程中在船舱内完成有效的冷处理，冷处理指标应满足议定书要求。

（四）冷藏船运输要求

1. 采用“冷藏船运输”的柑橘必须在独立的船舱内装运，同一船舱不得装载出口到其他国家和地区的货物。

2. 采用“冷藏船运输”的柑橘，所在船舱在到达中国口岸前不得打开，只能在中国境内指定口岸卸货。

第四节　风险管理

一、运输条款制定

（一）装运期

1. 主要问题

表达不恰当，过于笼统和过于具体。

笼统：信用证中使用立即装运、即可装运、迅速装运。

具体：信用证中规定到具体某一天装运。

2. 规定装运期的要求

商品性质、特点，货源、船期及市场竞争情况。

规定某个时间段内。

仔细审核。

（二）装运港和目的港

装运港以接近货源所在地的外贸港口为宜，考虑港口和国内运输的条件及费用。

目的港应规定得具体明确。

如果规定选择港，一般不超过 3 个，必须在同一航区、同一航线、同一航班停靠的基本港范围内。

（三）分批装运和装船

卖方原则上应争取在合同中规定“允许分批转船”。

二、租船订舱要谨慎

（一）运输方式原则

适当的运输方式可以节省运输成本，获得更多的利润，降低风险。

（二）租船订舱

1. 选择货代

货代的资信。

船方无单放货，卖方钱货两空。

2. 租船——确定船东

适航、适货、经济实惠、安全保险的原则。

船龄超过 15 年的不租用。

3. 订舱

如实告知货物的名称、种类、包装形态、货物数量和货物运输的特殊要求。如果实际装货的所占空间超过预定的空间，租船人要承担“空仓费”，价值比较高的货物，没有通知承运人，如果货物被盗，只按普通货物赔偿。

三、货物装卸要做好船货衔接工作

货物在合理的时间抵运码头。

了解滞期费和速遣费。租船时，规定在多长时间内完成货物的装卸，超过许可时间，租方受罚，提前完成受奖。

注意装卸速度和装卸日。

合同中工作日、连续日、晴天工作日、连续 24 h 良好工作日。

四、海运提单风险防范

目的港钱货两空风险。

五、购买合适的保险

为了转移货物在运输过程中的风险，货主、货运代理需要办理货物运输保险和国际货运代理责任险。

FOB 术语，保险由买方办理，出口方要催促买方及时办理。

CIF 术语，卖方自行办理。

保险范围和保险费之间寻求平衡点。

风险评估。

出口商投保考虑的因素：货物的种类、性质和特点；货物的包装情况；货物的运输情况；发生在港口和装卸过程中的损耗情况；目的地的政治局势。

练习与思考

一、单选题（新增）

1.（　　）运输方式成本低廉，运输能力强，是国际贸易的支柱。

A. 国际海洋运输　B. 国际公路运输　C. 国际航空运输　D. 国际铁路运输

2. 海运风险中，货物在运输途中由于偷窃、下雨、短量等原因引致的风险是（　　）。

A. 自然风险　B. 意外事故　C. 一般外来风险　D. 特殊外来风险

3.（　　）承保除自然灾害和意外事故外的各种外来原因造成的损失。

A. 平安险　B. 水渍险　C. 一切险　D. 附加险

二、简答题

1. 某公司现出口下列货物：铁观音茶叶；散装粮食；散装白糖。请为该公司上述货物选择出最合理的保险方式或保险方式组合，并说明理由。

2. 假定你是一家国际物流公司的运输管理人员，公司的客户向你咨询以下问题，请你针对以下每种情形，从客户利益出发，考虑不同运输方式的优缺点和适用范围，为客户选择合理的运输（联运）方式，并简要说明理由。

（1）青岛某食用油工厂运到乌鲁木齐口岸 800 箱食用油。

（2）从智利进口车厘子。

第五章

进口食品冷链的风险及其防范

学习目标

1. 了解冷链及食品冷链运输。
2. 理解冷链的实现条件。
3. 掌握冷链物流的危害分析和关键控制点确定。

基本概念

冷链；HACCP；冷链食品

引入案例 1

“泰万盛”海产工厂严重违反 HACCP 法规受到美国 FDA 警告！

泰国海产行业巨头“泰万盛”因严重违反海鲜生产危害分析和关键控制点（HACCP）的规定而收到美国食品药品监督管理局（FDA）的通知。

这一警告是在 2022 年 1 月份对“泰万盛”在泰国的 Samut Sakhon 的海鲜加工工厂进行评估后发出的。由于新冠感染旅行限制，检查是远程进行的。

在远程评估期间，FDA 发现该工厂有多次严重违反 HACCP 规定的行为。

FDA 对“泰万盛”发出的警告通知中引用的违规行为包括该公司在生产冷冻预煮金枪鱼腰部工艺的问题，该工艺被认为不足以控制组胺的形成。

组胺中毒是食用含有组胺的鱼类和鱼制品引起的一种过敏性食物中毒。烹饪、罐头制造或冷冻都不能降低组胺水平，因为这种化合物非常稳定，尤其是热稳定。

几乎所有的人都会受到组胺影响并产生中毒症状，症状的轻重与食物中组胺的含量、人群的自我敏感度有关。组胺是唯一一种被欧洲法律限制摄入量的生物来源的胺类，规定新鲜鱼类的组胺含量不得超过 200 mg/kg，鱼类制品的组胺含量不得超过 400 mg/kg。我国《海水鱼类卫生标准》（GB2733—94）规定，鲐鱼中组胺不超过 100 mg/100 g，其他鱼类中组胺不超过 30 mg/100 g。

组胺在新鲜鱼类中含量很低,但是在鱼类腐烂的过程中大大增加。当鱼类死亡后，机体的防御系统失去活力，能生成组胺的微生物开始大量繁殖。海产鱼类中的青皮红肉鱼（如鲐鱼、金枪鱼、鲣鱼、秋刀鱼、鲭鱼、沙丁鱼等）体内组氨酸含量较高，当储存不当时，会在细菌的作用下产生较多的组胺。形成的组胺不能被加热或者冷冻清除。

组胺中毒可导致低血压、脸红、头痛、风疹、眼睑水肿等症状。组胺中毒还可引起腹肌痉挛、腹泻、恶心、呕吐等胃肠反应以及心悸、心动过速等症状。

资料来源：冻品攻略微信公众号 .2022-11-01

引入案例 2

关于进口智利冷冻水果检验检疫要求的公告中产品质量要求

出口前要求，冷冻水果加工厂必须执行危害分析与关键控制点（HACCP）体系，并按照《国际食品标准》“速冻食品加工和处理操作规范”（CAC/RCP 8—1976）要求进行冷冻水果的准备、加工、储藏和运输，以保证冷冻水果的质量和卫生。

资料来源：海关总署公告 2022 年第 10 号《关于进口智利冷冻水果检验检疫要求的公告》

第一节　食品的保鲜

冷链食品是指采用冷冻、冷藏等方式加工，产品从出厂到销售始终处于低温状态的食品。

一、水产品

（一）水产品及其分类

水产品是指具有实用价值的水生动植物及其腌制、干制等的各种加工品。

根据中华人民共和国农业部标准（SC9001—1989），水产品及水产加工品按产品基本属性分为鲜、活品，冷冻品，干制品等共 12 类。

鲜、活品分为海水鱼类、海水虾类、海水蟹类、海水贝类、其他海水动物、淡水鱼类、淡水虾类、淡水蟹类、淡水贝类、其他淡水动物共 10 小类。

冷冻品分为冷冻海鱼类、冷冻海虾类、冷冻海贝类、其他冷冻海产品、冷冻水鱼类、冷冻水虾类、冷冻水贝类共 7 小类。

干制品分为鱼类干制品、虾类干制品、贝类干制品、藻类干制品、其他水产干制品。

此外，还有腌制品、罐制品、鱼糜及鱼糜制品、水产调味品、海藻凝胶食品等。

水产加工品主要包括干制品、烟熏制品、冷冻水产品和鱼糜制品。

（二）水产品的特点

1. 多样性

水产品覆盖的范围比较广，不仅有动物，而且有植物。无论在体积还是形状上都千差万别。

2. 易腐败

水产品中海藻属于易保鲜的品种，但是鱼、贝类特别容易腐败变质。水产原料所含与死后变化有关的组织蛋白酶类的活性都高于陆产动物，水产原料一旦死亡后极易腐败变质。

3. 有毒种类及污染的存在

大部分鱼类可供使用，但有些鱼类在体内会产生或积累有毒物质，误食这些鱼类便会中毒，严重时导致死亡。潜在的污染有重金属污染、渔药和饲料中抗生素污染、农药污染水域等，并进而使水生动植物被污染，在水生动植物体内积蓄。

水产品的这些特点决定其加工产品的多样性、加工过程的复杂性和保鲜手段的重要性。

（三）水产品保鲜技术

水产品保鲜主要是通过物理或者化学方法抑制鱼类、贝类体内酶的活性，控制微生物的繁殖和污染，延缓或控制鱼类、贝类的腐败变质，保证产品的质量。

保鲜技术有低温保鲜、盐藏保鲜、气调保鲜、电离辐射保鲜、超高压保险、烟熏保险，食品添加剂保鲜、生物活性物质保鲜和酶法保鲜。这里主要介绍低温保鲜。

低温保鲜是将水产品温度降低，延长其贮藏期的一种常用的方法。水产品捕捞后采用冷却法，可保存 1 周左右，冷却温度越低，保鲜期越长。冷却水产品的质量和贮藏期取决于原料质量、冷却方法、冷却所延续的时间和保障条件。

1. 冰藏保鲜

冰藏保鲜是用天然冰或机制冰把新鲜渔获物的温度降至接近冰点但不冻结的一种保存海产品的方法。冰藏保鲜是比较常用的一种方法。冰藏保鲜不仅用来保鲜原料，而且直接用来生产冰鲜品。我国用冰藏保鲜加工而成的冰鲜品有冰鲜海豚、冰鲜对虾等，主要出口日本。

2. 微冷海水保鲜

微冷海水保鲜是把渔获物保藏在 -1~0 ℃的冷海水中，从而达到储藏保鲜目的的一种保鲜方法。保鲜期大致为 20~27 天。这种方法适用于通过围网作业捕捞所得的中上层鱼类，这些鱼大多数是红肉鱼。

3. 微冻保鲜

微冻保鲜是将渔获物保藏在其细胞汁液冻结温度以下（-3 ℃左右）的一种轻度冷冻的保鲜方法，也称为过冷却或部分冷冻。在该物温度下，能够有效地抑制微生物繁殖。鱼类的微冻温度因鱼的种类、微冻方法各异而略有不同。微动范围一般在 -3~-2 ℃。淡水鱼的冻结点在 -0.7~-2 ℃，海水鱼在 -0.75 ℃，洄游性海鱼在 -1.5 ℃。

4. 超冷保鲜

超冷保鲜是把渔获物立即用 -10 ℃的盐水做吊水处理，根据渔获物大小的不同，可在 10~30 min 使渔获物表面冻结而急速冷却，将缓缓致死的渔获物放于鱼仓货集装箱内的冷水中，其体表解冻时要吸收热量，从而使渔获物内部初步冷却。然后再根据不同保藏目的及用途确定储藏温度。

5. 冻结保鲜

冻结保鲜是在 -18 ℃以下使鱼等水产品冻结，抑制细菌生长，达到较长期保鲜的目的。通常情况下，冻结保鲜主要包括吹风冻结、接触冻结、喷淋冻结和浸渍冻结等几种方法。

6. 冻结冷藏

冻结冷藏即冻结加工。一般是将鱼等水产品在 -40~-25 ℃的低温条件下快速冻结，使水产品体内 90% 以上的水分冻结成冰，然后在 -30~-18 ℃的条件下进行保藏，保藏期一般可达半年以上，鲜度较高。

二、肉类及其保鲜

（一）定义及分类

1. 定义

肉类指各种动物宰杀后可食部分的总称。包括胴体、头、蹄、血和内脏部分（如猪心）。通常肉制品加工中的原料肉是指把畜禽经宰杀后除去毛（皮）、头、蹄、尾、血液、内脏后的胴体，俗称白条肉。

肉制加工品是指以畜禽肉为主要原料，以调味品为辅料，经一定工艺如腌制、烟熏、蒸煮、冷冻、脱水等制作的成熟肉成品或半成品的过程。肉制品包括香肠、火腿、培根、酱卤肉、烧烤肉、肉干、肉脯、肉丸、调理肉串、肉饼，腌腊肉、水晶肉等。

2. 分类

（1）冰鲜肉：活畜屠宰加工后，经过冷却工艺，其肉品中心温度不高于 4 ℃，不低于 0 ℃ 的畜肉。保质期短，对清关效率要求高，直达航班，一般产品从产地到消费者手中不会超过一周时间。

（2）冷冻肉：活畜屠宰加工后，经冷冻处理，其肉品温度不高于 −15 ℃ 的畜肉。一般低于 −18 ℃，大柜整柜清关。

（二）肉的储藏和保鲜技术

肉品储藏保鲜技术主要有低温贮藏、高效热杀菌处理技术、冷杀菌技术等。本章主要介绍肉的低温贮藏。低温贮藏是应用最广泛、效果最好的一种方法。低温贮藏可以抑制微生物的生命活动和酶的活性，不仅能延长肉的贮藏期，而且不会引起肉组织结构和性质发生根本的变化，保持了肉固有的特性和品质。根据采用的温度，低温贮藏又分为冷却法和冷冻法。

1. 肉的冷却

肉的冷却是使肉深处的温度降到 0~1 ℃，然后在 0 ℃左右储藏的方法。这种方法不会使肉中的水分冻结。由于这种温度下仍有一些嗜低温细菌可以生长，因此，贮藏期不长，一般猪肉可以贮藏 1 周左右。这种肉称为冰鲜肉。

2. 肉的冷冻

冷冻的肉称为冷冻肉。将屠宰后的胴体进行深度冷冻，使肉的温度降到 −18 ℃以下，肉中的 80% 以上水分冻结成冰。这种肉叫作冷冻肉或冻结肉。冷冻肉中的大部分水分变成冰晶，阻碍了微生物的成长繁殖和酶的活性，延缓了肉中的各种生化反应，所以可以贮藏较长时间。

肉冷冻的速度对肉的质量有不同的影响。速冻（快速冻结，即将肉放在 −25 ℃以下的冷库中，使肉的温度迅速降到 −18 ~ −15 ℃），肉中形成的冰晶颗粒小而均匀，对肉质影响较小。

肉冻结后可转入冷库中进行长期贮藏。目前我国冷冻的肉类分为两类，一种是白条肉，另一类是分割冷冻肉。分割冷冻肉一般装入塑料袋，于纸箱内冷冻贮存。冷藏室的温度一般保持在 −18 ℃以下，相对湿度在 95% 左右，空气流速为 0.2 m/s 左右。冷冻肉的贮藏期取决于温度，入库前肉的质量、种类、肥度等。一般在 −18 ℃条件下，猪肉可保存 4 个月，在 −30 ℃条件下可保存 10 个月以上。

第二节　冷链及冷链食品风险

一、冷链定义

（一）冷链

冷链是一种特殊形式的食品供应链，目前理论界将冷链（Cold Chain）定义为易腐、生鲜食品在生产、贮藏、运输、销售直到最终消费前的各个环节中始终处于规定的低温环境下，以最佳物流手段保证食品质量，减少食品损耗的一项系统工程。它是随着科学技术的进步、制冷技术的发展而建立起来，是以冷冻工艺学为基础，以制冷技术为手段，在低温条件实施的物流运作模式。冷链要求把所涉及的生产、运输、销售、经济和技术性等各种问题集中起来考虑，协调相互间的关系，以确保易腐、生鲜食品的加工、运输和销售过程的保值增值。

冷链由低温加工、低温运输与配送、低温储存、低温销售四个方面组成。食品在产地收集后，经预冷、加工、储存、包装后，运到销售终端，最后卖给终端消费者。典型的冷链供应链流程如图 5-1 所示。

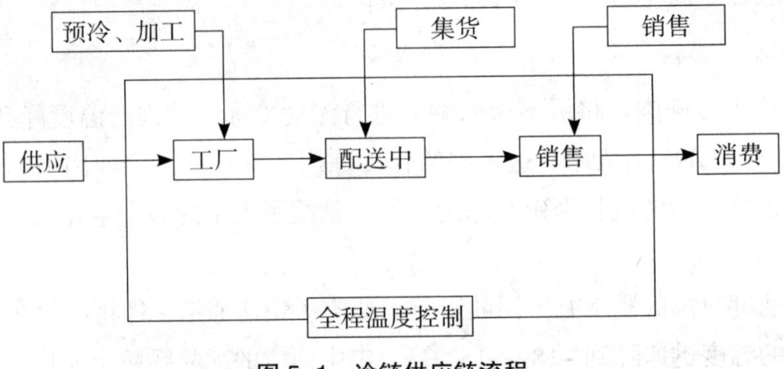

图 5–1　冷链供应链流程

（二）冷链系统构成要素

食品冷链由冷冻加工、冷冻贮藏、冷藏运输及配送、冷冻销售四个方面构成，如图 5-2 所示，在相关设备的支持下，构成了易腐食品的安全保障体系。

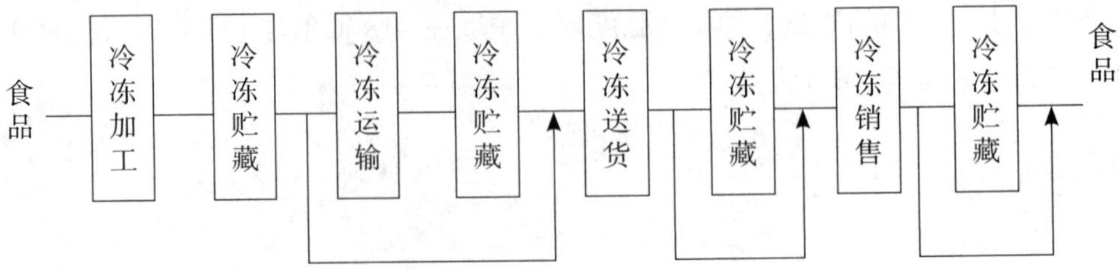

图 5–2　食品冷链构成图

（三）冷链食品

冷链适用的食品范围

初级农产品：蔬菜、水果；肉、禽、蛋；水产品；花卉产品。

加工食品：速冻食品；禽、肉、水产等包装熟食；冰淇淋和乳制品；快餐原料。

特殊商品：药品。

（四）冷链的温度要求

对冷链的温度要求，遵循“不高于规则”，即从生产者到消费者之间各环节的温度都不得高于设定温度。可以将冷链的实现条件归纳为“3P”“3C”“3T”条件，“3P”要求易腐食品原料（Product）的品质好、处理工艺（Processing）好、包装（Package）符合货物的特性；“3C”指在流通与加工的整个过程中对易腐食品要爱护（Care）、注意清洁卫生（Clean）以及低温环境（Cool）；“3T 原则”是要满足时间（Time）、温度（Temperature）、产品耐藏性（Tolerance）条件。冷链物流应遵循“3T 原则”，产品最终质量取决于冷链的储藏与流通的时间（Time）、温度（Temperature）和产品耐藏性（Tolerance）。“3T 原则”指出了冷藏食品品质保持所允许的时间和产品温度之间存在的关系。由于冷藏食品在流通中因温度的变化而引起品质降低的积累和不可逆性，因此对不同的产品品种和不同的产品品质要求都有相应的产品控制和储藏时间的技术经济指标。

二、冷链的分类

根据不同食物对冷藏温度的要求，冷链大致可以分为以下几类。

1. 冷却食品冷链

将食品的温度降低到指定的温度，但不低于食品汁液的冻结点。通常其流通过程的温度上限是 7 ℃，下限为 0~4 ℃。食品经冷却后可延长贮藏期，并能保持其新鲜状态。经过预冷的蔬菜、水果、冷却肉、禽、水产品和乳制品等都会采用这种温度的冷链，发展前景良好，但由于在冷却温度下，细菌、霉菌等微生物仍能生长繁殖，食品只能作短期保存。

2. 冻结食品冷链（低温冷链）

对各类冻结食品和冰淇淋等是将温度降低到冻结点以下，并要求整个流通过程保持在 −18 ℃以下（对冰淇淋要求为 −25 ~ −22 ℃），使食品中的大部分水分冻结成冰。这就使维持微生物生命活动的酶的生化作用均受到抑制，因此，冻结食品可作长期贮藏，是目前各种冷链的主体。

冻结是指将食品温度降低到食品中冰晶最初形成时的温度，当温度降低到 −20 ~ −10 ℃，引起食品变质的正常反应，就能被降低到最低程度，甚至可以忽略不计。就食品货架期而言，在这样的温度下，会限制大多数微生物菌群数的增加，抑制微生物的生长繁殖。冷冻食品的货架期是温度的函数，温度越低，货架期越长。

冷却和冷冻食品配送系统的特性在于保持产品质量，不同程度地依赖于冷链贮藏和运输设施的运输时间和温度。冷却和冻结食品的配送过程，开始于车间冷库，经过中心冷库、配送冷库直至零售商冷柜，冷链在保持食品质量的过程中发挥了重要作用。生产完成后，将冷却或冻结食品贮藏在工厂的冷库，产品质量得到控制并运送到中心冷库，季节性产品可以贮藏 6~12 个月，对于非季节性产品，中心冷库用于保证向配送冷库的持续供应，配送冷库是为快速满足市场需求而设计的。

3. 冰鲜冷链

将某些畜肉产品或水产品贮藏在 0 ℃以下至各自冰点的范围内称之为冰鲜贮藏或冰温贮藏，属于非冻结保存，食品新鲜度较高，且可延长食品贮藏期，但流通过程要求控制的温度范围较狭小，一般为 −2~0 ℃，故技术难度较高。

4. 超低温冷链

对部分水产品（如金枪鱼等）贮藏温度低达 −45 ℃以下，整个流通过程要求保持在 −30 ℃以下，称为超低温冷链，其品质的保持明显优于 −18 ℃低温冷链，货架期较长，并能满足生鱼片食用的要求。

第三节　冷链物流的危害分析和关键控制点确定

HACCP 体系是国际上共同认可和普遍应用的食品安全风险控制方法。从食品原料开始，食品生产、加工、分装、调制及流通全过程中，为了防止污染物及有害物质混入，分析评价各工序的危害因素，针对相应危害因素重点采取预防性管控措施的非常有效的卫生管理体系。

一、冷链物流的危害分析和关键控制点确定

（一）HACCP（Hazard Analysis and Critical Control Point）定义

国家标准 GB/T 15091—94《食品工业基本术语》对其规定的定义是：生产（加工）安全食品的一种控制手段；对原料、关键生产工序及影响产品安全的人为因素进行分析，确定加工过程中的关键环节，建立、完善监控程序和监控标准，采取规范的纠正措施。这个定义比较全面地概括了 HACCP 建立的基本过程。

国际标准 CAC/RCP-1“食品卫生通则 1997 修订 3 版”对 HACCP 的定义是：鉴别、评价和控制对食品安全至关重要的危害的一种体系。

HACCP 较为常见的定义为：是对可能发生在食品加工环节中的危害进行评估，进而采取控制的一种预防性的食品安全控制体系。有别于传统的质量控制方法，HACCP 是对原料、各生产工序中影响产品安全的各种因素进行分析，确定加工过程中的关键环节，建

立并完善监控程序和监控标准，采取有效的纠正措施，将危害预防、消除或降低到消费者可接受水平，以确保食品加工者能为消费者提供更安全的食品。

可见，HACCP 主要是围绕危害进行分析，并实施控制。食品的危害包括生物性、化学性和物理性。HACCP 是目前国际上公认的食品质量安全控制的最佳和首选模式。

（二）乳制品 HACCP 计划

乳制品质量是影响消费者行为决策的主要因素之一。下面依据 HACCP 质量管理体系，对乳制品供应链各环节进行危害分析，找出关键控制点，并制定相应的 HACCP 计划表，以加大对乳制品质量的监管（见表 5-1）。

表 5–1　乳制品 HACCP 计划表

控制环节	显著危害	关键控制点	对象	方法	频率	人员	措施
养殖	生物性、物理性危害	饲料质量	牧草饲料 农药抗生素残留	视察检验	随时	饲养员 管理员	奶农培训、饲料采购记录、检查饲料质量
疫病治疗	生物性危害	防疫措施	病牛	病牛隔离检查	每天	兽医、饲养员	防疫记录、病牛隔离检查
产奶	生物性危害	产奶环境	菌落数量、温度时间	平板计数、测温仪	每批次	奶农	抽检原料奶中的菌落数量、拒收问题奶、记录冷却时间和温度
加工流程	生物性、物理性危害	加工流程指标	分离机转速、温度、压力、杂质度	检测仪、测温仪、分析仪	每批次	操作员 质检员	随机抽检产品进行质量检测
验收	生物性、物理性危害	产品保质期、包装材料	产品日期合格、包装材料符合规定	检查	每次订购	分销商	进货审查抽检
产品储存	生物性危害	温度控制在 2~5 ℃	存储温度	测温仪	每天	仓管员	库房温度监控记录
核查	生物性危害	各项指标符合规定	包装、产品保质期等	检查	每天	卖场管理员	定期抽查剔除过期产品

（三）HACCP 体系外部验证

1.HACCP 认证

由经国家认监委批准，并取得资格认可的认证机构进行审核。评审通过则由认证机构颁发 HACCP 认证证书。

为进一步优化我国食品农产品认证制度体系和推动危害分析与关键控制点（HACCP）体系认证的实施，根据《中华人民共和国食品安全法》《中华人民共和国认证认可条例》等规定，认监委组织将乳制品生产企业 HACCP 体系认证与食品企业 HACCP 体系认证两项认证制度整合成 HACCP 体系认证一项认证制度，将《乳制品生产企业危害分析与关键控制点（HACCP）体系认证实施规则（试行）》（认监委 2009 年第 16 号公告）、《食品企业 HACCP 体系认证实施规则》（认监委 2011 年第 35 号公告）、《国家认监委关于完善“危害分析与关键控制点体系”（HACCP）认证有关要求的公告》（认监委 2015 年第 25 号公告）和《国家认监委关于更新〈危害分析与关键控制点（HACCP 体系）认证依据〉的公告》（认监委 2018 年第 17 号公告）进行了整合修订。修订后的新版《危害分析与关键控制点（HACCP）体系认证实施规则》（以下称新版《HACCP 体系认证实施规则》）2021 年已经公布。

适用时，为满足进口国（地区）的需求，认证机构可将国际食品法典委员会（Codex Alimentarius Commission，CAC）制定的《食品卫生通则》作为补充的认证依据。

2. 认证机构应要求认证委托人具备以下条件

（1）生产经营的产品符合适用的我国和进口国（地区）相关法律、法规、标准和规范的要求；

（2）一年内未发生违反我国和进口国（地区）相关法律、法规的食品安全事故。

3.HACCP 验证

由出入境检验检疫机构（CIQ）或国外食品卫生管理机构及其他相关机构对企业建立和实施的 HACCP 管理体系进行的监督检查(官方)活动。验证通过,则出具 HACCP 验证证书。

二、冷链食品的 HACCP 分析

1. 危害分析（HA）

危害分析（HA）是鉴别有害物质或引起产品腐败的致病菌及任何病原体，掌握产生危害的机制，根据危害特征将食品分类，确定其风险类别程度，并制定出减少食品在生产和批发过程引起危险的相关措施。冷链物流作业环节可能产生的危害主要有原料产地污染、货物遗失、货物损坏（腐烂变质）、数据错误、作业时间过长等。具体危害分析见表 5-2。

2. 确定关键控制点（CCP）

确定关键控制点（CCP）是根据所控制危害的风险与严重性，分析影响食品质量的关键因素，从而确定质量控制的关键点。冷链物流中流通的食品容易腐烂，应当在冷冻工艺、防止细菌污染和繁殖方面有严格控制。如水产品从开始就要进行预冷，预冷的温度、预冷的方法都是关键控制点。运输过程中，一辆冷藏车中存放的食品是不同种类的，每个存储区的温度也是不相同的，同时还要避免不同类食品间的交叉感染。加工、存储、装卸过程中的操作温度同样需要控制。

物流作业环节中的作业时间，货物损失，货物遗失，数据错误的关键控制点有货物配送流程、订单处理、验货、搬运、装车、分拣、信息系统等。

关键点的控制在于确定安全与不安全产品的界限，只要所有的关键控制点控制在各自特定的临界范围，产品将是安全的。临界范围的类型有：化学范围、物理范围、微生物范围。冷冻冷藏食品加工、流通的温度控制如表 5-3 所示。

按照我国对食品冷藏库的分类，贮藏冷冻食品的低温冷藏库，其使用期间的温度应稳定在 −18 ℃左右；上下偏差应控制在 2 ℃以内，不能波动太大。

物流作业的危害控制指标：标准作业时间的下限是 96%；货损率上限是 2%；作业准确率下限是 98%；货物遗失率上限是 0.3%。

表 5-2　冷链物流的危害分析

作业环节	可能发生的危害
接受订单	订单处理错误，货物数量、品类不符，货物储存条件混装，接受有毒有害、易燃易爆物品等
商品验收	原料被农药污染、水源污染、环境污染，选择的原料来自疫区，商品不具有“三证”（商品检疫合格证、来自非疫区证明、运载工具消毒证明）
运输	不同质地易腐食品集中产生交叉感染；运输工具不能使装载的食品保持在适当低温，货物发生腐蚀；在车时操作不当导致货物损坏作业时间过长，运输路线不合理，行车时间长，运输效率低下在途运输时因盗窃、交通事故等导致货物遗失
存储	储存操作不当导致货物损坏，不同质地易腐食品集中产生交叉感染；储存区温度、湿度、微生物数量没有达到储存标准，作业时间过长，货物储位不利于拣货，影响工作效率
流通加工	作业时间过长，货物数量多，系统和工作人员不能及时处理货物分拣工作区的温度，储存区温度、湿度、微生物数量没有达到标准

表 5-3　冷冻冷藏食品加工、流通的温度控制

温度	对象
20 ℃	不耐低温，果蔬低温贮藏、流通，大米低温贮藏
0~10 ℃	果蔬预冷，生鲜水产品、畜禽产品的加工、流通
−5~0 ℃	过冷或微冻食品加工、流通

参考文献：何静．食品供应链管理［M］．北京：中国轻工业出版社，2016.

三、加强冷链食品供应链各环节质量控制

建立冷链食品的可监控、可追溯的系统。

1. 供应商环节

食品的原材料是食品安全的第一步，因此应该从源头预防。要求供应商有规范的交货设施和条件，有相关的卫生认证。

采购部门应做到：

（1）在收货入库前，检查供应商是否进行了良好的冷链控制。

（2）建立数据采集系统。冷链食品原材料特点复杂，分类细、种类多、分布广。

（3）季节时令性强等，这就需要有庞大的数据采集系统以供采购部门调用。

（4）及时与原材料供应商交换信息，通过实现实时文件传输完成原材料采购，并及时更新库存系统数据信息。

2. 装卸货环节

无论在装车还是卸货时，必须严格按照规定流程进行装卸。要注意冷链食品对温度的敏感度。收货入库时，不仅要核对品项数量，还要检查冷链安全，检查库温是否合格，检查文件是否齐全，检查产品交货温度等。

3. 仓储环节

（1）建立冷冻、冷藏品的收货检查制度。在接收过程中，严格控制冷链中断时间。为了保证食品的质量，产品在制冷过程中的放置方式也应有详细的要求和说明。

（2）制定严格、详细的入库程序。设立不同的传送门和存储区，不同种类的食物要有不同的输送口，不同的制冷设备的布局和温度控制也应有严格的要求。

（3）减少库门耗冷。对冷库门进行有效维护，定期检查密封条，尽量减少开门次数和时间等。

（4）贮藏品种的合理搭配及综合管理。有计划安排全年的贮藏品种和贮藏时间，严格分离不同类型食品、生熟食品或不同清洁程度食品。将生制品与即食食品有效隔离，若需要在同一冷库内存放，应分区存放并用明显标识分开，以防止有害细菌的交叉污染。

（5）相邻库房的正确使用。产品存储在相邻的不同温度的仓库中，如果两个仓库的温度相差很大，就会影响彼此的温度，难以保证仓库的质量，从而影响仓储质量。不同冷库之间均应有一个隔离带。还应设计专用卸料平台，使货车在装卸货物时能将门密封，防止外界灰尘进入仓库，防止污染。

（6）合理通风换气。有些冷链食品在贮藏过程中仍不断进行新陈代谢，冷库需要通风。通风操作应在库温接近外温的条件下进行，而且换气的时间和频率因具体的储藏食品不同而要求不一。

4. 流通加工环节

对员工进行岗前培训，建立良好的卫生规范。在加工食品前，员工应严格有效地消毒清洁，不应该戴手表和首饰之类的物件，确保个人卫生，以防止造成食品交叉污染。

其次要保持设备、器具等清洁干净。食品加工时，加工设备的表面及内部应时刻保持清洁卫生状态。对关键设备应建立专门的清洗消毒程序、步骤和方法。在不同的区域，清洁设备不能混用。

在每个过程中使用的工具和容器也应保持清洁干净。在使用前，应进行彻底的消毒和清洗，以防止工具和食物的交叉污染。同时生产过程中不同车间之间的食品物料应避免交叉污染。

5. 包装环节

（1）确保直接与食品接触的包装材料的安全性。

（2）加强食品包装管理，保证食品的包装流程、包装方式包括贴标签等符合规定。

冷链食品从生产到销售再到客户这个过程中的交叉污染包括很多方面。总之，要采取科学合理的预防控制措施，尽可能地降低冷链食品安全风险。

四、冷链运输及风险防范措施

（一）冷链运输

冷链运输（Cold Chain Transportation）是指通过具备适当温度控制能力的运输与储存设施进行食品的运输，以维持食品的适当温度，并能监察、控制和记录这些温度。运输工具内部的温、湿度检测和冷藏环境变化信息的管理是冷链的重要组成部分。常见易腐食品的特定运输温度要求如表 5-4 所示。

表 5–4　冷藏食品和冷冻食品的温度要求

冷藏食品（Chilled Food）	温度要求 / ℃
鲜鱼（冰鲜）、甲壳类和贝类（不包括活的）	+2
烹饪菜肴和速食、奶油糕点、新鲜糕点	+3
甜品和鸡蛋制品	+3
肉、半熟预包装肉类	+3
家禽、兔	+4
未经消毒、处理、巴氏消毒或发酵的新鲜牛奶	+3
奶油、干酪和凝乳	+3
工业加工用牛奶	+6
非经腌渍、烘干、腌制或烟熏的熟肉	+6
冷冻食品（Frozen Products）	温度要求 / ℃
冰、冰激凌	–25
深度冷冻食物	–18
渔业产品	–18
黄油及使用脂肪（包含用于制作黄油的奶油）	–14
蛋、内脏	–12
肉	–10

资料来源：Tassou S A.，De–Lille G.，Lewis J.Food transport refrigeration［J］.UK：Centre for Energy and Built Environment Research，Brunel University.

由此可见，负责食品运输时，能找到合适的温度、湿度、运输时间、合规的司机和运输工具，以满足特定类别食品的要求是十分重要的。

（二）风险防范措施

1. 食品冷链运输的载体一般是绝缘的、装有冷藏设备单元的集装箱

设计这样的集装箱时需要考虑诸多因素：极端的外部天气条件、理想的内部环境条件、绝缘性能、空气和水分的渗透、冲击和振动造成的物理性能退化等等。

2. 改善冷链运输包装

运输包装直接影响着质量。第三方物流运输企业的包装材料是否严格分类，食品包装材料及容器是否经过相关部门检验检疫，也会造成食品被污染的问题。

传统的冷链食品包装方法方便快捷，成本低廉，但是其最大的缺点就是若运输时间过长，保温效果降低，导致商品变质，而且容易发生交叉污染。

因此必须改善冷链食品的运输包装，在保证食品质量、节约成本的同时，做到装卸、搬运、操作方便。运输包装要求包装牢固、质轻、防震、防潮、密闭、无污染，在商品储存、装卸、搬运、运输等环节中保证货物的安全。能抵抗微生物或其他污染源，防止食物氧化，并为食品提供保护。

3. 设计专门的冷链运输箱

一般运输箱的外形构造及材料选用上，具备牢固耐用和保温性能就基本满足要求。冷链运输箱最重要的是要防止食品在运输配送过程中产生交叉污染，有效隔离有害物质。因此，可以设计专门的运输箱进行冷链货品的运输，防止食品在运输过程中发生交叉污染。

设计方案主要从以下这几方面考虑。

（1）在运输箱内安装嵌入式温度计。可以随时查看箱内温度，防止因温度过高或过低导致货物变质，顾客也可了解箱内温度情况，提升顾客体验感。

（2）采用各种造型的挡板。针对不同的产品采用不同形状大小的挡板进行阻隔，防止食品直接接触引起的交叉污染。挡板还可以起到固定作用从而保护产品不受损坏，避免二次污染。

（3）在箱底放置具有抗菌作用的高吸水垫。其作用是吸收冷鲜食品残留的液体，维持美观整洁的包装外观。另外，自身携带的抗菌剂具有防腐保鲜功用，在保持食品质量和增强产品的市场竞争力方面具有很大的促进作用。

（4）运输箱的大小规格必须与冰柜的规格尺寸相配套。冷鲜食品运输箱出库配送至客户终端的社区便利店或者是其他门店进行短暂存储时，是将食品直接和运输箱一起存放在门店代存站的冰柜中，因此为了减少食品终端的交叉污染问题，运输箱的大小规格必须与冰柜的规格尺寸相配套。

4. 加强冷链运输过程的管理

如果缺乏管理，食品也会存在被污染的风险。如运输水果的冷链车如果运输过猪肉等生鲜产品，水果就存在被污染的问题。

第四节 进口生鲜农产品的储存条件和运输要求

生鲜食品很容易引起交叉污染。生鲜农产品主要包括水果、蔬菜、肉禽、水产、花卉、蛋、奶制品等生鲜初级产品、生鲜农产品易腐烂、易受损、难储存，不适合长时间运输。其价值体现在鲜活程度上，鲜活程度越高，经济价值越高，受损及腐败程度越高，经济价值相应会下跌。生鲜农产品都极易腐败变质，储存条件要求比普通产品更高。这给进口过程的物流控制提出了较高的要求。

表 5–5 常见水果的保存条件

水果品种	冷藏温度 /℃	湿度 /%	贮藏期 /d
苹果	–1~1	85~90	2~7
梨	–1~1.5	85~90	1~6
西瓜	2~4	75~85	7~10
樱桃	0~1	80 左右	7~21
椰子	–4.5~–3	75 左右	8~12
葡萄	–1~3	85~90	1~4
草莓	–0.5~1.5	75~85	7~10
菠萝	4~12	85~90	14~20

资料来源：郑铮铮，李学工．生鲜农产品的分类标准及其冷链物流品控管理［J］．标准科学，2017（1）：31–36.

表 5–6 常见蔬菜的保存条件

蔬菜品种	冷藏温度 /℃	湿度 /%	贮藏期 /d
青椒	7~10	85~90	10~20
花菜	1~2	80~90	14~20
土豆	–3~6	85~90	6~10
洋葱	–1~0	80~85	3~7
白菜	–1~0	80~90	10~15
芹菜	–1~0	80~90	7~10
黄瓜	7~10	85~90	5~7
茄子	7~10	80~90	10~15

资料来源：郑铮铮，李学工．生鲜农产品的分类标准及其冷链物流品控管理［J］．标准科学，2017（1）：31–36.

第五节　进口冷链食品的防疫和消杀

一、进口冷链食品的防疫和消杀

对进口冷链食品以及装载器皿进行消毒杀菌。

原因：冷链食品需要使用塑料包装 + 低温保存，这有利于病毒的保存。很多病毒都耐冷不耐热，在 4 ℃以下的冷藏环境中可以保存一个月，在冷冻条件下保存数年。在常温条件下，在空气中只能存活三个小时的病毒，在塑料上需要三天才会下降到感染力水平以下。

二、法律依据

依据：联防联控机制综发〔2020〕245 号；《冷链食品生产经营新冠病毒防控技术指南》；冷链食品生产经营过程新冠病毒防控消毒技术指南；海关总署会同交通运输部、卫生健康部、市场监管总局等部门研究制定了《进口冷链食品预防性全面消毒工作方案》。

三、具体规定

新冠感染疫情防控常态化期间，正常运营的食品生产经营单位和个人，在生产、装卸、运输、贮存及销售过程中对来自国外新冠感染疫情高风险区冷链食品的消毒。

外包装、内包装、商品本身都需要采样。食品从业者每 7 天进行一次核酸检测。

四、具体实施

消杀通过口岸、冷链运输、入库和市场四个环节来落实。

1. 口岸环节

海关部门检测结果为阳性，按照规定退运或销毁。检测结果为阴性，进行下一步提货运输。清关速度比正常延长 1~2 个工作日。

2. 冷链运输

核酸检测合格后，货主提货，提货过程中，承运企业不得开箱。将货物送至具有资质的仓库进行消杀和核酸检测，检测完毕后再送货至自由仓库或社会仓库。其中如需要中转库或第一存放仓库进行消杀核酸处理，会产生押车的问题。

3. 入库环节

冷库在接受进口冷链食品，应查看消毒证明和核酸报告。如未消毒、未检测，则在掏箱卸货前，对该批货物的集装箱内壁、货物内外包装实施消毒检测。

消毒完成后，消毒单位出具该批货物的消毒证明和核酸报告。

另外入库时如实记录并核对集装箱号及铅封号，做好货物的出入库记录，相关资料和记录应至少留存 2 年。

4. 市场环节

为了防止未经过预防性全面消毒处理的进口冷链食品进入市场，市场监管部门也进一步完善追溯管理，做到所有进入市场的进口冷链食品来源可查，去向可追。同时做好销售场所的日常消毒工作。

第六节　案例

各地纷纷强化进口冷链食品溯源监管，检查经营者从“采购、验收、销售”等重点环节法定义务履行情况，落实进口冷链食品核酸查验全程监督。除了常规的进口冷链食品标签、过期食品、食品贮存、无报关单等食品安全案件，还在严厉查处无“三证一码（检验检疫证明、核酸检测证明、消毒证明、冷链食品溯源码）”的进口冷链食品。

案例一：经营进口冷冻食品，未查验索取《新冠病毒核酸检测合格证明》及消毒证明等

2020 年 11 月 10 日，兖州区市场监督管理局执法人员在某水产有限公司检查时发现，该公司购进的冷冻食品无查验许可证及相关证明文件，执法人员给予其警告并责令改正。事后，该公司仍未按照规定履行进货查验义务，未索取《新冠病毒核酸检测合格证明》及消毒证明，兖州区市场监督管理局决定给予当事人罚款人民币 49 999 元的行政处罚。

处罚依据：

违反《中华人民共和国食品安全法》第五十三条：“食品经营者采购食品，应当查验供货者的许可证和食品出厂检验合格证或者其他合格证明（以下称合格证明文件）。”

处罚依据是《中华人民共和国食品安全法》第一百二十六条：违反本法规定，有下列情形之一的，由县级以上人民政府食品安全监督管理部门责令改正，给予警告；拒不改正的，处五千元以上五万元以下罚款；情节严重的，责令停产停业，直至吊销许可证：食品、食品添加剂生产经营者进货时未查验许可证和相关证明文件，或者未按规定建立并遵守进货查验记录、出厂检验记录和销售记录制度。

案例二：进口冷链食品核酸检测证明和消毒证明资料不齐全

2021 年 1 月 8 号，温岭市市场监督管理局在“四个不得”专项整治行动中发现某食品商行销售 6 箱共 180 kg 缅甸进口的冻海鱼检验检疫证、核酸检测证明和消毒证明不齐全，其行为涉嫌违反《中华人民共和国食品安全法》第三十四条第（十二）项之规定，属销售国家为防病等特殊需要明令禁止生产经营的食品的行为，执法人员现场对上述产品进行封

存，拟依据《中华人民共和国食品安全法》第一百二十三条第一款第（五）项之规定予以处罚。

2021 年 1 月 9 日，仙居县市场监督管理局在“四个不得”专项整治行动中发现某水产品店销售的进口冷冻带头南美白虾、进口冻墨鱼、进口冻带鱼段、进口冻厄瓜多尔白虾等产品共 1.8 吨，无法提供进口冷链食品的消毒证明，其行为涉嫌违反《中华人民共和国食品安全法》第三十四条第（十二）项之规定，属销售国家为防病等特殊需要明令禁止生产经营的食品的行为，拟依据《中华人民共和国食品安全法》第一百二十三条第一款第（五）项之规定予以处罚。

2020 年 12 月 10 日，椒江区市场监督管理局在“四个不得”专项整治行动中发现某食品商行两个冷库所销售的冷冻带骨牛肋排、冷冻去骨牛尾龙扒等 8 种共计 230 箱的进口冷冻肉检验检疫证明、核酸检测证明和消毒证明资料不齐全。当事人在疫情防控期间销售“三证一码”不齐全的进口冷冻产品 231.5 kg，销售额为 9 866 元，其行为违反《中华人民共和国食品安全法》第三十四条第（十二）项之规定，属销售国家为防病等特殊需要明令禁止生产经营的食品行为，依据《中华人民共和国食品安全法》第一百二十三条第一款第（五）项之规定，没收违法所得 599 元，罚款 11 万元。

依据：违反《中华人民共和国食品安全法》第三十四条第（十二）项之规定，属销售国家为防病等特殊需要明令禁止生产经营的食品行为。处罚依据是《中华人民共和国食品安全法》第一百二十三条：违反本法规定，有下列情形之一，尚不构成犯罪的，由县级以上人民政府食品安全监督管理部门没收违法所得和违法生产经营的食品，并可以没收用于违法生产经营的工具、设备、原料等物品；违法生产经营的食品货值金额不足一万元的，并处十万元以上十五万元以下罚款；货值金额一万元以上的，并处货值金额十五倍以上三十倍以下罚款；情节严重的，吊销许可证，并可以由公安机关对其直接负责的主管人员和其他直接责任人员处五日以上十五日以下拘留：生产经营国家为防病等特殊需要明令禁止生产经营的食品。

案例三：未送检，视情况交由公安机关处理

2021 年 1 月 18 日，邹城市市场监督管理局执法人员对邹城市护驾山路农贸市场（护驾山路路西）进行检查时，在邹城市某水产超市内发现了一盒进口南美白对虾产品，重量 500 g，当事人未提前向市场监督管理部门报备、未录入冷链系统。执法人员当场对涉案货物进行查封，依据《关于依法处理违反进口冷链食品疫情防控行为的通告》要求，2021 年 1 月 18 日，邹城市市场监督管理局依法将该案移送公安机关，公安部门根据《中华人民共和国治安管理处罚法》相关规定，给予王某行政拘留 5 天的行政处罚。

2020 年 12 月 4 日，安溪县市场监督管理局执法人员依法对安溪县蓬莱某冻品店进行检查，发现冻库中已存放一批进口冷链食品“冷冻特选珍宝鸡爪”，20 kg/ 件，共 30 件，合计 600 kg。当事人经营的进口冷链食品虽能够现场提供进货单据和“四证”，但其未在进口冷链食品到达存储地 24 h 前向所在地市场监督管理部门报备，违反了《安溪县新型冠状病毒感染的肺炎疫情应急指挥部办公室关于进一步加强我县进口冷链食品监

管工作的通告》有关规定，遂将其不落实疫情防控措施违法线索移交安溪县公安局。目前，安溪县公安局根据《中华人民共和国治安管理处罚法》有关规定，依法对当事人进行行政处罚。

无锡市梁溪县公安局会同区市场监督管理局、商务局、卫健委等部门多次开展进口冷链食品联合专项执法检查。检查发现无锡某食品有限公司有批次进口冷冻牛肉未送检后核酸检测为新冠病毒阳性。经查，该公司法人陈某自该批冷冻牛肉运送至无锡后，一直未按无锡市发布的《关于加强进口冷链食品疫情防控工作的通告》要求，将冷冻牛肉消毒，采样核酸检测。其行为已触犯《中华人民共和国刑法》第三百三十条，涉嫌妨害传染病防治罪，梁溪公安分局依法对陈某刑事拘留。

法律依据：《中华人民共和国突发事件应对法》第六十六条："单位或者个人违反本法规定，不服从所在地人民政府及其有关部门发布的决定、命令或者不配合其依法采取的措施，构成违反治安管理行为的，由公安机关依法给予处罚。"

《中华人民共和国治安管理处罚法》第五十条：有下列行为之一的，处警告或者 200 元以下罚款；情节严重的，处 5 日以上 10 日以下拘留，可以并处 500 元以下罚款：拒不执行人民政府在紧急状态情况下依法发布的决定、命令的。

《中华人民共和国刑法》第三百三十条 【妨害传染病防治罪】违反传染病防治法的规定，有下列情形之一，引起甲类传染病传播或者有传播严重危险的，处三年以下有期徒刑或者拘役；后果特别严重的，处三年以上七年以下有期徒刑。

练习与思考

一、单选题

1. 冷链的实现条件中，(　　) 不符合 3P 的要求。

A. 食品原料（Product）的品质好

B. 处理工艺（Processing）好

C. 包装（Package）符合货物的特性

D. 价格（Price）合适

2. 冰激凌的特定运输温度是 (　　)。

A. −14℃

B. −18℃

C. −25℃

D. −12℃

3. 通常（　　）其流通过程的温度上限是 7 ℃，下限为 0~4 ℃。

A. 冻结食品冷链

B. 冷却食品冷链

C. 冰鲜冷链

D. 超低温冷链

二、简答题

1. 冷链运输的风险防范措施有哪些?

2. 冷链物流的危害分析。

3. 什么是 HACCP？和传统的质量控制方法有什么区别?

扩展阅读

韩国食品领域 HACCP 体系应用情况介绍

一、韩国食品领域 HACCP 体系应用情况介绍

韩国《食品卫生法》《食品卫生法实施令》《食品卫生法实施规则》及《畜产品卫生管理法》《畜产品卫生管理法实施令》《畜产品卫生管理法实施规则》《食品及畜产品安全管理认证基准》等多部法律法规中规定，从事食品的生产、加工、调制、分装、流通达到一定规模的食品企业，卫生安全管理中要实施 HACCP 体系。为了在上述食品企业中普及和持续应用 HACCP 体系，由韩国食品药品安全部牵头，联合地方食药厅、地方团体及韩国食品安全管理认证院等多个部门，通过向企业提供 HACCP 教育、对中小企业提供资金支持等多项措施帮助企业获得 HACCP 认证。

加工食品领域 HACCP 体系推广情况。首先儿童嗜好食品为主的 8 个类型食品分四步推广 HACCP 体系认证，目前第三步已完成，第四步由于疫情等原因无法如期获得认证的企业可申请推迟 1 年。

也就是说，2020 年 12 月 1 日前注册，2013 年销售额一亿韩元以下或员工人数 5 人以下的生产加工上述 8 类食品的企业，截至 2022 年 11 月 30 日，未获得 HACCP 认证就判定为没有遵守食品安全认证基准，要接受处罚。

加工食品中与我国关系比较密切的是辣白菜产品，我国山东地区辣白菜出口企业比较密集，根据韩国《进口泡菜安全管理认证基准（HACCP）应用相关规定》，韩国以外的辣白菜生产企业按出口规模分四步获得 HACCP 认证，具体步骤：

表 5–7 韩国以外的辣白菜生产企业按出口规模获得 HACCP 认证的步骤

步骤	获得认证截止期限	进口规模
第一阶段	2021.10.1	2019 年度进口量为 1 万吨以上企业
第二阶段	2022.10.1	2020 年度进口量为 5 千吨以上企业
第三阶段	2023.10.1	2021 年度进口量为 1 千吨以上企业
第四阶段	2024.10.1	所有国外辣白菜出口企业

对畜产品领域，韩国也同样要求推广 HACCP 体系。目前屠宰业、生乳收购业、蛋类加工业、乳加工业、蛋类挑选包装业已全部获得 HACCP 体系认证。食用肉加工业及食用肉包装企业正逐步推广中。

二、目前中国出口韩国泡菜生产企业 HACCP 情况

2022 年 10 月 14 日，韩国食品药品安全部（MFDS）发表消息称：食品药品安全部今年根据食品安全管理认证标准（简称“HACCP”）第 2 阶段义务适用计划，对中国 13 家进口泡菜境外生产企业进行了评估，结果显示 13 家企业均符合标准，被认证为“进口食品安全管理认证标准适用企业”。

此次认证评估是根据 2021 年 9 月与进口泡菜的主要出口国政府机构——中国国家市场监督管理总局签订的《进口泡菜相关 HACCP 义务适用业务协议》进行的。

同时，去年获得 HACCP 认证的 3 家境外生产企业根据 HACCP 是否遵守标准的定期调查和评估结果，确认了全部都符合 HACCP 标准的运营。

资料来源：[1] 王海梦 . 目前合计 16 家中国泡菜生产企业符合韩国 HACCP 认证标准 [EB/OL]. 食品伙伴网 .2022-10-14

[2] 食品安全合规部 . 韩国食品领域 HACCP 体系应用情况介绍 [EB/OL]. 食品伙伴网 .2022-05-25

海关总署公告 2022 年第 10 号（关于进口智利冷冻水果检验检疫要求的公告）

根据我国相关法律法规和《中华人民共和国海关总署与智利共和国农业部关于智利冷冻水果输华检验检疫要求的议定书》规定，即日起，允许符合以下相关要求的智利冷冻水果进口：

一、检验检疫依据

（一）《中华人民共和国生物安全法》；

（二）《中华人民共和国进出境动植物检疫法》《中华人民共和国进出境动植物检疫法实施条例》；

（三）《中华人民共和国食品安全法》《中华人民共和国食品安全法实施条例》；

（四）《中华人民共和国海关总署与智利共和国农业部关于智利冷冻水果输华检验检疫要求的议定书》。

二、允许进境商品

冷冻水果是指去除不可食用果皮、果核后（樱桃除外），经过速冻处理，并在整个冷链环节中保持果肉核心达到 –18 ℃或以下的水果，且符合国际食品标准《速冻食品加工和处理操作规范》（CAC/RCP 8—1976）要求。冷冻水果品种如下：

1. 冷冻木莓（Frozen Raspberries）Rubus idaeus
2. 冷冻博伊森莓（Frozen Boysenberry）Rubus ursinus var. Longanobaccus
3. 冷冻蔓越莓（Frozen Cranberry）Vaccinium macrocarpon
4. 冷冻苹果（Frozen Apple）Malus domestica
5. 冷冻鳄梨（Frozen Avocado）Persea americana
6. 冷冻樱桃（Frozen Cherry）Prunus avium
7. 冷冻番荔枝（Frozen Cherimoya）Annona cherimola
8. 冷冻葡萄（Frozen Grape）Vitis vinifera
9. 冷冻猕猴桃（Frozen Kiwi）Actinidia chinensis/A. deliciosa
10. 冷冻桃（Frozen Peach）Prunus persica
11. 冷冻芒果（Frozen Mango）Mangifera indica
12. 冷冻番木瓜（Frozen Papaya）Carica papaya
13. 冷冻菠萝（Frozen Pineapple）Ananas comosus
14. 冷冻石榴（Frozen Pomegranate）Punica granatum
15. 冷冻蓝莓（Frozen blueberry）Vaccinium spp.
16. 冷冻黑莓（Frozen blackberry）Rubus ulmifo-lius
17. 冷冻草莓（Frozen Strawberry）Fragaria ananassa

三、允许的产地

智利全境。

四、批准的加工厂

输华冷冻水果加工厂均须在代表智利共和国农业部的智利农牧局（SAG）批准备案，并由中华人民共和国海关总署（GACC）审核批准注册。SAG 每年向 GACC 提供注册名单，获得批准的名单可在 GACC 网站查询。

五、出口前要求

（一）供应商管理

SAG 要求每个输华冷冻水果加工厂保留有水果供应商清单。清单中应至少包括如下信息：供应商名称、大区、市、果园编号和水果名称。

所有供应水果的果园应实施良好农业操作和有害生物综合管理，包括适合于果园植物检疫条件的管理措施，以降低有害生物的发生。输华冷冻水果加工厂应保存相关管理措施的副本。

（二）质量保证体系

冷冻水果加工厂必须执行危害分析与关键控制点（HACCP）体系，并按照国际食品标准《速冻食品加工和处理操作规范》（CAC/RCP 8—1976）要求进行冷冻水果的准备、加工、储藏和运输，以保证冷冻水果的质量和卫生。

冷冻水果加工厂必须对出口产品进行包括农药、重金属和微生物在内的多种残留检测，并由 SAG 授权实验室进行检测、出具检测报告。检测报告中须明确注明冷冻水果是否符合中国对农残、重金属和微生物等污染物的限量要求。每批冷冻水果抵达中国时须随附检测报告。

SAG 须按照联合国粮食及农业组织（FAO）和世界卫生组织（WHO）发布的新冠病毒防护相关指南要求，指导和监督输华冷冻加工企业严格按照 FAO 和 WHO 发布的指南作业，加强员工防护，防范产品和包装受到新冠病毒污染。

（三）速冻处理、包装和装运

冷冻水果速冻处理程序应在 SAG 或其授权人员监管下进行，具体程序见附件。

冷冻水果须使用新的、干净卫生的材料包装，符合相关安全卫生国际食品标准，以减少污染。

每个包装箱上应使用英文标注水果名称、出口国、果园或其注册号、产地、加工厂、出口商和加工日期。

每个托盘上用中文或英文注明“Exported to the People’s Republic of China”（输往中华人民共和国）。如没有采用托盘，则每个包装箱上应用同样的标记。

如使用了木质包装，须符合国际植物检疫措施标准第 15 号（ISPM 15）规定。

（四）离境前检验检疫

出口前，SAG 必须确认该批冷冻水果在 –18 ℃或以下温度进行冷藏和运输。

在冷冻水果的不同加工阶段（从产品预包装到最终成品），应由 SAG 培训授权的工作人员，按 0.5% 的比例对每批货物进行抽样并检验检疫，确保不携带检疫性有害生物，且致病微生物和农药残留不超过最大限量标准。如发现或检测到任何不符合项，该批货物不得向中国出口。

（五）植物检疫证书要求

经检验检疫合格的冷冻水果，由SAG出具植物检疫证书，并随附检测证书。植物检疫证书附加声明应注明："This consignment is in compliance with the requirements specified in the Protocol of Inspection and Quarantine Requirements for Export of Chilean Frozen Fruits to China."（该批货物符合智利冷冻水果输华检验检疫要求的议定书。）

在项目启动前，SAG应向GACC提供植物检疫证书和检测证书样本，以便中方备案核查。

六、进境检验检疫

智利冷冻水果到达中国入境口岸时，中国海关按照以下要求实施检验检疫。

（一）有关证书和标识核查

1．核查植物检疫证书是否符合本要求第五条第（五）项的规定。

2．核查包装箱上的标识是否符合本要求第五条第（三）项的规定。

（二）进境检验检疫

当冷冻水果到达入境口岸时，中国海关根据有关法律、行政法规、规章等规定实施检验检疫，经检验检疫合格的，准予入境。GACC将保证在冷链温度下进行查验。

（三）不符合要求的处理

1．如发现检疫性有害生物活体，该批货物作退回或销毁处理。

2．如发现农残或致病微生物等安全卫生项目检测不合格，经对结果分析验证后，该批货物作退回或销毁处理。GACC将立即通知SAG，暂停相关加工厂的冷冻水果输华，直至不合格情况得到整改并获得GACC认可。

3．如果多个加工厂连续发生不合格情况，中方将对每批冷冻水果扣留取样送实验室检测，并视情况暂停冷冻水果输华，直至有关要求得到满足。

资料来源：海关总署．公告〔2022〕10号．中国海关网．2022-01-27

第六章

我国食品进出口的通关风险及其防范

学习目标

1. 了解商品归类。
2. 熟悉食品类产品章节列表的注意事项。
3. 理解协调制度中食品类产品分布。
4. 掌握归类规则的应用。

基本概念

商品归类；植物产品；动物产品；合规管理

引入案例

以海关速度“锁”住食品新鲜味

为保证应季水果、粽子、肉类、预制菜等食品出口，佛山海关“一对一”指导企业建立“田间—车间—舌尖”全链条食品安全控制体系，提前研判进口国家或地区贸易风险，帮助企业严格按照输入要求做好生产管理。同时，佛山海关提供 24 h 预约通关服务，实行审单、检疫、查验、放行“四优先”等便利措施，以海关速度“锁”住食品新鲜味，助力中国味道畅销海外。2022 年以来，佛山海关辖区企业共出口食品 10.7 亿元人民币，同比增长 3%。

资料来源：阮凤娟．佛山海关：“锁”住食品新鲜味．佛山日报，第 A06 版．2022 年 5 月 25 日

第一节　进出口食品归类问题

一、商品归类

（一）商品归类定义

在《商品名称及编码协调制度的国际公约》（以下简称《协调制度公约》）商品分类目录体系下，以《中华人民共和国进出口税则》为基础，按照《进出口税则商品及品目注释》《中华人民共和国进出口税则本国子目注释》以及海关总署发布的关于商品归类的行政裁定、商品归类决定的要求，确定进出口货物商品编码的活动。

（二）归类的重要性

商品归类是海关征收税的依据；不同产品监管条件不同，商品归类是海关监管和许可证制度管理的依据；统计需要。

（三）归类的依据

1988 年实施了商品归类的国际通用分类标准，即《商品名称及编码协调制度》（HS），每 4~6 年修订 1 次，最近一次是 2022 年。世界上已有 200 多个国家使用 HS，全球贸易总量 98% 以上的货物都是以 HS 分类的。HS 的总体结构包括三大部分：归类规则；类、章及子目注释；按顺序编排的目与子目编码及条文。这三部分是 HS 的法律性条文，具有严格的法律效力和严密的逻辑性。

HS 采用六位数编码，把全部国际贸易商品分为 22 类、98 章。章以下再分为目和子目。商品编码第一、二位数码代表“章”，第三、四位数码代表“目”（Heading），第五、六位数码代表“子目”（Subheading）。前 6 位数是 HS 国际标准编码，HS 有 1 241 个四位数的税目，5 113 个六位数子目。有的国家根据本国的实际，已分出第七、八、九位数码。

1992 年中国加入《协调制度公约》。我国进出口税则采用十位编码，前八位等效采用 HS 编码，后两位是我国子目。它是在 HS 分类原则和方法基础上，根据我国进出口商品的实际情况延伸的两位编码。

（四）归类的难点

商品的认定，需要了解食品的成分、功能和用途；需要熟悉税则目录结构；需要理解、应用重要注释。

因此，商品归类既需要掌握税则列目结构，也需要掌握商品知识。

（五）归类总规则

HS 首先列明 6 条归类总规则，规定了使用 HS 对商品进行分类时必须遵守的分类原则和方法。总规则是商品归类的共同规则，适用于所有商品。HS 的许多类和章在开头均列有注释（类注、章注或子目注释），严格界定了归入该类或该章中的商品范围，阐述 HS 中专用术语的定义或区分某些商品的技术标准及界限。

总规则一："类、章及分章的标题，仅为查找方便而设。具有法律效力的归类，应按品目条文和有关类注或章注确定，如品目、类注或章注无其他规定，按以下规则确定。"

总规则二："（一）品目所列货品，应视为包括该项货品的不完整品或未制成品，只要在进口或出口时该项不完整品或未制成品具有完整品或制成品的基本特征；还应视为包括该项货品的完整品或制成品（或按本款可作为完整品或制成品归类的货品）在进口或出口时的未组装件或拆散件。

（二）品目中所列材料或物质，应视为包括该种材料或物质与其他材料或物质混合或组合的物品。品目所列某种材料或物质构成的货品，应视为包括全部或部分由该种材料或物质构成的货品。由一种以上材料或物质构成的货品，应按规则三归类。"

总规则三："当货品按规则二（二）或由于其他原因看起来可归入两个或两个以上品目时，应按以下规则归类：

（一）列名比较具体的品目，优先于列名一般的品目。但是，如果两个或两个以上品目都仅述及混合或组合货品所含的某部分材料或物质，或零售的成套货品中的某些货品，即使其中某个品目对该货品描述得更为全面、详细，这些货品在有关品目的列名应视为同样具体。

（二）混合物，不同材料构成或不同部件组成的组合物以及零售的成套货品，如果不能按照规则三（一）归类时，在本款可适用的条件下，应按构成货品基本特征的材料或部件归类。

（三）货品不能按照规则三（一）或（二）归类时，应按号列顺序归入其可归入的最末一个品目。"

总规则四："根据上述规则无法归类的货品，应归入与其最相类似的品目。"总规则四很少使用。

总规则五："除上述规则外，本规则适用于下列货品的归类：

（一）制成特殊形状仅适用于盛装某个或某套物品并适合长期使用的照相机套、乐器盒、枪套、绘图仪器盒、项链盒及类似容器，如果与所装物品同时进口或出口，并通常与所装物品一同出售的，应与所装物品一并归类。但本款不适用于本身构成整个货品基本特征的容器。

（二）除规则五（一）规定的以外，与所装货品同时进口或出口的包装材料或包装容器，如果通常是用来包装这类货品的，应与所装货品一并归类。但明显可重复使用的包装材料和包装容器可不受本款限制。"

零售成套货品，必须同时符合以下条件：

由至少两种可归入不同品目的不同物品构成；

为了某项需求或专门活动而将几种产品或物品包装在一起（功能和用途上互补、配合使用，不包括为了促销包装在一起的）。

总规则六：“货品在某一品目项下各子目的法定归类，应按子目条文或有关的子目注释以及以上各条规则来确定，但子目的比较只能在同一数级上进行。除条文另有规定的以外，有关的类注、章注也适用于本规则。”

以上六条归类规则，是对我们国际贸易商品归类的一种具有法律效力的规则。

在归类时，只有在前级规则无法解决该商品归类时，才能使用下一条规则，各级规则矛盾时，应以前级为准。规则二（一）至（二）无顺序，规则三（一）至（三）有顺序，规则五（一）至（三）有顺序。

（六）正确的归类方法

第一步：确定类及章。查看相关类及章注释。

第二步：确定品目。

第三步：确定子目。

子目归类原则及方法：根据子目条文和注释确定子目；总规则一至五适当修改后，可用于子目；逐级比较，依次确定子目；同级子目，方可比较。

逐级确定（1 级→ 2 级→ 3 级→ 4 级）

归类方法简明口诀：有列名归列名；没有列名归用途；没有用途归成分；没有成分归类别；不同成分比多少；相同成分要从后。

二、农产品归类

（一）归类步骤

1. 特性

了解动植物产品的基本特性，动物的属性，植物的属性。

动植物归类主要考虑以下因素：加工程度、贮存方式、成分含量、用途等。

动物：鱼、甲壳动物、软体动物、水生无脊动物等。

植物：蔬菜、块茎、水果、坚果、调味品、谷物、含油子仁等。

例如：鲜、冷、冻猪肉（0203）和猪肉罐头（或称午餐肉，1602）

2. 加工程度

了解农产品属于简单加工还是复杂加工。

简单加工：第一类、第二类产品的加工。如第 1 章和第 2 章。一般而言，简单加工指动植物产品经过的加工限于保藏加工，例如：活、鲜、冷、冻、干、熏、腌、渍。

复杂加工：第四类产品的加工。例如：第 16 章。

二者区别：不是依据加工方法。凡是在第一类和第二类品目条文中列明的加工方法都是简单加工，未列明的都是复杂加工。

（二）各类、章之间的相互联系

表 6-1　各章的对应关系

章节	对应章节
第 2、3 章产品（进一步加工）	16 章
第 4、10、11 章产品（进一步加工）	19 章
第 10 章产品（去壳、磨碎）	11 章
第 7、8、12 章产品（进一步加工）	20 章
第 9 章产品（进一步加工）	21 章部分产品

三、农产品的税则结构

表 6-2　农产品的税则结构

第一类	第二类	第三类	第四类
动物产品	植物产品	动植物油、脂	食品、饮料、酒、醋、烟草等

农产品分为四类，第一类是动物产品，第二类是植物产品，第三类是从动植物中提炼的油、脂，第四类是在第一类和第二类基础上加工的食品，还包括饮料、酒、醋、烟草制品。第一类和第二类动植物产品，是简单加工的产品，便于保藏和运输。第四类食品是在第一类和第二类基础上加工得到的，属于复杂加工。

四、章节列表及解释

（一）第一类列表及解释

表 6-3　第一类活动物和动物产品

品目	具体商品
0101	马、驴、骡
0102	牛
0103	猪
0104	绵羊、山羊
0105	家禽，即鸡、鸭、鹅、火鸡及珍珠鸡
0106	其他活动物
0201	鲜、冷牛肉

续表

品目	具体商品
0202	冻牛肉
0203	鲜、冷、冻猪肉
0204	鲜、冷、冻绵羊肉或山羊肉
0205	鲜、冷、冻马、驴、骡肉
0206	鲜、冷、冻牛、猪、羊、马、驴、骡食用杂碎
0207	编号 0105 所列家禽的鲜、冷、冻肉及食用杂碎
0208	其他鲜、冷、冻肉及食用杂碎
0209	不带瘦肉的肥猪肉、猪脂肪及家禽脂肪（未炼制），鲜、冷、冻、干、熏、盐腌或盐渍的
0210	肉及食用杂碎，干、熏、盐腌或盐渍的；可供食用的肉或杂碎的细粉、粗粉
0301	活鱼
0302	鲜、冷鱼，但编号 0304 的鱼片及其他鱼肉除外
0303	冻鱼，但编号 0304 的鱼片及其他鱼肉除外
0304	鲜、冷、冻鱼片及其他鱼肉（不论是否绞碎）
0305	干、盐腌或盐渍的鱼；熏鱼，不论在熏制前或熏制过程中是否烹煮；适合供人食用的鱼的细粉、粗粉及团粒
0306	带壳或去壳的甲壳动物，活、鲜、冷、冻、干、盐腌或盐渍的；蒸过或用水煮过的带壳甲壳动物，不论是否冷、冻、干、盐腌或盐渍的；适合供人食用的甲壳动物的细粉、粗粉及团粒
0307	带壳或去壳的软体动物，活、鲜、冷、冻、干、盐腌或盐渍的；不属于甲壳动物和软体动物的水生无脊椎动物，活、鲜、冷、冻、干、盐腌或盐渍的；适合供人食用的水生无脊椎动物（甲壳动物除外）的细粉、粗粉及团粒
0401	未浓缩及未加糖或其他甜物质的乳及奶油
0402	浓缩、加糖或其他甜物质的乳及奶油
0403	酪乳、结块的乳及奶油、酸乳、酸乳酒及其他发酵或酸化的乳和奶油，不论是否浓缩、加糖、加其他甜物质、加香料、加水果、加坚果或加可可
0404	乳清，不论是否浓缩、加糖或其他甜物质；其他编号未列名的含天然乳的产品，不论是否加糖或其他甜物质
0405	黄油及其他从乳中提取的脂和油
0406	乳酪及凝乳
0407	带壳禽蛋，鲜、腌制或煮过的
0408	去壳禽蛋及蛋黄，鲜、干、冻、蒸过或水煮、制成形或用其他方法保藏的，不论是否加糖或其他甜物质
0409	天然蜂蜜
0410	其他编号未列名的食用动物产品
0501	未经加工的人发，不论是否洗涤；废人发

续表

品目	具体商品
0502	猪鬃、猪毛；獾毛及其他制刷用兽毛；上述鬃毛的废料
0503	马毛及废马毛，不论是否制成有或无衬垫的毛片
0504	动物（鱼除外）的肠、膀胱、胃，整个或切块
0505	带有羽毛或羽绒的鸟皮及鸟体其他部分；羽毛及不完整羽毛（不论是否修边）、羽绒，仅经洗涤、消毒或为了保藏而做过处理，但未经进一步加工；羽毛或不完整羽毛的粉末及废料
0506	骨及角柱，未经加工或经脱脂、简单整理（但未切割成形）、酸处理或脱胶；上述产品的粉末及废料
0507	兽牙、龟壳、鲸须、鲸须毛、角、鹿角、蹄、甲、爪及喙，未经加工或仅简单整理但未切割成形；上述产品的粉末及废料
0508	珊瑚及类似品，未经加工或仅简单整理但未经进一步加工；软体动物壳、甲壳动物壳、棘皮动物壳、墨鱼骨，未经加工或仅简单整理但未切割成形，上述壳、骨的粉末及废料
0509	动物质天然海绵
0510	龙涎香、海狸香、灵猫香及麝香；斑蝥；胆汁，不论是否干制；供配制药用的腺体及其他动物产品，鲜、冷、冻或用其他方法暂时保藏的
0511	其他编号未列名的动物产品；不适合供人食用的第 1 章或第 3 章的死动物

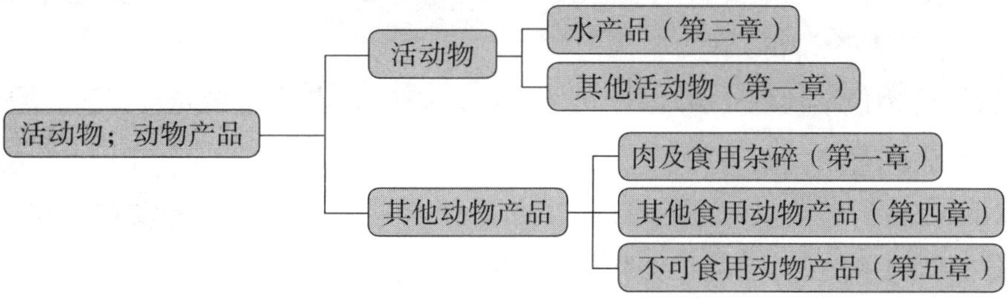

图 6–1 第一类活动物；动物产品

第一类活动物和动物产品分为两类：活动物和其他动物产品。活动物包括第一章和第三章，第三章主要是水产品，包括鱼、甲壳动物等，和水有关系，第一章是其他活动物。其他动物产品包括第二章、第四章和第五章。第二章肉及食用杂碎，是第一章的活动物经过屠宰后得到的，牛奶、鸡蛋这些可食用的，归为第四章，这两章的主要区别是第二章是动物经过屠宰得到的，第四章是动物生长过程中自然产生的可食用的产品。第四章和第五章主要的区别是是否可食用。区分的标准按照西方的习惯，比如动物的肠、膀胱、胃、动物血，西方人认为不可食用，经常被归为第五章，而不是第四章。

1. 第一章包括所有活动物，但下列各项除外

品目 0301、0306、0307 或 0308 的鱼、甲壳动物、软体动物及其他水生无脊椎动物。

2. 第二章包括肉及食用杂碎

注释三：本章不包括动物的肠、膀胱、胃（品目 0504）或动物血（品目 0511、

3002)。

第二章仅包括下列状态的肉及食用杂碎(不论其是否烫洗或作类似处理,但未经烹煮的):

(1)鲜的(包括运输途中用盐临时保藏的肉及食用杂碎)。

(2)冷的,即产品温度一般降至 0 ℃左右,但未冻结的。

(3)冻的,即冷却到产品的冰点以下,使产品全部冻结的。

(4)盐腌、盐渍、干制或熏制的。

(5)面上撒糖或糖水的肉及食用杂碎。

不能归入本章任何品目的肉及食用杂碎应归入第十六章,例如:

(1)香肠及类似产品,不论是否烹煮(品目 1601)。

(2)用任何方法烹煮(煮、蒸、烤、炸、炒)及用非本章所列加工方法制作或保藏的肉或食用杂碎,包括仅用面糊或面包屑包裹、加香蕈或用胡椒和盐等调味的肉及食用杂碎,以及肝酱(品目 1602)。

3. 第三章包括鱼、甲壳动物、软体动物及其他水生无脊椎动物

第三章货品与第十六章货品的区别:

第三章物品:活、鲜、冷、冻、干、盐腌或者盐渍、熏及(部分)水煮。所称“冷”,是指产品的温度一般降至 0 ℃左右,但产品尚未冻结的。所称“冻”,是指温度降至产品的冰点以下,使产品全部冻结的。

0307 软体动物包括牡蛎(蚝)、贻贝(海虹、淡菜)、墨鱼、鱿鱼、章鱼、鲍鱼、蜗牛、螺等。0308 水生无脊椎动物如海蜇、海胆、海参等。

第十六章物品:烹煮或未按本章规定方法制作或保藏的鱼、甲壳动物、软体动物及其他水生无脊椎动物(例如,仅用面糊或面包屑包裹的鱼片、煮过的鱼)

4. 第四章为乳品、蛋品、天然蜂蜜及其他食用动物产品

乳品包括:

(1)乳,例如,全脂乳及半脱脂或全脱脂的乳。

(2)奶油。

(3)酪乳、结块的乳及奶油、酸乳、酸乳酒及其他发酵或酸化的乳和奶油。

(4)乳清。

(5)天然乳为基本成分的未列名产品。

(6)黄油及其他从乳制得的脂和油;乳酱。

(7)乳酪及凝乳。

上述第(1)项至第(5)项的产品,除含有天然乳成分(例如,添加维生素或天然盐的乳)外,还可以含有乳品液态运输时为保持其天然浓度而加入的少量稳定剂(例如,磷酸二钠、柠檬酸三钠、氯化钙)及少量抗氧剂或乳中一般没有的维生素。这些乳品还可含有加工所需的少量化学品(例如,碳酸氢钠);成粉状或粒状的乳品可含有防结素(例如,磷脂、无定形二氧化硅）。

★ 本章不包括下列各项：

（一）以乳品为基本成分制成的食品（主要归入品目 1901）。如供婴幼儿食用的零售食用包装食品。

（二）以一种物质（例如，油酸酯）代替乳中一种或多种天然成分（例如，丁酸酯）而制得的产品（品目 1901 或 2106）。

（三）冰淇淋及其他冰制食品（品目 2105）。

（四）酪蛋白（品目 3501）、乳清蛋白（品目 3502）及硬化蛋白（品目 3913）。

5. 第五章包括不可食用的其他动物产品

动物产品归类分析实践：

冻带鱼、野生甲鱼、鲜鱿鱼是否都是鱼？冻带鱼（0303）是鱼；甲鱼是爬行动物，归为 0106；鱿鱼是软体动物，归为 0307。

澳洲龙虾、大闸蟹如何归类？二者都是甲壳动物，归为 0306。

海豚如何归类？海豚属于水生哺乳动物，归为 0106。

生蚝如何归类？生蚝是软体动物，归为 0307。

（二）第二类列表及解释

表 6–4 第二类 植物产品

品目	具体商品
0601	鳞茎、块茎、块根、球茎、根茎，休眠、生长或开花的；菊苣植物及其根，但编号 1212 的根除外
0602	其他活植物（包括其根）、插枝及接穗；蘑菇菌丝
0603	制花束或装饰用的插花及花蕾，鲜、干、染色、漂白、浸渍或用其他方法处理的
0604	制花束或装饰用的不带花及花蕾的植物枝、叶或其他部分、草、苔藓及地衣，鲜、干、染色、漂白、浸渍或用其他方法处理的
0701	鲜或冷藏的马铃薯
0702	鲜或冷藏的番茄
0703	鲜或冷藏的洋葱、青葱、大蒜、韭葱及其他葱属蔬菜
0704	鲜或冷藏的卷心菜、菜花、球茎甘蓝、羽衣甘蓝及类似的食用芥菜类蔬菜
0705	鲜或冷藏的莴苣及菊苣
0706	鲜或冷藏的胡萝卜、萝卜、色拉甜菜根、婆罗门参、块根芹、小萝卜及类似的食用根茎
0707	鲜或冷藏的黄瓜及小黄瓜
0708	鲜或冷藏的豆类蔬菜，不论是否脱荚
0709	鲜或冷藏的其他蔬菜
0710	冷冻蔬菜（不论是否蒸煮）
0711	暂时保藏（例如，使用二氧化硫气体、盐水、亚硫酸水或其他防腐液）的蔬菜，但不适于直接食用的
0712	干蔬菜，整个、切块、切片、破碎或制成粉状，但未经进一步加工的

续表

品目	具体商品
0713	脱荚的干豆，不论是否去皮或分瓣
0714	鲜或干的木薯、竹芋、兰科植物块茎、菊芋、甘薯及含有高淀粉或菊粉的类似根茎，不论是否切片或制成团粒；西谷茎髓
0801	鲜或干的椰子、巴西果及腰果，不论是否去壳或去皮
0802	鲜或干的其他坚果，不论是否去壳或去皮
0803	鲜或干的香蕉，包括芭蕉
0804	鲜或干的椰枣、无花果、菠萝、鳄梨、番石榴、芒果及山竹果
0805	鲜或干的柑橘属水果
0806	鲜或干的葡萄
0807	鲜的甜瓜（包括西瓜）及木瓜
0808	鲜的苹果、梨及榅桲
0809	鲜的杏、樱桃、桃（包括油桃）、梅及李
0810	其他鲜果
0811	冷冻水果及坚果，不论是否蒸煮，加糖或其他甜物质
0812	暂时保藏（例如，使用二氧化硫气体、盐水、亚硫酸水或其他防腐液）的水果及坚果，但不适于直接食用的
0813	编号 0801 至 0806 以外的干果；本章的什锦坚果或干果
0814	柑橘属水果或甜瓜（包括西瓜）的果皮，鲜、冻、干或用盐水、亚硫酸水或其他防腐液暂时保藏的
0901	咖啡，不论是否焙炒或浸除咖啡碱；咖啡豆荚及咖啡豆皮；含咖啡的咖啡代用品
0902	茶，不论是否加香料
0903	马黛茶
0904	胡椒；辣椒干及辣椒粉
0905	香子兰豆
0906	肉桂及肉桂花
0907	丁香（母丁香、公丁香及丁香梗）
0908	肉豆蔻、肉豆蔻衣及豆蔻
0909	茴芹子、八角茴香、小茴香子、芫荽子、枯茗子及蒿子；杜松果
0910	姜、番红花、姜黄、麝香草、月桂叶、咖喱及其他调味香料
1001	小麦及混合麦
1002	黑麦
1003	大麦
1004	燕麦
1005	玉米
1006	稻谷、大米
1007	食用高粱
1008	荞麦、谷子及加那利草子；其他谷物
1101	小麦或混合麦的细粉
1102	其他谷物细粉，但小麦或混合麦的细粉除外
1103	谷物的粗粒、粗粉及团粒

续表

品目	具体商品
1104	经其他加工的谷物（例如，去壳、滚压、制片、制成粒状、切片或粗磨），但编号 1006 的稻谷、大米除外；谷物胚芽，整粒、滚压、制片或磨碎的
1105	马铃薯的细粉、粗粉、粉片、颗粒及团粒
1106	用编号 0713 的干豆或编号 0714 的西谷茎髓及植物根茎、块茎制成的细粉及粗粉；用第 8 章的产品制成的细粉及粗粉
1107	麦芽，不论是否焙制
1108	淀粉；菊粉
1109	面筋，不论是否干制
1201	大豆，不论是否破碎
1202	未焙炒或未烹煮的花生，不论是否去壳或破碎
1203	干椰子肉
1204	亚麻子，不论是否破碎
1205	油菜籽，不论是否破碎
1206	葵花子，不论是否破碎
1207	其他含油子仁及果实，不论是否破碎
1208	含油子仁或果实的细粉及粗粉，但芥子粉除外
1209	种植用的种子、果实及孢子
1210	鲜或干的啤酒花，不论是否研磨或制成团粒；蛇麻腺
1211	主要用作香料、药料、杀虫、杀菌或类似用途的植物或这些植物的某部分（包括子仁及果实），鲜或干的，不论是否切割、压碎或研磨成粉
1212	鲜或干的刺槐豆、海草及其他藻类、甜菜及甘蔗，不论是否碾磨；主要供人食用的其他编号未列名的果核、果仁及植物产品（包括未焙制的菊苣根 Cichorium intybus sativum）
1213	未经处理的谷类植物的茎、秆及谷壳，不论是否切碎、碾磨、挤压或制成团粒
1214	芜菁甘蓝、饲料甜菜、饲料用根、干草、紫苜蓿、三叶草、驴喜豆、羽衣甘蓝、羽扇豆、巢菜及类似饲料，不论是否制成团粒
1301	虫胶、天然树胶、树脂、树胶脂及香树脂
1302	植物液汁及浸膏；果胶、果胶酸盐及果胶酸酯；从植物产品制得的琼脂、其他胶液及增稠剂，不论是否改性
1401	主要作编结用的植物材料（例如，竹子、藤、芦苇、灯芯草、柳条、酒椰叶，已净、漂白或染色的谷类植物的茎秆，椴树皮）
1402	主要作填充或衬垫用的植物材料（例如，木棉、植物毛及大叶藻），不论是否制成有或无支撑材料的层片
1403	主要供制帚、制刷用的植物材料（例如纤维椈纤维、匍匐须芒草及龙舌兰纤维）成绞或成捆
1404	其他编号未列名的植物产品

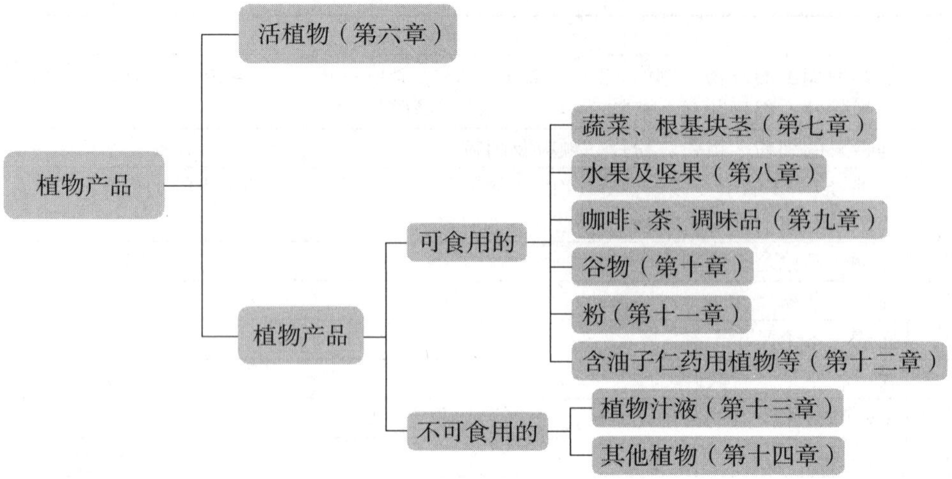

图 6–2　第二类植物产品

第二类植物产品包括活植物和植物产品两大类，从第六章到第十四章。活植物归为第六章，植物产品分为可食用与不可食用两大类，可食用的包括第七章、第八章、第九章、第十章、第十一章和第十二章，不可食用植物产品包括第十三章植物汁液和第十四章其他植物。

1. 第七章

品目不包括：大豆（品目 1201）。

块茎（0714）：日常生活中食用的木薯、甘薯、芋头、山药、藕等。

玉米（1005）不能归为蔬菜。

2. 第八章：水果

0807 鲜的甜瓜

3. 含油子仁

比如大豆、花生、芝麻、葵花子等。这些产品主要用于榨油。

4. 植物药材（1211）

当归、枸杞、田七、菊花等。

5. 品目 1212 的产品

藻类、甜菜、甘蔗、杏仁、莲子等。甜菜、甘蔗主要用于制糖，尽管甘蔗也可以直接当水果食用；杏仁、莲子既不是蔬菜，也不是坚果。

6. 豆类一类是豆类蔬菜，另一类是大豆

大豆的属性和豆类蔬菜的属性不同，主要用于榨油，所以不能归入第七章。生活中豆类蔬菜品种主要有：豌豆、绿豆、赤豆、芸豆、扁豆、蚕豆等。鲜的或者冷藏的，归为 0708；冷冻的，归入 0710；干豆，归入 0713；进一步加工的（如赤豆馅），属于复杂加工，归入第二十章。大豆的品种主要有：黄大豆、黑大豆和青大豆。经过简单加工的归入1201；经过复杂加工，可以作为食品的，归入第二十章2008项下。

第二类产品归类实践：

判断下列产品属性，给出相应的4位品目：

鲜藕、鲜的马铃薯、甜玉米、玉米、卷心菜、紫菜、甜菜、大豆、干绿豆、菊花茶、田七。

鲜藕、鲜的马铃薯的共同点是都长在土壤里，但是鲜藕是根茎类，归为0714；马铃薯不是，归为0701。甜玉米是蔬菜，归为0709；玉米属于谷物，归为1005。卷心菜是蔬菜，归为0704；紫菜是海里生长的，不属于蔬菜，归为1212；甜菜主要用于制糖，不是蔬菜，归为1212。大豆尽管可以用于日常食用，但是主要用于榨油，是含油子仁，归为1201；绿豆属于蔬菜，归为0713。菊花茶、田七都是中药产品，归为1211。

（三）第三类产品列表及解释

表6–5 第三类 动、植物油、脂及其分解产品；精制的食用油脂；动、植物蜡

品目	具体商品
1501	已炼制的猪油、其他猪脂肪及家禽脂肪，不论是否榨取或用溶剂提取
1502	未炼制或已炼制的牛、羊脂肪，不论是否榨取或用溶剂提取
1503	猪油硬脂、液体猪油、油硬脂、食用或非食用脂油，未经乳化、混合或其他方法制作
1504	鱼或海生哺乳动物的油、脂及其分离品，不论是否精制，但未经化学改性
1505	羊毛脂及从羊毛脂制得的脂肪物质（包括纯净的羊毛脂）
1506	其他动物油、脂及其分离品，不论是否精制，但未经化学改性
1507	豆油及其分离品，不论是否精制，但未经化学改性
1508	花生油及其分离品，不论是否精制，但未经化学改性
1509	油橄榄油及其分离品，不论是否精制，但未经化学改性
1510	其他橄榄油及其分离品，不论是否精制，但未经化学改性
1511	棕榈油及其分离品，不论是否精制，但未经化学改性
1512	葵花油、红花油或棉籽油及其分离品，不论是否精制，但未经化学改性
1513	椰子油、棕榈仁油或巴巴苏棕榈果油及其分离品，不论是否精制，但未经化学改性
1514	菜籽油或芥子油及其分离品，不论是否精制，但未经化学改性
1515	其他固定植物油、脂（包括希蒙得木油）及其分离品，不论是否精制，但未经化学改性
1516	动、植物油、脂及其分离品，全部或部分氢化、相互酯化、再酯化或反油酸化，不论是否精制，但未经进一步加工
1517	人造黄油；本章各种动、植物油、脂及其分离品混合制成的食用油、脂或制品，但编号1516的食用油、脂及其分离品除外
1518	动、植物油、脂及其分离品，经过熟炼、氧化、脱水、硫化、吹制或在真空、惰性气体中加热聚合及用其他化学方法改性的，但编号1516的产品除外；本章各种油、脂或其分离品制成的其他编号未列名的非食用混合物或制品

续表

品目	具体商品
1520	甘油、不论是否纯净；甘油水及甘油碱液
1521	植物蜡（甘油三酸酯除外）、蜂蜡、其他虫蜡及鲸蜡，不论是否精制或着色
1522	油鞣回收脂；加工处理油脂物质及动、植物蜡所剩的残渣

★注意事项

第十五章不包括：

（1）品目 0209 的未炼制或用其他方法提取的不带瘦肉的肥猪肉、猪脂肪及家禽脂肪。

（2）黄油及其他从乳提取的脂和油（品目 0405）；品目 0405 的乳酱。

（3）可可油及可可脂（品目 1804）。

（4）油渣（品目 2301）；提取植物或微生物油脂所剩的油渣饼、橄榄渣及其他残渣（油脚除外）（品目 2304 至 2306）。

（5）脂肪酸、精炼所得的酸性油、脂肪醇、甘油（粗甘油除外）、调制蜡、药品、涂料、清漆、肥皂、芳香料制品、化妆盥洗品、磺化油或其他第六类的货品。

（6）从油类提取的油膏（品目 4002）。

（四）第四类产品列表及解释

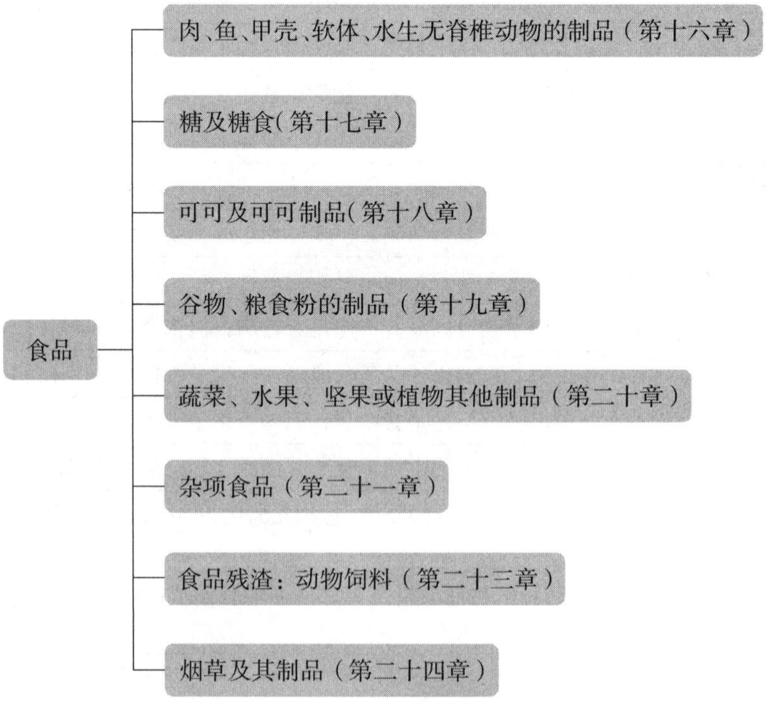

图 6–3　第四类食品

第四类食品包括第 16 章到第 24 章内容。

列表见表 6-6。

表 6–6　第四类食品：饮料、酒及醋；烟草及烟草代用品的制品

品目	具体商品
1601	肉、食用杂碎或动物血制成的香肠及类似产品；用香肠制成的食品
1602	其他方法制作或保藏的肉、食用杂碎或动物血
1603	肉、鱼、甲壳动物、软体动物或其他水生无脊椎动物的精及汁
1604	制作或保藏的鱼；鲟鱼子酱及鱼卵制的鲟鱼子酱代用品
1605	制作或保藏的甲壳动物、软体动物及其他水生无脊椎动物
1701	固体甘蔗糖、甜菜糖及化学纯蔗糖
1702	其他固体糖，包括化学纯乳糖、麦芽糖、葡萄糖及果糖；未加香料或着色剂的糖浆；人造蜜，不论是否掺有天然蜂蜜；焦糖
1703	制糖后所剩的糖蜜
1704	不含可可的糖食（包括白巧克力）
1801	整颗或破碎的可可豆，生的或焙炒的
1802	可可荚、壳、皮及废料
1803	可可膏，不论是否脱脂
1804	可可脂、可可油
1805	未加糖或其他甜物质的可可粉
1806	巧克力及其他含可可的食品
1901	麦精；细粉、粗粉、淀粉或麦精制的其他编号未列名的食品，不含可可粉或按重量计可可粉含量低于 50%；编号 0401 至 0404 所列货品制的其他编号未列名的食品，不含可可粉或按重量计可可粉含量低于 10%
1902	面食，不论是否煮熟、包馅（肉馅或其他馅）或其他方法制作，例如，通心粉、面条、汤团、馄饨、饺子、奶油面卷；古斯古斯面食，不论是否制作
1903	珍粉及淀粉制成的珍粉代用品，片、粒、珠、粉或类似形状的
1904	谷物或谷物产品经膨化或烘炒所得的食品（例如玉米片）；预煮或经其他方法制作的谷粒（玉米除外）
1905	面包、糕点、饼干及其他焙烘糕饼，不论是否含可可；圣餐饼、装药空囊、封缄、糯米纸及类似制品
2001	蔬菜、水果、坚果及植物的其他食用部分，用醋或醋酸制作或保藏的
2002	番茄，用醋或醋酸以外的其他方法制作或保藏的
2003	蘑菇及块菌，用醋或醋酸以外的其他方法制作或保藏的
2004	其他冷冻蔬菜，用醋或醋酸以外的其他方法制作或保藏的
2005	其他未冷冻蔬菜，用醋或醋酸以外的其他方法制作或保藏的
2006	糖渍水果、坚果、果皮及植物的其他部分（沥干、糖渍或裹糖的）
2007	烹煮制成的果酱、果冻、柑橘酱、果泥及果膏，不论是否加糖或其他甜物质

续表

品目	具体商品
2008	用其他方法制作或保藏的其他编号未列名水果、坚果及植物的其他食用部分，不论是否加酒、加糖或其他甜物质
2009	未发酵及未加酒精的水果汁（包括酿酒葡萄汁）、蔬菜汁，不论是否加糖或其他甜物质
2101	咖啡、茶、马黛茶的浓缩精汁及以其为基本成分或以咖啡、茶、马黛茶为基本成分的制品；烘焙菊苣和其他烘焙咖啡代用品及其浓缩精汁
2102	酵母（活性或非活性）；已死的其他单细胞微生物（不包括编号 3002 的疫苗）；发酵粉
2103	调味汁及其制品；混合调味品；芥子粉及其调制品
2104	汤料及其制品；均化混合食品
2105	冰淇淋及其他冰制食品；不论是否含可可
2106	其他编号未列名的食品
2201	未加糖或其他甜物质及未加味的水，包括天然或人造矿泉水及汽水；冰及雪
2202	加味、加糖或其他甜物质的水，包括矿泉水及汽水，其他无酒精饮料，但不包括编号 2009 的水果汁或蔬菜汁
2203	麦芽酿造的啤酒
2204	鲜葡萄酿造的酒，包括加酒精的；编号 2009 以外的酿酒葡萄汁
2205	味美思酒及其他加植物或香料的用鲜葡萄酿造的酒
2206	其他发酵饮料（例如，苹果酒、梨酒、蜂蜜酒）；其他编号未列名的发酵饮料的混合物及发酵饮料与无酒精饮料的混合物
2207	未改性乙醇，按容量计酒精浓度在 80%及以上；任何浓度的改性乙醇及其他酒精
2208	未改性乙醇，按容量计酒精浓度在 80%以下；蒸馏酒、利口酒及其他酒精饮料；制造饮料用的复合酒精制品
2209	醋及用醋酸制得的醋代用品
2301	不适于供人食用的肉、杂碎、鱼、甲壳动物、软体动物或其他水生无椎动物的渣粉及团粒；油渣
2302	谷物或豆类植物在筛、碾或其他加工过程中所产生的糠、麸及其他残渣，不论是否制成团粒
2303	制造淀粉过程中的残渣及类似的残渣、甜菜渣、甘蔗渣及制糖过程中的其他残渣，酿造及蒸馏过程中的糟粕及残渣，不论是否制成团粒
2304	提炼豆油所得的油渣饼及其他固体残渣，不论是否碾磨或制成团粒
2305	提炼花生油所得的油渣饼及其他固体残渣，不论是否碾磨或制成团粒
2306	编号 2304 或 2305 以外的提炼植物油脂所得的油渣饼及其他固体残渣，不论是否碾磨或制成团粒
2307	葡萄酒渣；粗酒石
2308	动物饲料用的其他编号未列名的植物原料、废料、残渣及副产品，不论是否制成团粒
2309	配制的动物饲料
2401	烟草；烟草废料
2402	烟草或烟草代用品制成的雪茄烟及卷烟
2403	其他烟草及烟草代用品的制品；“均化”或“再造”烟草；烟草精汁

★注意事项

第十六章和第二章、第三章及品目 0504 品目所列制作和保藏方式不同。第二章、第三章及品目 0504 品目所列制作和保藏方式鲜、冷、冻、干、熏、盐腌或盐渍。第十六章所列制作和保藏方式蒸、煮、烧、煎、炸、烤。

第十七章和第十八章的区别：不含可可的糖食（包括白巧克力）（品目 1704）；含可可的糖食（品目 1806）。

紫菜类产品归类比较：适合供人食用的紫菜（品目 1212.21）；烤紫菜（2008.9934）；调味紫菜（2008.9934）。

★归类实践：

判断以下产品的加工程度，归入相应的章，并分析应归为第几类。

冻的猪排骨、无锡酱排骨、水煮冷水对虾、水煮冷水对虾虾仁、冷冻水煮的甜玉米粒、金华火腿、韩国泡菜。

冻的猪排骨属于简单加工，归为第二章；无锡酱排骨经过复杂加工，应归为第十六章。水煮冷水对虾是简单加工，归为第三章，对虾虾仁是虾经过去壳，属于复杂加工，归为第十六章。冷冻水煮的甜玉米粒简单加工，归入第七章。金华火腿和韩国泡菜都是用盐腌制加工，对于动物产品，盐腌是简单加工，金华火腿归入第二章；对于蔬菜产品，盐腌是复杂加工，韩国泡菜归入第二十章。

可见，简单加工的动物产品归为第一类，简单加工的植物产品归为第二类，复杂加工的动植物产品归为第四类。

五、几类食品的归类

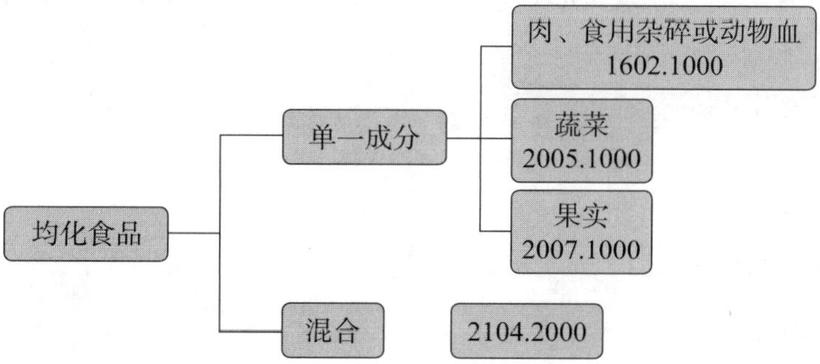

图 6–4　均化食品的归类

（一）均化食品的归类

子目 1602.10 的“均化食品”，是指用肉、食用杂碎、血或昆虫经精细均化制成适合供婴幼儿食用或营养用的零售包装食品（每件净重不超过 250 g）。为了调味、保藏或其他目的，均化食品中可以加入少量其他配料，还可以含有少量可见的肉粒、食用杂碎粒或昆虫碎粒。归类时该子目优先于品目 1602 的其他子目。

品目 2104 所称“均化混合食品”，是指两种或两种以上的基本配料，例如，肉、鱼、蔬菜或果实等，经精细均化制成适合供婴幼儿食用或营养用的零售包装食品（每件净重不超过 250 g）。为了调味、保藏或其他目的，可以加入少量其他配料，还可以含有少量可见的小块配料。

注意：均化食品净重不能超过 250 g。如果净重超过 250 g 就是普通食品，不是均化食品。

（二）茶的归类

1. 茶叶归为 0902。分为未发酵的（绿茶，如龙井、碧螺春等），已发酵（普洱茶），半发酵（乌龙茶，如铁观音）。

分析依据：

0902 茶，不论是否加香料：

10 —— 绿茶（未发酵），内包装每件净重不超过 3 kg

20 —— 其他绿茶（未发酵）

30 —— 红茶（已发酵）及部分发酵茶，内包装每件净重不超过 3 kg

40 —— 其他红茶（已发酵）及部分发酵茶

2. 花茶。如：菊花茶和茉莉花茶。单一成分的植物或者植物某部分制成的茶，归入 1211；以茶为原料，加入精油、人造香精、芳香植物的茶，归入 0902。

★ 分析依据：

1211 主要用作香料、药料、杀虫、杀菌或类似用途的植物或这些植物的某部分（包括子仁及果实），鲜、冷、冻或干的，不论是否切割、压碎或研磨成粉：

20 —— 人参

30 —— 古柯叶

40 —— 罂粟秆

50 —— 麻黄

60 —— 非洲李的树皮

90 —— 其他

12119015 —— 菊花

3. 干水果制成的茶，归入 0813。

4. 以茶为基本成分的制品，归入 2101。

5. 没有茶成分的茶，如果是混合物，可能归入 2106。

（三）种子的归类

第十二章章注三：甜菜籽、草籽及其他草本植物种子、观赏用花的种子、蔬菜种子、林木种子、果树种子、巢菜子（蚕豆除外）、羽扇豆属植物种子，可一律视为种植用种子，归入品目 1209。

但下列各项即使作种子用，也不归入品目 1209：

1. 第七章作蔬菜用的豆类（0713）或甜玉米（0712）；
2. 第九章的调味香料及其他产品；
3. 第十章的谷物；
4. 品目 1201 至 1207 或 1211 的产品。

（四）乳品的归类

1. 乳品的种类

初乳：指奶畜产犊后 7 天内的乳。

生乳：指从符合中国有关要求的健康奶畜乳中挤出的无任何成分改变的常乳。奶畜初乳、应用抗生素期间和休药期间的乳汁、变质乳不得用作生乳。

生乳制品是指由生乳加工而成、加工工艺中无热处理杀菌过程的产品。

乳制品：以乳为主要原料加工而成的食品。包括巴氏杀菌乳、灭菌乳、调制乳、发酵乳、干酪、再制干酪、稀奶油、奶油、无水奶油、炼乳、乳清粉、乳清蛋白粉和乳基婴幼儿配方食品及其生产原料基粉、酪蛋白及其他乳与乳制品（如乳矿物盐和乳蛋白等）。

2.HS 归类

HS 编码的产品属于乳品：0401100000 ~ 0406900000、1901100010、190190000、2106909001、3501100000、3502200000。

生乳：0401

生乳制品：指直接以生乳为主要原料，未经过热处理杀菌过程的乳制品。涉及 HS 编码：0403.0406。

乳制品：

不添加、加糖、加甜物质的奶粉，归入 0402。

以乳为基本成分的奶粉（含乳食品、婴儿配方奶粉等）归入 1901。

非以乳为基本成分的奶粉（如乳蛋白水解配方奶粉、氨基酸配方奶粉、无乳糖配方奶粉等），归入 2106。

干酪（0406）、再制干酪（0406）、稀奶油（0401）、奶油、无水奶油（0405）、炼乳、乳清粉、乳清蛋白粉和乳基婴幼儿配方食品。

（五）粮食制品的归类

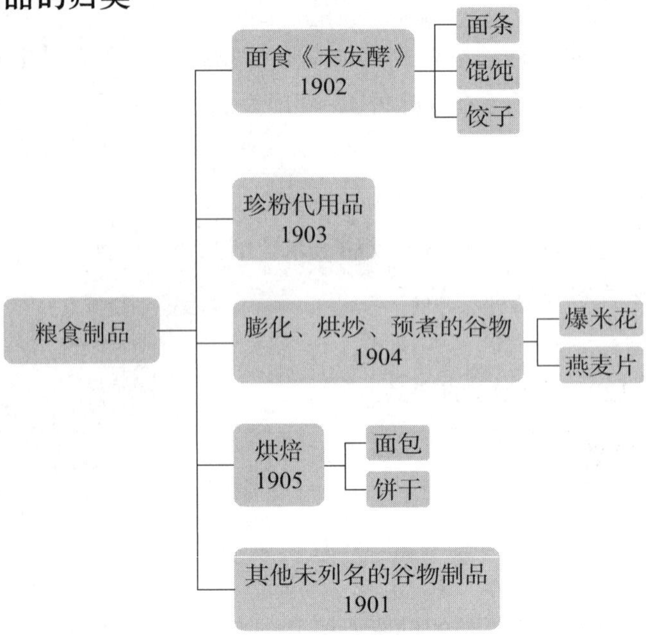

图 6–5　粮食制品的归类

例：包子如何归类？

制作包子，首先面粉经过发酵，然后蒸熟。包子馅料可能是肉馅或者素馅。经过分析，包子的面粉需要发酵，所以不归入 1902，应该归入 1901。如果是肉馅的包子，还应该考虑是否超过 20%，如果超过 20%，应归入第十六章。否则归入 1901。

（六）小麦类产品的归类

1001　小麦及混合麦（+）：

—— 硬粒小麦：

11 —— 种用

19 —— 其他

—— 其他：

91 —— 种用

99 —— 其他

1101　小麦或混合麦的细粉。

1901　麦精；细粉、粗粒、粗粉、淀粉或麦精制的其他品目未列名的食品，不含可可或按重量计全脱脂可可含量低于 40%；品目 0401 至 0404 所列货品制的其他品目未列名的食品，不含可可或按重量计全脱脂可可含量低于 5%：

10 —— 适合供婴幼儿食用的零售包装食品

20 —— 供烘焙品目 1905 所列面包糕饼用的调制品及面团

90 —— 其他

（七）混合食用油的归类

案例：“金龙鱼”食用调和油的归类

商品分析：“金龙鱼”食用调和油，5 L 装，含精制大豆油 94%、葵花子油 6%。

归类分析：金龙鱼的食用调和油，大豆油占 94%、葵花子油占 6%。根据品目 1517 的条文，本章各种动、植物或微生物油、脂及其分离品混合制成的食用油、脂或制品，根据总规则一，应归入 1517。

（八）饮料的归类

佳乐椰子水（2009）

配料表：椰子水 99%，浓缩椰子水 1%。椰子水：新鲜椰子里提取天然汁液。

椰树牌椰汁（2202）

配料：水、鲜椰汁肉、白砂糖、食品添加剂。椰子汁：用新鲜椰子的白色椰肉压榨而成。

分析：2202 加味、加糖或其他甜物质的水，包括矿泉水及汽水，其他无酒精饮料，但不包括品目 2009 的水果汁、坚果汁或蔬菜汁：

10 —— 加味、加糖或其他甜物质的水，包括矿泉水及汽水

—— 其他：

91 —— 无醇啤酒

99 —— 其他

品目 2202 项下饮料的基本特征：

含有人为添加的“额外”水分；可以“直接”饮用；不含有“酒精”成分（或按容量计酒精浓度不超过 0.5%）。

2009 —— 未发酵及未加酒精的水果汁或坚果汁（包括酿酒葡萄汁及椰子水）、蔬菜汁，不论是否加糖或其他甜物质

第二节 进口食品通关

一、进口食品通关流程（见图 6-6）

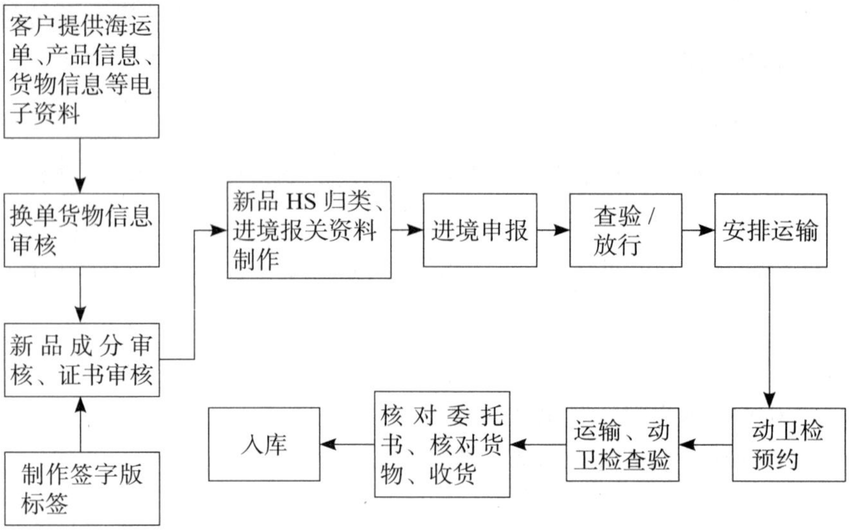

图 6-6 进口食品通关流程

二、案例

1.HS 归类

冰淇淋及其他冰制食品归为品目 2105。

2. 中文标签

进口食品的中文标签应载明产品名称、生产日期、配料表、食品的原产地以及境内代理商的名称、地址、联系方式等内容。进口预包装食品标签的标示内容应符合《食品安全国家标准 预包装食品标签通则》（GB 7718—2011）和《食品安全国家标准 预包装食品营养标签通则》（GB 28050—2011）的要求。

3. 提供以下单证

合同；发票；装箱单；提（运）单；收发货人备案；卫生证书；原产地证书；检测报告；原标签样张及翻译件；中文标签。

其他进口食品特殊单证：自动进口许可证；境外生产企业注册截屏；捕捞证；检验检疫许可证（预核销单）；原产地证；输华证书（乳制品，水产品，肉类）；质检证；检测机构报告；

日本官方防辐射证明：

日本的食品报检时应提供日本政府出具的放射性物质检测合格的证明。根据 HS 明细中的规定，确定是否需要提供防辐射性物质检测合格证明，中国认可日本水制品模板。

比如：日本的食品需要提供官方的原产地正本，并做线路图的翻译；涉及需要享受协定税率的产品，需要提供产地证书。输华乳制品需要提供官方原产地证书。

国外文本的正本（输华证书，植验证书，检测报告）

例：从日本进口水产品（HS 编码：0302110000~0307999090，1212201010~1212209090，1603000090~1605909090）应事先办理检疫审批手续。在《进境动植物检疫许可证申请表》中注明如下信息：在“产地”栏中注明水产品原料养殖地区所在县名称或捕捞区域及其联合国粮农组织渔区编号。在“运输路线”栏中注明加工厂地址及产品运输路线，日本境内运输的，须注明途经县名；经海运的，须注明启运港口。

三、进口乳品的通关流程

1. 进口乳品的通关流程

通关流程具体如下：境外生产企业注册—进出口商备案和合格保证—特定乳品办理进境动植物检疫审批—申报—检验检疫—合格评定合格的，准予进口；合格评定不合格的，责令食品进口商销毁或者退运—进口商建立进口和销售记录并主动报告。

2.HS 归类

以下 HS 编码的产品属于乳品：0401100000~0406900000、1901100010、190190000、2106909001、3501100000、3502200000。

3. 允许进口的乳品名单

可登录 http：//43.248.49.223/index.aspx 查询，该名单动态更新。

4. 办理乳品进口商备案

具体要求及程序可通过以下流程查询：登录海关总署网站—互联网＋海关—办事指南—企业管理和稽查—进口食品化妆品进出口商备案；企业也可按以下流程提出申请：登录中国国际贸易“单一窗口”网站—标准版应用—企业资质—进口食品化妆品进出口商备案。

5. 查询已经获得注册的境外乳品生产企业名单

可通过以下流程查询已获得注册的境外生产企业名单：登录海关总署网站—热点—进出口食品—信息服务—业务信息—进口食品境外生产企业注册信息，该名单持续更新。

6. 办理进境动植物检疫审批

申请办理检疫审批手续的单位应当是具有独立法人资格并直接对外签订贸易合同或

者协议的单位，企业可登录“互联网＋海关”一体化平台（http：//online.customs.gov.cn），进入“动植物检疫”版块办理。

第三节　食品进出口检验

一、水产品检验检疫主要内容

安全卫生风险较高的两栖类、爬行类、水生哺乳类动物、其他养殖水产品、日本输华水产品等进口水产品，需办理检疫审批手续。通过登录“互联网＋海关”一体化网上办事平台办理《进境动植物检疫审批许可证》。

对布控命中货物的现场查验、取样送检、合格评定等环节进行安全把关，如图 6-7 所示。

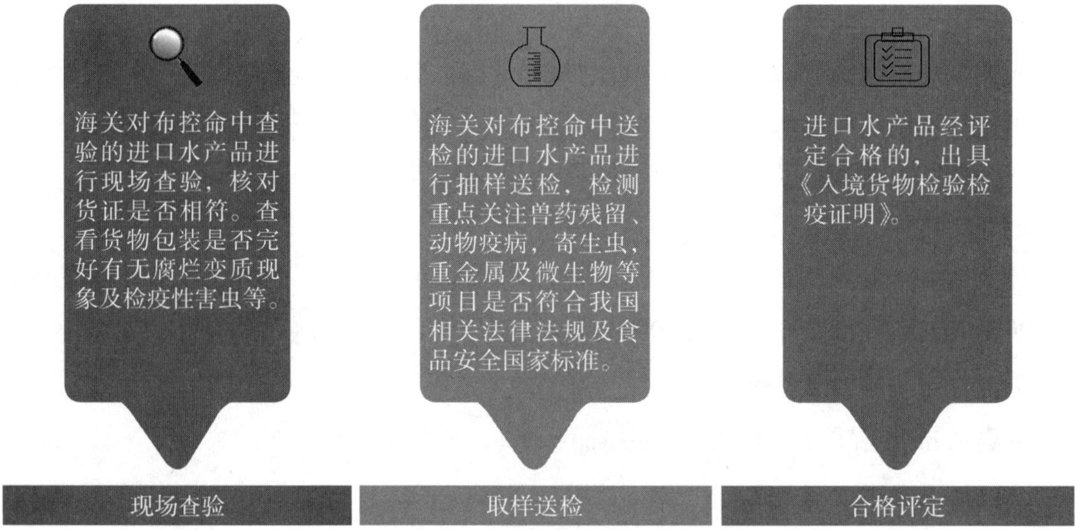

图 6–7　水产品检验检疫

现场查验主要包括以下方面：

1. 看包装、标签、储运情况

一看包装是否整齐、牢固，且包装材料洁净、无异味、无脱色。二看标签，预包装水产品都应有中文标签，看中文标签品名、生产日期、保质期等信息。非预包装水产品看标签是否注明产品名称、生产方式、生产地区等信息。三看储运情况，冷冻水产品运输及贮存温度都应保持在标签上注明的储藏温度或更低的温度条件下，以保证其质量。

2. 感官测评

观其色、形、味。冷冻水产品解冻后，气味新鲜且温和，无腥臭、酸臭味或者像氨水的味道；形态正常，无肉眼可见的外来杂质及霉变等。

二、乳制品进口合规：检验检疫

1. 进口乳品需随附出口国家或者地区政府主管部门出具的卫生证书。证书应当有出口国家或者地区政府主管部门印章和其授权人签字，目的地应当标明为中华人民共和国。卫生证书样本应当经海关总署确认。

2. 进口生乳、生乳制品、巴氏杀菌乳、巴氏杀菌工艺生产加工的调制乳需要办理进境检疫审批手续。

3. 境外生产企业应当熟悉并保证其向中国出口的乳品符合中国食品安全国家标准和相关要求。

（1）首次进口的乳品，应当提供相应食品安全国家标准中列明项目的检测报告。

为进口乳品出具检测报告的检测机构，可以是境外官方实验室、第三方检测机构或企业实验室，也可以是境内取得食品检验机构资质认定的检测机构。

首次进口，指境外生产企业、产品名称、配方、境外出口商、境内进口商等信息完全相同的乳品从同一口岸第一次进口。

（2）非首次进口的乳品，应当提供首次进口检测报告的复印件以及海关总署要求项目的检测报告。非首次进口检测报告项目由海关总署根据乳品风险监测等有关情况确定并在海关总署网站公布（在海关总署进出口食品安全局网站 http：//jckspj.customs.gov.cn 的“信息服务”栏目中查询）。

（3）检测报告应与进口乳品的生产日期或生产批号对应。

（4）对进口乳品检测报告实行证明事项告知承诺制。

三、水果进口合规：检验检疫

以进口缅甸香蕉为例

香蕉到达中国进境口岸时，中国海关按照以下要求实施检疫。

1. 有关证书和标识核查

核查进口香蕉是否获得《中华人民共和国进境动植物检疫许可证》。

核查植物检疫证书是否符合本要求第六条第（五）款的规定。

查包装箱上的标识是否符合本要求第六条第（三）款的规定。

包装要求

（1）每个包装箱上须用中文或英文标注水果名称、国家、产区、果园和包装厂代码等信息。

（2）每个托盘需用中文或英文标出“输往中华人民共和国”或“Exported to the People’s Republic of China”。如果没有使用托盘，则每个包装箱上也需标注同样的内容。

（3）如使用木质包装，须符合国际植物检疫措施标准第 15 号（ISPM 15）相关要求。

2. 进境检验检疫

（1）输华香蕉应从 GACC 允许进口水果的口岸进境。

（2）根据有关法律、行政法规、规章等规定，对进口香蕉实施检验检疫，经检验检疫合格的，准予进境。

3. 不符合要求的处理

如发现来自未经中方认可的果园、包装厂，或者检查到有成熟的香蕉，或者带有枝、叶和土壤等，则该批香蕉不准进境。

如截获中方关注的检疫性有害生物，则对该批货物作退回、销毁或其他有效的检疫除害处理。中方将立即向缅方通报，并视情况暂停从相关产区或包装厂进口香蕉。缅方应查清原因，督促相关企业进行整改，直到再次满足中方相关要求。

如发现农用化学品及其他有毒有害物质残留超标，则该批水果作退回或销毁处理。中方将立即向缅方通报，并视情况暂停从相关产区或包装厂进口香蕉，缅方应查清原因，督促相关企业进行整改，直到再次满足中方相关要求。

四、肉制品进口合规：检验检疫

（一）入境前准备

海关要对进口肉类收货人及境外出口商、代理商的经营资质进行确认并备案，保证食品来源可追溯。企业应确认其进口的肉类产品品种、原产国及境外生产加工注册企业均列入《符合评估审查要求的国家或地区输华肉类产品名单》，海关总署对该名单实施动态管理。此外，企业应当在贸易合同签订前，在直属海关办理进口肉类产品的检疫审批手续，取得进境动植物检疫许可证。

（二）入境时查验

当进口肉类产品到达口岸后，海关依法对进口肉类产品实施检疫，并根据监督管理需要，对进口肉类实施现场查验。海关对进口肉类进行抽样检验，采样送实验室检测，经检验检疫合格的肉类在进口报关后，海关签发入境检验检疫证明；经检验检疫不合格的，特别是涉及安全、卫生、环保项目的，海关出具检疫处理通知书，对货物作退回 / 销毁处理。

实验室检测项目：实验室工作人员依据国家标准、风险警示通报以及许可证要求对样品进行检测，进口肉类主要的检测项目包括兽药残留、真伪鉴别、微生物和一般理化检测等。

企业应在进口肉类指定口岸、进口肉类指定查验场、进口肉类指定监管作业场地配合落实进口肉类产品的检验检疫工作。(《进口肉类指定口岸 / 查验场名单》《进口肉类指定监管作业场地名单》可在海关总署官网查询)

(三)入境后监管

一旦发生进口肉类不符合法律法规和食品安全国家标准或者有证据证明其可能危害人体健康的情况,进口商应及时进行召回,并将召回、通知和处理情况报所在地海关。

表 6-7 肉类产品进口相关的证明

证明	解释	发证部门
入境货物检验检疫证明	经检验检疫合格的,海关签发《入境货物检验检疫证明》,准予该批货物生产、加工、销售、使用。《入境货物检验检疫证明》将注明进口肉类产品的集装箱号、生产批次号、生产厂家名称和注册号、唛头等追溯信息	企业进口报关时所填写的领证地海关
进境动植物检疫许可证	申请单位应当是具有独立法人资格并直接对外签订贸易合同或者协议的单位。应当在签订贸易合同或者协议前,通过"互联网 + 海关"(http://online.customs.gov.cn/)的"动植物检疫"模块向海关提出申请,并取得《中华人民共和国进境动植物检疫许可证》	海关总署或授权的直属海关
兽医卫生证书	进口货物应随附输出国家或地区官方出具的卫生证书,并加盖官方印章及官方兽医签名,目的地须标明为中华人民共和国,从而证明其产品符合中国法律、法规和食品安全国家标准的要求,中国与输出国家或地区签订的相关协议、议定书、备忘录等规定的检验检疫要求以及贸易合同注明的检疫要求	肉类输出国家或地区主管机构
自动进口许可证	税号监管证件代码为"7"的进口肉类产品须提供《自动进口许可证》。自动进口许可证是指商务部授权发证机构依法对实行自动进口许可管理的货物颁发的准予进口的许可证件。企业进口报关时免于交验纸质自动进口许可证,录入自动进口许可证号后通过自动进口许可证联网核查方式验核电子许可证,不再进行纸面签注	商务部授权发证机构
原产地证	优惠贸易协定项下的进口肉类产品可提供相关优惠贸易协定原产地管理办法所规定的原产地证书和原产地声明,从而享受协定税率	与我国签订优惠贸易协定国家的指定签证机关

资料来源:杨卫海,赵晓莉.肉类产品进口涉及的那些"证"[J].中国海关,2021(3)。

五、水果出口检验检疫

以我国香梨出口美国为例。

（一）出口前检疫和出证

出口企业和注册包装厂应将出口计划通知当地海关，并声明货物已满足报关规定。海关将核实香梨是否来自注册果园和包装厂，对每批货物进行检查。海关关员将从每批货物中随机抽取150个果逐一进行检查，检查是否存在有害生物或有害生物为害状，所有为害果或可疑为害果须剖果检查，且每批香梨剖果数量不少于30个，以检查是否感染蛀果害虫，必要时借助放大镜或其他检查工具进行检查。在检查过程中如发现活体检疫性有害生物，该批货物不允许再处理、重新取样、不得输美。检查发现的有害生物如不能鉴定到种，或不能确定检疫地位，或不能判定其具检疫重要性的，该批货物不得输美。检查过程中如发现叶片、枝条等其他非检疫性污染源的香梨，可进行再加工，重新取样并再次进行出口检查。

记录检验检疫结果、样品溯源信息、取样量、剖果量，以及发现的害虫和病症（如有）。记录必须保存至少一年，或保存到下一个出口季节结束，并应要求向APHIS提供。只有通过检查并符合出口条件的香梨方可出口，并出具植物检疫证书。

无有害生物、残体或其他污染物。如果使用木质包装材料（包括木制托盘），须按照国际植物检疫措施标准第15号《国际贸易中木质包装材料的管理》（ISPM15）进行处理和标记。在装运过程中，应尽量减少集装箱受污染的可能性，例如，装运区域应清洁，无杂草；装箱时，集装箱应与包装车间密封良好；如可能，装运最好不要在夜间灯光下进行，以免灯光吸引飞虫。装好货的集装箱在出口前必须在GACC的监督下用封条或封签扣进行密封。

植物检验证书要求。经检疫合格并符合出口条件的香梨，中国海关出具植物检疫证书，并在附加声明中标注“All fruit in the consignment complies with the bilateral workplan for the exportation of fragrant pears（Pyrus sinkiangensis）from the People’s Republic of China.”（该批货物符合中国香梨出口美国双边工作计划）。

（二）入境美国要求

1. 有关证书和标识核查

美方检查是否按规定出具植物检疫证书，包装箱上是否按规定加施标识。

2. 植物检疫

所有香梨在运抵美国时，将在入境口岸进行通关检查，包括感观检查和剖果检查，以核实不带检疫性有害生物。

3. 不符合要求的处理

如果在入境美国通关过程中发现任何活体检疫性有害生物，APHIS 将遵照双方于 2012 年签署的《新鲜水果截获检疫性有害生物处理程序谅解备忘录》处理。发现卫生安全隐患或货证不符可能导致延迟通关，如未能解决，该批货物将被拒绝入境。

第四节　申报要求

根据《中华人民共和国进出口税则》品目条文与子目录。

一、第三章 0301—0307 填写要求

（一）产品知识

1. 水产食品原料

主要指在海洋和内陆水域中有经济价值的水产动物和水产植物。水产动物有鱼、虾、贝、蟹、海参等。水产植物主要是藻类，如海带、紫菜、裙带菜、螺旋藻等。

2. 水产品的主要加工方法

水产品主要的加工方法是：冷冻、干制、腌制烟熏和罐藏加工等。加工产品主要有冷冻或速冻产品、鱼干制品、罐头制品、腌制烟熏制品和鱼糜类制品。

（二）填报要求

拉丁名称（需要规范）：

如：银鳕鱼的拉丁名称如何填写？

二、第四章 0401—0404、0406—0408、0410 填写要求

（一）产品知识

目前常见的牛乳加工制品有：市乳（灭菌乳）、酸牛乳、炼乳、乳粉、冰淇淋、奶油、干酪、干酪素和乳糖等。下面介绍一些常见的乳制品加工工艺。

1. 市乳

以新鲜牛乳为原料，经过离心净化、标准化、均质、杀菌和冷却，以液体罐装，供给消费者饮用。普通市乳采用巴氏杀菌。市乳种类很多，根据脂肪含量可以分为：全脂乳、高脂乳、低脂乳和脱低脂乳。按营养分为普通市乳、强化乳和调制乳。按功能性分为高蛋白乳、低乳糖乳、低盐乳和免疫乳。按风味分：可可奶、咖啡奶、果汁奶等，这些都是含

乳饮料。

2. 酸乳的加工

酸乳是指以牛乳为原料，添加适量的砂糖，经巴氏杀菌后冷却，再加入乳酸菌发酵剂经保温发酵而制得的产品。

3. 乳粉

根据所用原料、原料处理及加工方法不同，乳粉分为全脂乳粉、脱脂乳粉、加糖乳粉、配制乳粉和速溶乳粉等。

全脂乳粉，指新鲜牛乳标准化后，经杀菌、浓缩、干燥等工艺加工而成。在室温下一般只能保藏 3 个月。

脱脂乳粉，用离心的方法将新鲜牛乳中的绝大部分脂肪分离去除后，经杀菌、浓缩、干燥等工艺加工而成。可用于制作面包、点心等。

加糖乳粉，指新鲜牛乳经标准化后，加入一定量的蔗糖，再经杀菌、浓缩、干燥等工艺加工而成。

配制乳粉，指在牛乳中添加某些必要的营养物质后再经杀菌、浓缩、干燥等工艺加工而成。孕妇乳粉、中老年乳粉都属于配制乳粉。

速溶乳粉，将全脂牛奶、脱脂牛乳经过特殊的工艺操作而制成的乳粉，具有良好的溶解性。

4. 再制乳

又称复原乳，是指将全脂乳粉、浓缩乳、脱脂乳粉和无水奶油等原料，经混合溶解后制成与牛乳成分相同的饮用乳。

5. 干酪

又称乳酪，是以乳、稀奶油、脱脂乳或部分脱脂乳、酪乳或这些产品的混合物为原料，经凝乳酶或其他凝乳剂凝乳，并排除乳清后而制得的新鲜或发酵成熟的产品。

6. 炼乳

指原料乳经过减压浓缩除去大部分水分后制成的产品。

7. 乳清粉

乳清是生产干酪或干酪素时的副产品。乳清粉是将乳清干燥后制得的粉状物。

8. 含乳饮料

指以鲜乳或乳制品为原料，经发酵或未经发酵加工制成的制品。

9. 冰淇淋

以奶油为主体，添加乳及乳制品、水、砂糖、香料及稳定剂冻结而成的冰冻制品。

（二）填报要求

1. 乳制品

制作或保存方法。

2.0410 的申报要求

（1）用途：食用。

（2）价格申报要素。

品种。

外形：指加工后的燕窝的外形。如：可填写“燕盏”“燕碎”等。

含水量：指燕窝产品的含水量。如：可填写“含水量 5%”。

三、第八章　水果、坚果

以樱桃为例（0809.2900）。

价格要素：等级；品种；品牌、尺寸。

四、第九章　茶

0902 茶。

1. 制作或保存方法

未发酵、半发酵、已发酵

2. 内包装每件净重

五、第十章　谷物

归类申报要素。

粒长：指单位稻米或大米的长度，可以表示为一个数值，也可以表示为一个范围，例如可填写“粒长：6~7 mm”。

长度比：指单位稻米或大米的长度与宽度之比。例如子目可填写“长宽比：3”。

六、第十二章　含油子仁等

1201 大豆。

归类要素：

（1）种类；

（2）是否种用；

（3）转（非转）基因请说明。

价格要素：蛋白含量；油含量。

七、第二十一章　杂项食品

椰子汁。

归类要素：是否可直接饮用（不可直接饮用）、和市场上喝的饮料不同。

八、第二十二章　饮料、酒

（一）产品知识

发酵酒：以粮谷、水果、乳类等为主要原料，经发酵或部分发酵酿制而成的饮料酒。进口发酵酒主要包括葡萄酒、啤酒。

葡萄酒：以鲜葡萄或葡萄汁为原料，经全部或部分发酵制成的，含有一定酒精度的发酵酒。

啤酒：以麦芽、水为主要原料，加啤酒花，经酵母发酵酿制而成的、含有二氧化碳的、起泡的、低酒精度的发酵酒。

（二）葡萄酒进口的申报要素

1. 品名（中文及外文名称）

品名需同时填报中文和外文名称，葡萄酒的品名一般都为“××××酒庄干红/甜白”等，前面为酒庄名字，后面的为葡萄酒的类别，干型或甜型，红葡萄酒或白葡萄酒等。

2. 加工方法

指商品加工过程中具体采用的办法。例如22041000的葡萄酒填写的是“鲜葡萄酿造”；税目2207商品填写“未改性”或“改性”。

3. 酒精浓度

是指按容量计酒精的百分含量，用“%vol”表示，根据酒标填报。

4. 级别

指酒的档次的区分。欧洲葡萄酒存在法定分级与行业协会分级，例如法国有AOC、IGP、VDF，意大利有DOCG、DOC、IGT、VDT。如果没有级别的划分则填写“无级别”。

5. 年份

指用来酿造葡萄酒的葡萄的收获年份，而不是酒的瓶装年份。在酒标上，一般都会写有这瓶酒的年份。也有很多葡萄酒是没有年份注明的，比如香槟、雪莉酒等，是通过混酿调配得来的。如未标明年份，申报为“无”。

6. 产区（中文及外文名称）

指酒标上标示的葡萄酒的产区，须同时报中文及外文名称。在法国、意大利等国家，产区通常是伴随着等级一起写的。填最小产区。

7. 酒庄名（中文及外文名称）

指生产或者储存酒的酒庄名称，需同时报中文及外文名称。

8. 葡萄品种（中文及外文名称）

指酿制葡萄酒的具体葡萄品种名称，需同时报中文及外文名称。澳、美等生产国规定，一瓶酒中含某种葡萄 75% 以上，才能在瓶上标示该品种名称；德、法等国家则规定，酒标上如果出现某种葡萄品种名称时，表示该酒至少有 85% 是使用该种葡萄所酿造的。

9. 包装规格

指单个商品的数量或者重量，应注明具体包装和规格。

零售包装酒，注明：单位包装容量 × 每包装单位数 / 包装单位，如 750 毫升 / 瓶 ×6 瓶 / 箱。

散装非零售包装酒，注明：× 升 / 桶或 × 升 / 集装箱罐。

10. 原液进口或原瓶进口的请注明

指葡萄酒进口时的包装状态。

原液进口，是指将国外散装葡萄酒装在大桶或袋中，进口运输到国内灌装地后，再进行灌装分瓶。

原瓶进口，是指一瓶酒，从葡萄的种植、采摘、榨汁、发酵、窖藏、酒液装瓶及内外包装均在国外产区全部完成后，再报关进入中国进行销售。

11. 原液进口的请注明灌装地点，原瓶进口的请申报商标情况

原液进口的，须注明灌装地点，是保税区内加工或分装，还是保税区外加工或分装。

原瓶进口的，须申报商标情况，有商标权进口的注明所属品牌的中文及英文商标，入区时无品牌不含商标权进口后贴商标的则注明“小标进口”。

价格要素：级别、年份、产区、酒庄名、葡萄品种、进口方式。

九、第五章　生产型企业关务合规管理

合规管理指合乎规定、遵守法律规则之意，是一个经营主体为防控风险所采取的措施总和。企业关务合规管理，是指遵从我国及海外业务所在国（地区）海关等进出口监管职能部门适用的法律法规，建立符合其要求的关务合规管理体系并推行的总称。

在日常工作中，关务合规主要分三个方面：一是必须充分知晓并遵守海关法律法规，规范操作企业各项进出口关务工作；二是对企业经营活动中可能涉及的各类海关事务风险进行预先评估和防控，对已涉及的各类企业海关事务问题进行有效的响应和解决，以实现进出口企业低风险持续运营；三是积极应对海关稽查、核查等工作，定期对进出口报关业

务进行审计复盘，用好“主动披露”等工具帮助企业及时止损。

★ 生产型企业做好关务合规管理的措施：

1. 企业法人、日常经营管理者等企业高管要充分重视并亲自参与到关务合规建设当中来，定好成本控制和风险平衡的基本盘。企业高管要按要求参加海关业务培训，及时了解、加深掌握相关管理规定，听取关务合规工作的开展情况，给予海关事务运行工作有力支持。因为企业一旦因违规违法受到海关行政或刑事处罚，企业高管也可能需要承担相应的法律责任，企业正常经营将遭受影响。

2. 建设强有力的关务团队。关务管理者应有一定的海关事务管理权限。具备风险意识的关务管理人员应及时对下属汇报的关务异常作出快速决断，掐灭冒头的违规火苗，用事后追溯机制追责改善。关务人员要保持对海关法律法规的敬畏之心，持续学习，不断精进。执行各关务环节之间的定期交叉审核，建牢合规防线；开展关务团队自省自纠，防微杜渐、防患于未然。要持续关注海关总署及属地海关的最新政策条文，积极参加海关的政策解读会、行业协会的业务培训及同行交流座谈会等，不断提升业务水平，扩大关务朋友圈。

3. 进出口企业应逐步完善关务工作流程，不留任何关务风险死角。生产型企业可将进出口流程并入生产管理系统，如 ERP、SAP 等系统，做到进出口数据的准确可追溯。有能力的企业可借助《海关高级认证企业标准》，构建企业供应链端、信息安全端、物流管理端等的标准化管理，对各类风险进行有效控制，帮助企业有效防范。毫不夸张地说，生产型企业的关务部门面临着来自采购、物流、销售、生产等各个环节的风险，相关环节的工作失误可能最终会体现在关务合规问题上。因此，有必要不断强化内部职能部门的知法守法意识，做好警示教育。

4. 要充分利用或借助海关业务部门、代理服务企业等资源，达到关务合规高效能、低风险的双保险效果。要向代理服务企业明确委托方守法合规经营的坚决立场，建立透明互信的合作机制，约定共担风险的合作条款。企业关务出现拿不准、吃不透的海关事务，如减免税项目申报、复杂商品编码归类等问题时，要主动寻求海关业务部门、代理服务企业等的专业指导，达到少走弯路、合规申报的目的。要善于借助代理服务企业客观公正的视角，认真审视企业自身不足，补短板、强弱项、固优势，逐步打造关务合规管理体系。

第五节　案例分析

案例一：水果进口报关流程

案例目的：从进口前、进口环节讨论进口水果的风险。

合规风险规避。

（一）进口前：

1. 是否符合准入要求（可查：获得我国检疫准入的新鲜水果种类及输出国家地区名录，网址：http：//dzs.customs.gov.cn/dzs/2746776/3062131/index.html）。

2. 进口企业需要了解拟进口的水果是否在允许的进口水果名录之内。

有的国家新鲜水果可以进口，但是冷冻的不一定能进口。如泰国的芒果。

3. 进口企业签订拟进口口岸商检进口水果指定监管场地。

检验检疫要在合同签订前办理，申请办理检验检疫的单位应当为具有独立法人资格并直接对外签订贸易合同或者协议的单位。

进境动植物检验检疫许可证自签发之日起一年内有效，有效期可在许可证范围内分批进口，可以跨年度使用。应注意仅能从许可证批复的进境地点进口。

首次申请的企业，提交注册的信息经企业所在地直属海关审核通过后即可向进口口岸所在地直属海关申请检疫许可证。申请企业按要求填写申请单并上传随附单证，首次申请的需填写“本公司为本年度新备案企业”。

直属海关受理人员接到随附单证后，与网上电子申请表核对，提交到审核人员，一般 5 个工作日，审核人员将符合要求的申请表提交到终审人员，不符合要求的注明原因退单，初审合格后，海关总署自受理初审之日起 20 日内，做出准予许可或不准予许可的决定。

（二）进口环节：清关时需要提供相应的单证、查验、送货。

进口申报：清关（具体单证要求）；查验；送货。

1. 清关时需要提供以下单证资料

贸易合同；商业发票；装箱清单；载货清单；提（运）单；到货通知书；标签；进境动植物检疫许可证；对方国家原产地证书；对方国家动植物检疫证书以及需要提供的其他进出口单证。

2. 查验的内容

核实品种是否与许可证的内容相符，数量是否超过许可的数量，是否夹带未经审批的水果种类等。

用集装箱装运的，应在证书上体现集装箱号，证书的收货人和已办理的进境动植物检疫许可证上的收货人和签订合同者三者一致。

水果包装箱上必须加贴标签，内容注明水果名称、产地、出口到中国、出口商名称、包装厂厂号及果园编号。

水果不应该带土壤、枝、叶，以及中国关注的病、虫、杂草等危险性有害生物。水果中的农药残留、重金属等有害物质的含量应符合中国标准。

案例二：乳品合规

（一）进口前：乳品准入－国家、工厂、产品

1. 允许输华乳制品国家/地区准入

国家评估：实行评估管理。对出口国家/地区的食品安全体系和食品安全状况进行评估，并根据进口乳品安全状况及监督管理需要进行回顾性审查，经风险评估在可接受范围内的，确定相应的检验检疫要求，包括相关证书和出证要求，允许其符合要求的乳品向中国出口，双方签署议定书确认检验检疫要求。

2. 境外生产商注册登记

生产商和产品都实行注册管理，并在国家认证认可监督管理委员会和海关总署网站公布。只有在公布名单内的企业和对应的产品才能向中国出口。

3. 境外出口商、代理商备案

境外出口商、代理商实行备案管理。向海关总署申请备案。

4. 境内进口商备案

实行备案管理。需要配备食品安全专业技术员、管理人员并制定保障食品安全的规章制度，向公司注册地所在海关备案。

5. 进境动植物审批

产品实行审批管理。包括生乳、生乳制品、巴氏杀菌乳。

（二）进口环节

1. 乳品的进口文件

（1）贸易单据：运输单、发票、装箱单、合同、自动进口许可证、品牌授权文件。

（2）准入文件：生产商注册号、进境动植物检验检疫审批单。

（3）企业资质：出口商备案号、进口商备案号、进口商营业执照、使用单位营业执照、食品流通许可证、食品加工许可证、中国土畜进出口商会备案等。

（4）产品品质：输华乳制品证书、原产地证、产品检测报告（首次/非首次）、加工工艺、配料表、罐装证明、首次进口文件等。

（5）标签：英文标签、英文标签翻译件、中文标签、中文标签加贴位置。食品标签中强调某一内容，如获奖、获证、地理标识及其他内容的，或者强调含有特殊成分的，应提供相应证明材料；标注营养成分含量的，应提供符合性证明材料。

2. 最重要的两份文件是：检测报告和输华乳制品证书

（1）产品检测报告

首次进口的乳品，应当提供对应生产批次或生产日期的食品安全国家标准中列明

项目（包括污染物和真菌毒素）的检测报告。首次进口是指无论之前是否有进口记录，自 2013 年 5 月 1 日起境外启运的境外生产企业、产品名称（包括产品品牌）、配方、境外出口商、境内进口商等信息完全相同的乳品从同一口岸（指同一直属关辖区）第一次进口。

非首次进口的乳品，应当提供首次进口时提交的检测报告和报关单的复印件，以及海关总署公告中规定项目的检测报告（如为外文原件，应随附中文翻译件），以及海关总署要求项目的对应生产批次或生产日期的检测报告。

（2）向中国出口的乳品，应当有出口国家或者地区政府主管部门出具的卫生证书

证书应当证明下列内容：

乳品原料来自健康动物；

乳品经过加工处理不会传带动物疫病；

乳品生产企业处于当地政府主管部门的监督之下；

乳品是安全的，可供人类食用。

证书签名及印章：证书应当有出口国或者地区政府主管部门印章和其授权人签字，目的地应当标明为中华人民共和国。

证书样本应当经海关总署确认，并在海关总署网站公布。

（三）婴幼儿配方乳粉

婴幼儿奶粉是监管最严格的乳品。对婴幼儿配方乳粉有以下几个特殊要求：

1. 婴幼儿配方乳粉、特殊医学用途配方食品其产品配方需经市场监管总局注册，获得相应的注册证书。

2. 进口婴幼儿配方乳粉，其报关日期到保质期截止日不足 3 个月的，不予进口。

3. 严禁进口大包装婴幼儿配方乳粉到境内分装，进口的婴幼儿配方乳粉必须已灌装在向消费者出售的最小零售包装中。

4. 中文标签必须印制在最小销售包装上。

（四）需要进境检疫审批的牛奶

办理检疫审批手续的进口乳品，应当在取得《中华人民共和国进境动植物检疫许可证》后，方可进口。

须办理检疫审批手续的进口乳品种类包括以下三种：

生乳，涉及 HS 编码：0401100000、0401200000、0401300000；

生乳制品，涉及 HS 编码：0403100000、0406100000、0406200000、0406300000、0406400000、0406900000；

巴氏杀菌乳或巴氏杀菌工艺生产的调制乳，涉及 HS 编码：0401100000、0401200000、0401300000。

注意：超高温瞬时灭菌（UHT）工艺的乳品不需要审批。

上述HS编码仅指须办理检疫审批手续的进口乳品种类涉及的HS编码，并不指使用该HS编码的所有进口食品均须办理检疫审批手续，还应依据产品的加工工艺进行综合判定。

巴氏杀菌工艺生产加工：巴氏杀菌一是杀死所有引起人类疾病的致病菌；二是尽可能地破坏会影响产品味道和保质期的微生物及酶等其他成分，以保证产品的质量。巴氏杀菌采用的热处理条件温和，对牛奶的营养物质破坏少，能最大限度地保持鲜牛奶的营养含量和良好口感，是一种既能达到消毒目的又不损坏食品品质的方法。

目前采用的加热杀菌形式主要有：

1. 低温长时间杀菌法。使牛乳的温度升至62~65 ℃并保持3 min，能杀死所有的致病菌，是最基本的方法。

2. 高温短时间杀菌法。用管式或板状热交换器使乳在流动的状态下进行连续加热处理的方法。加热条件是72~75 ℃，15~20 s，杀菌效果不次于低温方式。

3. 超高温瞬时灭菌（UHT）工艺。超高温灭菌的方法采用超高温瞬时灭菌，即物料在连续流动的状态下通过热交换器加热到130~150 ℃保持几秒，达到商业无菌水平。由于杀菌时间短，产品风味、性状和营养价值与普通杀菌乳相比无差异。

表6–8　几种乳品对比

商品及编码	巴氏杀菌乳（0401）	灭菌乳（0401）	调制乳（0401；0402）
进境检疫审批	审批	—	巴氏杀菌工艺生产加工（审批） UHT工艺 - 不审批
名称	鲜牛（羊）奶 鲜牛（羊）乳	1. 超高温灭菌乳标注“纯牛（羊）奶”“纯牛（羊）乳” 2. 全部乳粉生产标注：复元奶；复元乳 3. 部分添加乳粉“含*%复元奶”“含*%复元乳”	1. 超高温灭菌乳标注“纯牛（羊）奶”“纯牛（羊）乳” 2. 全部乳粉生产标注：复元奶；复元乳 3. 部分添加乳粉“含*%复元奶”“含*%复元乳”
配料	—	—	可加入食品添加剂及营养强化剂
保质期	短	长	长

案例三：进口冷冻肉类产品申报要素

（一）进出口商备案号。进口肉类产品的境外出口商或者代理商应当向海关总署备案，境内进口商应向住所地海关备案。已经备案的进口商，方可办理肉类产品进口手续。申报时，企业应在“企业资质”项下如实填写进出口商备案号。

（二）境外生产企业在华注册编号。

（三）《中华人民共和国进境动植物检疫许可证》（以下简称《进境动植物检疫许可证》）。海关对进口肉类产品实行检疫审批制度。进口肉类产品收货人应当在签订对外贸易合同或者协议前，向海关申请办理进境动植物检疫审批手续。海关对符合进口要求的肉类产品，签发《进境动植物检疫许可证》。在进口申报时，企业应在报关单“产品资质”项下“进境动植物检疫许可证”证书栏（许可证类别代码 325）规范填写所取得的进境动植物检疫许可证号、核销货物序号以及核销数量。

（四）《自动进口许可证》。《自动进口许可证》是商务部授权发证机构依法对实行自动进口许可管理的货物颁发的准予进口的许可证件。在进口肉类产品中，实行自动进口许可管理的产品主要有牛肉、羊肉、猪肉及副产品，其监管证件代码为“7”，通过税号可查询到相应监管条件要求。例如，0202.2000 冻带骨牛肉、0203.2190 其他冻整头及半头猪肉、0204.4200 冻带骨绵羊肉等均需要办理《自动进口许可证》。申报时，企业在报关单“随附单据”代码栏填报相应的监管证件代码“7”，在编号栏填报自动进口许可证号。

（五）规范申报要素。根据《中华人民共和国海关进出口货物报关单填制规范》及相应规范申报目录的要求，企业申报进口肉类产品时，应在“规格型号”栏根据产品类型，按照相应编码规范填报申报要素，包括归类要素、价格要素以及其他要素。例如，进口商品编码范围为 0202.1000 ~ 0202.3000 的冻牛肉产品，企业应填报的归类要素包括：品名；制作或保存方法（冻）；加工方法（整头、半头；带骨、去骨）。应填报的价格要素包括：牛肉部位（如眼肉、腱子肉等）；包装规格；英文品名；品牌（中文或外文名称）；厂号；级别（A 级、B 级等）；饲养方式（草饲、谷饲等）；签约日期；加工程度（粗细、精修）等。

填报示例为：0202300090 冻去骨牛肉精修牛前腱 4|3| 冻 | 非整头非半头，去骨 | 牛腱子肉 |19 ~ 35 kg/ 箱，非零售包装 |FROZEN BONELESS BEEF SHIN| 品牌：COLES| 厂号：648，加工厂 | 无级别 | 草饲 |20200728| 加工程度：精修。

资料来源：杨卫海，赵颖洁 . 进口冷冻肉类产品如何申报［J］. 中国海关 .2023（1）

案例四：肉类进口流程

（一）进口前

查准入政策（产品准入、生产工厂是否在准入名单）；生产商资质；食品发货人备案（贸易商）。

肉类进口商进口资质比较高：

有进出口权；有食品经营许可证；营业执照注册资金在 500 万以上，经营范围包括农产品、食品；向质检总局申请肉类收货人备案，向直属海关添加进口食品收货人备案（需要勾选肉类产品项目）。需要向中国食品土畜进出口商会申请大宗农产品（牛肉、猪肉、羊肉）备案，向商务委员会申请 7 证，进境动植物检验检疫系统给予配额。

（二）进口环节

单证以及清关流程烦琐，无专人负责。比如：海运单可能存在毛重和仓单清单不一致。

卫生证书的准确性如何检索？证书没有问题，但是海关会说电子信息不符，通关不便利。可以求专门的报关业务公司，通过电子信息联网查阅电子信息，及时海外更改。

报关需要以下资料：发票，箱单，海运单，合同，输华肉制品证书（特殊），产地证，标签。

清关环节三种形式查验：

海关放行，80% 审单放行，20% 动检。

海关放行，动检查验，审单完毕，预约查验。

海关查验，带复印件协助查验。正本单证交到通关课审单放行，关检联查海关查验，商检查验，两批不同的人，带上正本的单据，现场核销查验，预约送货。

提箱之前，注意冷柜温度，超过 –18 ℃需要和海外协商赔偿。

★ 实践环节：

果冻的归类：喜之郎果冻布丁，

成分：果胶、水果果汁、糖、柠檬酸等，

零售包装。

1. 进入网址：

中华人民共和国海关总署在线服务：http：//gdfs.customs.gov.cn/customs/302427/302442/index.html

2. 进入“中华人民共和国海关总署—在线服务—信息查询”页面后，会出现通关状态查询、新舱单信息查询、通关参数查询、税目税号等 13 个查询选项。喜之郎果冻布丁的归类，应该选择“进出口税则商品及品目注释查询”，本系统归类信息中，提供“归类决定和行政裁定查询”“税目税号”“进出口税则商品及品目注释查询”“本国子目注释查询”“归类预裁定查询”等，且支持模糊查询。

图 6–8 中华人民共和国海关总署“信息查询”页面

3. 在关键字栏，输入“果冻”，会出现 5 个子目号列及子目条文。

表 6–9 和果冻相关的子目

子目号列	子目条文
0808	鲜的苹果、梨及榅桲
2007	烹煮制得的果酱、果冻、柑橘酱、果泥及果膏，不论是否加糖或其他甜物质
2106	其他品目未列名的食品
7323	餐桌、厨房或其他家用钢铁器具及其零件；钢铁丝绒；钢铁制擦锅器、洗刷擦光用的块垫、手套及类似品
CH20	蔬菜、水果、坚果或植物其他部分的制品

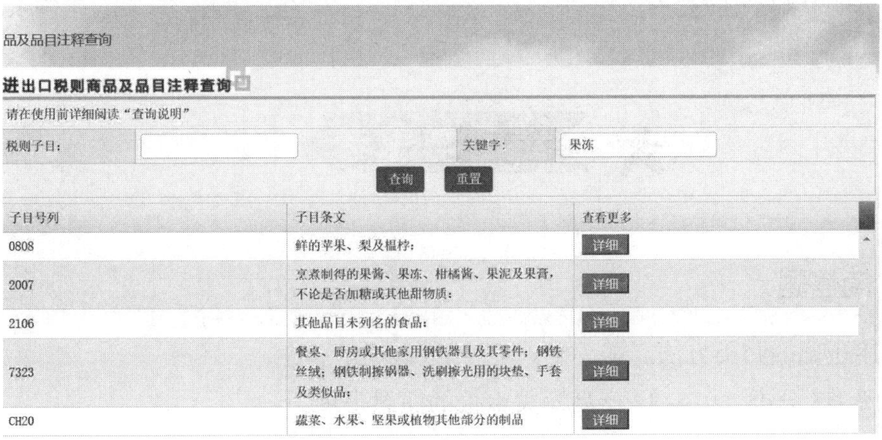

图 6–9 和“果冻”相关的子目

经查询 2007 和 2106 和果冻相关。

4. 点击 2007 后面的“详细”按钮，可以查询到结果

第二十章注释二：品目 2007 及 2008 不包括制成糖食的果冻、果膏、糖衣杏仁或类似品（品目 1704）及巧克力糖食（品目 1806）。

第二十章注释五：品目 2007 所称“烹煮制成的”，是指在常压或减压状态下，通过减少产品中的水分或其他方法增加产品黏稠度的热处理制得的。

可见，不应该归入 2007。

点击 2106 后面的“详细”按钮，可以查询到结果：本品目主要包括中第一项：制造餐用奶油、果冻、冰淇淋或类似食品的粉，不论是否甜的。

可见，不应该归入 2106。

第十七章是糖及糖食，查询第十七章，结果如下：

表 6–10 糖及糖食子目

子目号列	子目条文
1701	固体甘蔗糖、甜菜糖及化学纯蔗糖（+）
1702	其他固体糖，包括化学纯乳糖、麦芽糖、葡萄糖及果糖；未加香料或着色剂的糖浆：人造蜜，不论是否掺有天然蜂蜜；焦糖
1703	制糖后所剩的糖蜜（+）
1704	不含可可的糖食(包括白巧克力)

查询 1704，本品目包括第八项：糖果包装的果子冻及果子膏。

因此，应该归入 1704。

练习与思考

一、简答题

1. 简述正确的归类方法。
2. 理解 HS 分类，01 ~ 24 产品海关申报的注意事项。
3. 进口水果申报要素。
4. 肉类产品进口有哪些证?

二、归类应用题

1. 甜玉米粉

解析：

第 7 章章注三（二），0712 不包含：税目 1102 ~ 1104 所列形状的甜玉米

甜玉米磨成粉后性质和玉米粉性质类似，可以和玉米粉一样归类。归入 11022000

2. 木糖醇无糖口香糖

解析：

口香糖的归类：

1704：以糖为主的食品

2106：代糖食品

木糖醇不是糖，应归入 2106。

3. 常用数据来源

归类时常用的网址：

（1）中华人民共和国海关总署在线服务：http：//gdfs.customs.gov.cn/customs/302427/302442/index.html

（2）通关网：https：//www.hscode.net/

（3）中国通关网：https：//www.e-to-china.com.cn/#page3

（4）相关法律规定：《中华人民共和国进出口食品安全管理办法》第三十条（海关总署令第 249 号）

扩展阅读

大宗农产品进口报告系统申请流程（肉类）

根据商务部《关于调整〈实行进口报告管理的大宗农产品目录〉的公告》（商务部公告 2011 年第 6 号），自 2011 年 4 月 1 日起将对猪肉及副产品、牛肉及副产品、羊肉及副产品（商品目录见附件 1）实施进口报告管理。商务部委托我会负责组织实施进口报告信息的收集、整理、汇总、分析和核对等日常工作。进口上述产品的对外贸易经营者，应向中国食品土畜进出口商会备案，并按照《大宗农产品进口报告和信息发布管理办法》（商务部令 2008 年第 10 号）履行有关进口信息报告义务。

一、进口报告管理范围

猪肉及副产品、牛肉及副产品、羊肉及副产品，目录外的肉类及副产品不需要备案。

二、肉类备案需要提供的材料

（一）大宗农产品进口报告企业备案登记表。

（二）工商营业执照。

（三）拟申请备案肉类品种的意向性进口合同（意向合同需体现出贸易双方的基本信息及进口产品的生产方信息，规格、数量，单价，装运港、报关口岸等基本信息，合同需双方签字盖章）。

三、备案及申报流程

1. 请将上述三项材料按要求加盖公章后，依次扫描并合并为一个 PDF 文件（不接收网盘和压缩包形式）添加为邮件附件，文件大小请尽量控制在 10 M 以内。

2. 请将上述第一项《大宗农产品进口报告企业备案登记表》填写后以 Word 文档（.doc/.docx）格式保存（无须签字加盖公章），添加为邮件附件。

3. 请将包含以上两个附件的邮件发送至商会肉类备案负责人邮箱。

4. 商会肉类备案负责人收到备案材料后，在1~2个工作日内根据材料情况，通过回复备案表中企业填报人（作为贵司联系人）邮箱通知备案结果，或告知企业补全、修改相关信息。企业备案资料符合要求后，将于不超过十个工作日内发送备案成功邮件及电子版大宗系统操作使用手册。

资料来源：中国食品土畜进出口商会 http：//www.cccfna.org.cn/

公布2023年进出口许可证件发证机构名录（商务部公告2022年第45号）

依据《中华人民共和国对外贸易法》《中华人民共和国行政许可法》《货物进口许可证管理办法》《机电产品进口管理办法》《重点旧机电产品进口管理办法》《货物出口许可证管理办法》，现公布《2023年进出口许可证件发证机构名录》和有关事项。

一、略

二、2023年属于许可证管理的出口货物为43种，详见出口许可证管理货物目录（2023年）。商务部或者受商务部委托的省级商务主管部门及副省级城市商务主管部门负责对上述货物的出口实施许可，并向符合条件的申请人签发《中华人民共和国出口许可证》（以下简称出口许可证）。

（一）小麦、玉米、棉花等货物的出口单位申领的出口许可证和在京的属于国务院国资委管理企业申领的出口许可证，由许可证局签发。

（二）活牛、活猪、活鸡、大米、小麦粉、玉米粉、大米粉、药料用人工种植麻黄草、甘草及甘草制品、蔺草及蔺草制品等货物的出口单位申领的出口许可证，由商务部驻有关地方特派员办事处签发。

（三）牛肉、猪肉、鸡肉等货物的出口单位申领的出口许可证，由省级商务主管部门或副省级城市商务主管部门签发。以承包工程、境外投资、加工贸易、外资企业出口及边境贸易等方式出口的，仍按照商务部、发展改革委、海关总署2008年第30号公告相关规定执行。

三、为维护对外贸易秩序，对以下出口货物实行指定机构发证。出口此类货物需向指定机构申领出口许可证。

以陆运方式出口活牛（对港澳）、活猪（对港澳）、活鸡（对香港）的出口单位申领的出口许可证，由商务部驻广州特派员办事处和驻深圳特派员办事处签发。

四、进出口许可证件的签发，应严格按照《进口许可证申请签发使用工作规范》（商配规发〔2020〕208号）、《出口许可证申请签发使用工作规范》（商配规发〔2020〕209号）、《货物进出口许可证电子证书申请签发使用规范（试行）》（商办配函〔2015〕494号）等有关规定执行。许可证局负责对进出口许可证件签发工作进行监督检查和指导。

五、本公告所称省级商务主管部门，是指各省、自治区、直辖市及计划单列市、新疆生产建设兵团商务主管部门。本公告所称副省级城市商务主管部门，是指沈阳市、长春市、哈尔滨市、南京市、武汉市、广州市、成都市、西安市商务主管部门。

六、本公告自2023年1月1日起执行。商务部公告2021年第42号同时废止。

资料来源：http：//sztb.mofcom.gov.cn/article/lingzxz/n/202301/20230103380769.shtml

《进境动植物检疫许可证申请指引》

一、动植物检疫许可的产品范围

动植物部分包括：进境活动物（含动物、胚胎、精液、受精卵、种蛋及其他动物遗传物质）生物材料、非食用动物产品、饲料及饲料添加剂、果蔬类、烟草类、粮谷类、豆类、薯类等。食品部分包括：肉类及其产品（含脏器、肠衣）、鲜蛋类（含食用鲜乌龟蛋、食用甲鱼蛋）、乳品（包括生乳、生乳制品、巴氏杀菌乳、巴氏杀菌工艺生产的调制乳）、水产品（包括两栖类、爬行类、水生哺乳类动物及其他养殖水产品及其非熟制加工品、日本输华水产品等）、可食用骨蹄角及其产品、动物源性中药材、燕窝等动物源性食品；各种杂豆、杂粮、茄科类蔬菜、植物源性中药材等具有疫情疫病传播风险的植物源性食品。

二、申请办理进境检疫审批手续的单位资质及要求

1. 申请单位资质

申请办理检疫审批手续的单位，应当是具有独立法人资格并直接对外签订贸易合同或者协议的单位。过境动物的申请单位，应当是具有独立法人资格并直接对外签订贸易合同或者协议的单位或者其代理人。

对于不同产品，企业办理相应检疫审批手续前还须具备相应资质。例如，进口食品类产品须完成进口食品进口商备案；又如，进口粮谷、饲料类产品须完成进境粮食、饲料加工企业备案等。

2. 检疫要求

产品输出和途经国家/地区无相关的动植物疫情。产品进口符合中国有关动植物检疫法律法规和部门规章的规定；符合中国与输出国家/地区签订的双边检疫协定（包括检疫协议、议定书、备忘录等）要求。

3. 注意事项

申请单位应当在签订贸易合同或者协议前，向审批机构提出申请并取得《进境动植物检疫许可证》（以下简称《检疫许可证》），同一申请单位对同一品种、同一输出国家或者地区、同一加工、使用单位一次只能办理一份许可证。

可以核销的进境动植物及其产品，应当按照有关规定审核其上一次审批的《检疫许可证》的使用、核销情况。

三、检疫审批流程

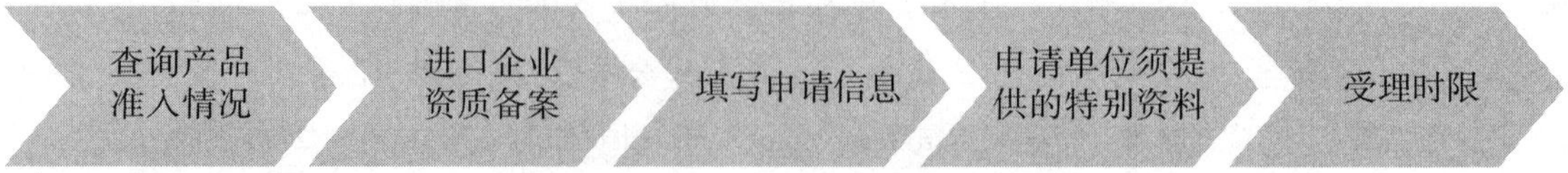

图 6–10　检疫审批流程

1. 查询产品准入情况

申请许可证的产品应在我国的准入名单内，相关信息可在海关总署网站查询，动植物部分进入“动植物检疫司”子站（http：//dzs.customs.gov.cn/）查询，食品部分进入“进出口食品安全局”子站（http：//jckspj.customs.gov.cn/）查询。

2. 进口企业资质备案

首次申请办理《检疫许可证》前，收货人或代理进口商须办理进口食品进口商备案，在海关总署进口食品化妆品进出口商备案系统（http：//ire.customs.gov.cn/）填写真实信息，并在所在地海关提交纸质材料完成。

3. 填写申请信息

登录“互联网 + 海关”平台（http：//online.customs.gov.cn/），在进出口食品模块下选择相应的类别并填写相关信息。

4. 申请单位须提供的特别资料

进境活动物：除食用水生动物外，须提供进境动物指定隔离场使用证；进境水生动物自输出国家 / 地区出境后中转第三方国家 / 地区进境的，收货人或者其代理人办理检疫许可证时，应提供运输路线及在第三方国家 / 地区中转处理情况（包括是否离开海关监管区、更换运输工具、拆换包装以及进入第三方国家或者地区水体环境等）。

进境非食用动物产品：I 级风险非食用动物产品须提供加工、存放单位证明材料（申请单位与生产、加工、存放单位不一致的，须提供申请单位与指定企业签订的生产、加工、存放合同）。

进境生物材料：进口Ⅰ级和Ⅱ级风险产品，须提供说明数量、用途、引进方式、进境后防疫措施的书面申请，科学研究的立项报告及相关主管部门的批准立项证明文件。

进境粮食、烟叶、肠衣、毛燕：生产加工存放单位考核报告；与定点企业签订的生产、加工、存放合同（如申请单位与定点企业一致的，无须提供）。

进境水果：指定冷库证明文件（申请单位与存放单位不一致的，还须提交与备案冷库签订的仓储协议）。

进境饲料：I 级风险的饲料和饲料添加剂，须提供生产、加工、存放单位证明材料（申请单位与生产、加工、存放单位不一致的，须提供申请单位与指定企业签订的生产、加工、存放合同）。

过境动物：说明过境路线；提供输出国家 / 地区官方检疫部门出具的动物卫生证书（复印件）；输入国家 / 地区官方检疫部门出具的准许动物进境的证明文件。

特许审批：因科学研究等特殊需要引进《中华人民共和国进出境动植物检疫法》第五条第一款所列禁止进境物的，必须事先提交书面申请，说明其数量、用途、引进方式、进境后的防疫措施；科学研究的立项报告及相关主管部门的批准立项证明文件。

5. 受理时限

海关根据审核情况，自初审机构受理申请之日起二十日内签发《检疫许可证》或者《检疫许可证申请未获批准通知单》。二十日内不能作出许可决定的，经海关总署负责人批准，可以延长十日，并应当将延长期限的理由告知申请单位。进境生物材料检疫审批自受理之日起 7 个工作日内完成。

资料来源：黄斌，王磊．进境动植物检疫许可证申请指引［J］．中国海关 .2021（4）

水生动物《进境动植物检疫许可证》申请要点

一、审批产品类别

根据《进境水生动物检验检疫监督管理办法》第八章附则的释义，水生动物范围含人工养殖或者天然水域捕捞的活的鱼类、软体类、甲壳类、水母类、棘皮类、头索类、两栖类动物，包括其繁殖用的精液、受精卵；根据海关总署公布的《已准入水生动物国家或地区及品种名单》，进境水生动物检疫审批产品还包括部分爬行类、腔肠类、多孔动物、环节动物、尾索动物。

二、水生动物《进境动植物检疫许可证》申请流程

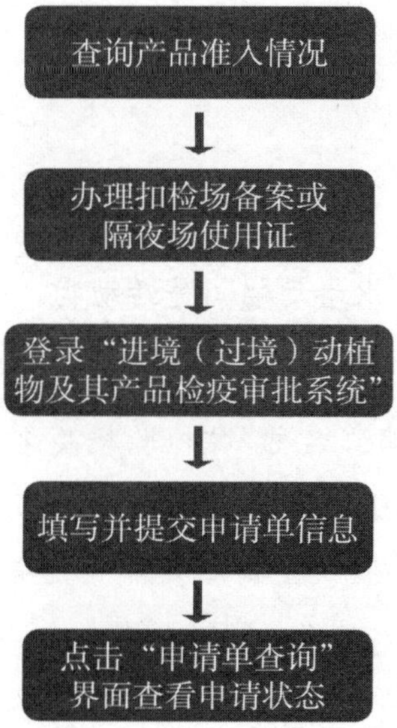

图 6-11　水生动物《进境动植物检疫许可证》申请流程图

1. 检疫准入要求

进境水生动物种类、输出国家（地区）和生产企业应在海关总署公布的《已准入水生动物国家或地区及品种名单》与注册登记企业名单内，相关检验检疫准入名单分为食用、观赏、种用养殖三部分，在海关总署官网实时更新（http：//dzs.customs.gov.cn/dzs/2747042/3995815/3995864/3996810/index.html）。

海关总署根据进境水生动物检验检疫不合格情况、国内外相关官方主管部门或者组织通报的风险信息，以及国内外市场发现的问题等，在风险分析的基础上，按照有关规定发布警示通报；采取提高监控比例、扣留检测直至暂停进口等风险控制措施，在发布禁止相关水生动物进境的公告或者禁令后，可撤回已签发的检疫许可证。

2. 申请资质与方式

申请单位资质：申请办理水生动物检疫审批手续的单位，应是具有独立法人资格并直接对外签订贸易合同或协议的单位。办理不同产品还需具备相应资质，收货人或者其代理人应当在食用水生动物进境前与指定扣检场签订扣检存放协议并向海关备案，扣检场应当设在查验区所在地海关管辖区域内；收货人或者其代理人应当在观赏、种用养殖水生动物进境前按照《进境动物隔离检疫场使用监督管理办法》规定，向指运地海关申请并取得隔离场使用证。申请方式：申请单位登录“互联网＋海关”平台（http：//online.customs.gov.cn/），进入“行政审批”项目，选择“进境（过境）动物及其产品检疫审批”子项，在“进境（过境）动植物及其产品检疫审批系统”向海关提交申请材料（网上申报，无须提交纸质材料），该系统新版本已于2021年12月15日在全国推广上线。进境种用、养殖和观赏水生动物收货人或者其代理人，应向指定隔离检疫场所在地直属海关申请办理检疫许可证；进境食用水生动物的，应向进境口岸所在地直属海关申请办理检疫许可证，从海关总署公布的指定口岸进境。

三、填报要点

1. 业务类别

选择“水生动物”，需注意“水生动物”是活动物，非“水产品”。

2. 进境检疫物信息

“编码”。应如实申报“HS编码名称”“检验检疫名称”，并与后续报关申报时一致。可参考海关总署公告2021年第101号《关于授权直属海关开展部分进境动植物及其产品检疫审批事宜的公告》、附件2《授权直属海关开展进境动植物检疫审批产品目录》中的对应编码。

“品名”。水生动物品名应同时填写中文名与拉丁文名，以拉丁文学名为准，中文名为国内译名的参考，拉丁学名属名第一个字母大写，种加词全部小写。食用、观赏用水生动物需注明产品来源，为区别于“水产品”，食用水生动物可在中文名前注明为“活”动物，参考格式：“中文品名（拉丁学名，海水/淡水，养殖/捕捞）”，示例：“活锯缘青蟹（Scyllaserrata，海水捕捞）”。

“数重量”“计量单位”。原则上应填写净重千克。“计量单位”下拉表中选择，也可录入，应与后续报关申报时一致，以保证核销顺畅。

“用途”。分为食用、观赏、种用养殖三种，应与准入名单中国家（地区）、种类对应。

“产地”。对照《已准入水生动物国家或地区及品种名单》选择产地名称。

“是否转基因”。据实填写，系统单选，默认为“否”。

“贸易方式”。据实填写，一般与用途等申报信息相符。

3. 运输信息

“输出地”。输出国家（地区）应和检验检疫证书中出证国家（地区）一致，原则上与产地相同；如与产地不同，应在运输路线中予以体现，且两个国家（地区）该品种都在准入名单中。

“是否过境”。进境水生动物默认选择“否”。

“进境口岸”。指运地（结关地）。据实填写，必须写到具体口岸，并与后续报关申报时一致。

“运输方式”。在下拉表中选择，或在“是否联合运输”项选择“是”。

“目的地”。在下拉表中选择，也可录入代码、名称。

“运输路线”。货物的始发地应与“输出国家（地区）”一致；明确货物是直运还是经第三方国家或者地区中转，按运输路线顺序详细填写输出（途经）国家/地区、中转地、进境口岸等信息，如经第三方国家或者地区中转，还应申报中转处理情况（包括是否离开海关监管区、更换交通工具、拆换包装以及进入第三方国家或者地区水体环境等）。该处信息必须申报完整，不得写“等”。

“进境日期”。建议预留行政审批时间（20个工作日），如以自然日计算，进境日期一般至少在申报日期的28日之后。境内生产加工存放单位信息该项含“境内生产加工单位”“其他境内生产加工单位”“境内指定认可存放场所”“其他境内指定认可存放场所”4个子项，应根据相关产品规定至少填写1项。例如，食用水生动物可填写指定扣检场名称、地址等；又如，观赏、种用养殖水生动物可填写隔离检疫场名称、地址等。

4. 境外生产加工存放单位信息

该项含“境外生产加工单位”“其他境外生产加工单位”“境外出口商（代理商）”“其他境外出口商（代理商）”4个子项。对于海关总署已公布相关国家（地区）水生动物境外注册登记企业名单的，填写的境外企业信息必须与名单中信息一致；对于尚未公布注册登记企业名单的，应据实填写1个或多个境外生产加工企业；如企业信息过长，可在附件类型中上传实际贸易企业名单。申请进境野生捕捞水生动物的，应在“其他境外生产加工单位”栏目中注明捕捞区域。海水捕捞的,填写捕捞海域的联合国粮农组织渔区编号（FAO代码）；淡水捕捞的，填写捕捞水域的名称。该处信息必须申报完整，不得写“等”。

5. 隔离检疫场信息

用途为观赏或种用养殖的水生动物，应填写指定隔离检疫场信息，并与附件中上传的隔离检疫场使用证相匹配。

6. 随附单证信息

用途为观赏或种用养殖的水生动物，应上传有效的进境动物指定隔离检疫场使用证，注意核对使用证中的名称、用途、数量等信息是否正确且与申请单一致。

资料来源：刘思聪 . 水生动物进境动植物检疫许可证申请要点详解［J］. 中国海关 .2022（2）

第七章

外汇风险及其防范

学习目标

1. 了解会计风险及其防范。
2. 熟悉经济风险及其防范。
3. 掌握交易风险及其防范。

基本概念

外汇风险；交易风险；会计风险；经济风险

引入案例

佳沃食品近期接受投资者调研表示，公司目前主要收入来自海外市场，2021 年国际业务收入占总营收比重达 80.53%。而且海外三文鱼销售主要是以美元为结算货币，因此美元对人民币升值一定程度上对公司国际业务有积极的影响。

资料来源：佳沃食品：当前汇率情况一定程度上对公司国际业务有积极影响 . 界面新闻，2022 年 06 月 18 日 https://www.jiemian.com/article/7612570.html

在国际贸易市场中，汇率变化会直接影响一国的进出口贸易、经济结构和外汇贸易收支，企业需要进行完备的外汇风险管理，以维持企业的正常运营，保证企业的利润额。

外汇风险（foreign exchange risk）是指在国际经济、贸易、金融活动中，由于未预料的汇率变动，致使以外币计价的资产（债权、权益）或负债（债务、义务）获得收益或遭受损失的风险。外贸公司汇率风险具体划分为交易、折算和经济三种风险类型。

第一节　交易风险及其防范

交易风险是外贸企业面临的主要外汇风险之一，其主要是指由于汇率浮动使贸易主体的收入与支出变动而产生的风险。外贸企业所面临的交易风险体现在:（1）国际贸易中若存在约定的现金流，当外汇发生变动的同时也会产生联动效应。（2）如汇率处在实时变化状态中，则外贸企业同国外企业洽谈交货价格和交易时间，也将时刻面临着货币汇率波动的风险。

在会计规则的影响下，势必会导致企业面临一定的外汇风险，该过程也可以称为“重估”。在每一个资产负债表日，企业需要针对合同现金流展开现值计量。若是企业的基础货币以及报表货币中应付账款和应收账款出现波动，也就意味着现金流预期值将出现变化。货币的机制产生变化，会使得现金流的价值产生变化，对于企业所获得的实际效益有着直接影响，若是无法准确开展对于今后现金流的预测工作，将会呈现出难以控制的态势。汇率的不确定性制约着企业日后货币价值以及盈利能力的提升，使得企业在应付以及应收账款方面存在巨大的无法预测性。

外汇交易风险最大的特征就是不确定性，有可能会超出企业预算。若是外贸企业没有对冲交易，便很难实现财务以及现金流方面的管理工作，一旦企业领导未能有效控制现金流，便无法对金融活动展开优化选择并进行投资。

交易风险对一般性质的外贸企业来说，普遍体现在合同签订当天之后，由于使用外币进行计价或结算，在汇率变化时导致本币收益或损失出现变动的风险，对企业形成的经济损失和收益都只能在结算完当天进行确定。

某外贸企业出口价值为 10 万美元的商品，签订合同时汇率为 USD/RMB=6.40，进口商应付 10 万美元货款，该企业可收入 64 万元人民币货款。若三个月后才付款，此时汇率为 USD/RMB=6.30，则该企业 10 万美元只能换回 63 万元人民币，其收入因美元下跌损失了 1 万元人民币。

交易风险出现的三种类型。

1. 交易结算风险

该风险是指外币结算过程中，随着商品进出口或者劳务、技术等输入和输出导致汇率风险的出现，这是交易风险出现的最普遍原因。假如企业开展商品出口贸易，从交易开始到应收付外币债权债务的完全结清需要一段时间，企业在外币交易合同签订之后就需要对交易风险进行承担，而不是在最终买卖交割的收付款阶段。这是目前外贸出口企业最常遇到的风险。

2. 国际资本借贷风险

指在国际信贷业务发展过程中，债权债务并没有结清，同时受到汇率变动的影响导致风险的出现。一般来讲，涉外企业、跨国公司均可能出现借贷风险，涉及企业的外汇存款、海外投资以及借贷等。

3. 外汇买卖风险

指在进行外汇买进（卖出）时，未来一定会对外汇卖出（买进）行为产生的买卖风险。

一、量化风险头寸

企业应从可能发生上述外汇交易风险的业务中，量化风险头寸，计算公式如下。

风险净头寸 = 外汇流入 – 外汇流出

= （出口应收货款 – 进口应付货款）+（借入外汇 – 贷出外汇）+（外汇资产 – 外汇负债）+（买入外汇 – 卖出外汇）

根据风险净头寸，可求出外汇风险计算公式如下。

以本币计价的某种外币交易的亏损或盈利 = 风险净头寸 × 人民币汇率的变动值

以上公式表明，企业在某一外币交易上的风险净头寸越大，或者人民币汇率的变动幅度越大，那么企业潜在的亏损或盈余也越大。

上述公式在运用时，应注意各外汇项目的到期日是否匹配，若外汇项目的到期日不同，需经远期利率调整后加总。

某食品外贸企业以外币进行的交易如下：

出口应收款：1 个月到期的 20 000 美元；2 个月到期的 10 000 美元

进口应付款：1 个月到期的 10 000 美元；2 个月到期的 12 000 美元

为保值需要，买入 1 个月远期 5 000 美元，卖出 2 个月远期 8 000 美元。

该企业 1 个月到期的风险净头寸 =20 000–10 000+5 000=15 000 美元

该企业 2 个月到期的风险净头寸 =10 000–12 000–8 000=–10 000 美元

假定 1 个月后 1 个月的远期利率为 1%，1 个月到期的风险头寸再存 1 个月的价值：

15 000 ×（1+1%）=15 150 美元

该企业 2 个月后的风险头寸：

15 150–10 000=5 150（美元）

由于长期面对的是稳定的人民币汇率，国内出口企业一般很少采用风险规避工具。而面对目前变幻莫测的汇率波动，若不采取专业的避险手段是很危险的。出口企业一方面要提高风险防范意识，培养和引进相关的专业人员，增强处置汇率风险的能力；另一方面要通过购买银行提供的外汇衍生工具规避外汇风险。而最适合企业使用的外汇避险工具是远期结售汇和人民币与外币的掉期交易。

二、风险对策

（一）平衡风险头寸（通过对受险头寸平衡对冲规避风险）

1. 债务平衡

方法 1：外贸企业有某种外币应收账款头寸，可以通过借入该种外币，使借来的外币金额在偿还日的本息额与外币应收账款金额相同。

方法 2：外贸企业有某种外币应付账款头寸，可以先将闲置的本币现金或借入的本币兑换成外币存入银行，使新外币债权的到期日本息额与外币应付账款金额相同。

2. 贸易平衡

选择更灵活的贸易方式，进出口与加工贸易、转口贸易等相结合，尽量做到进出平衡。

（二）消除汇率波动影响的措施

1. 部分消除汇率波动影响

（1）提前或延迟收付汇

汇率变动的趋势不利时，提前收付汇；有利时，延迟收付汇。

（2）灵活搭配结算货币

收硬付软：出口以硬币作为计价货币，进口使用软币。

硬币：未来具有上浮趋势的货币。

软币：未来具有下浮趋势的货币。

当合同的金额较大时，可以选择币种搭配使用。

2. 签订合同保值条款

在合同计价货币以外，再选择另一种或一组币值稳定的非合同货币，达成双保值条款。

在结算时，如果现行汇率与合同中约定的保值货币与计价货币汇率不一致，按约定汇率调整合同金额。

3. 价格调整法

企业可以在合同中设置价格调整条款，当汇率变动超过一定幅度时，可以相应调整产品或服务的价格，从而将部分风险转嫁给买方或卖方。

（三）锁定汇率

金融衍生品是二十世纪七八十年代全球金融创新浪潮中的高科技产品，它是在传统金融工具基础上衍生出来的，通过预测股价、利率、汇率等未来行情走势，采用支付少量保证金或权利金签订远期合同或互换不同金融商品等交易形式的新兴金融工具。按照产品类型，可以将金融衍生品分为远期、期货、期权和掉期四大类型。通过对冲的方式也可用于防范外汇风险。

远期合约是交易双方约定，在未来某一确定的时间，以确定的价格买卖一定数量的某种金融资产的合约。通常应在合约中规定交易的标的、交割日、交易价格等要素。远期通常与外汇交易有关，该交易在未来的某一天或某个时期实现时，一方有义务以固定汇率为另一方购买或出售某种外币。这就可能出现远期溢价或差价，即货币的即期价值和远期价值之间的差额。远期合约中重要的一环是远期外汇合约，是指外汇交易双方先签订关于买卖外汇的种类、数量、汇率和交割时间的合同，双方在规定的日期按照达成的合同办理外汇的实际收付结算。这种合约可以有效地避免因汇率变动造成的进口产品成本增加和出口产品收入减少的风险。

远期结售汇适用于人民币与外币的远期交易。外汇制定银行与客户协商签订远期结汇协议，约定未来办理结汇或售汇的外币币种、金额、汇率和期限。到期时，按照远期结汇协议约定的币种、金额、汇率和期限办理结汇业务。

在前面的案例中，企业可以考虑如下做法：

（1）一般可以在接单时与银行签订远期汇率的兑换合同，以此锁定汇率。

比如在年初对汇率有一个估计，根据人民币升值幅度的规律，报价时按估计的远期汇率报价。比如，现在就按 6.20 报明年的价格。可能也有失手的年份，比如 2020 年，没有人预测到人民币升值 10%。远期汇率合同，一般大银行比较保守，小银行比较激进。比如，宁波银行、泰隆银行等。

（2）期权赋予持有人以协定价格购买或出售特定金融资产的权利。

在期权到期时，双方无须进行标的资产的实际交割，只需支付行权价格与实际价格之间的价差，即进行余额结算。外汇期权是指合约购买方在向出售方支付一定期权费后，所获得的在未来约定日期或一定时间内，按照规定汇率买进或者卖出一定数量外汇资产的选择权。企业可以结合自身的风险承受能力和业务背景，从汇率走向、行权价格等要素着手，灵活适度应用外汇期权产品，从而实现既锁定了风险，又保留了一定灵活度的目的。外汇期权的主要功能是保护企业实体免受任何形式的外汇风险，同时产生最大可能的收入。

（3）期货是一种购买特定资产的远期合约，根据该合约，未来将进行交割和付款。

期货和远期合约之间既有一些相似之处，也有显著差异。期货是在股票市场上定期交易的高度标准化合约，而远期合约是不在股票市场交易且没有固定交易标准的非标准化合约。就期货而言，资产的收付不是在某一天进行的，而是在某一时间段进行的。期货的其中一种形式是外汇期货，在国际贸易中，利用外汇期货买入或卖出套期保值可以抵消大部分汇率变动带来的经济损失，有力地防范汇率变动风险。

表 7–1　三种金融衍生工具的比较

种类	外汇远期	外汇期权	外汇期货
履行日期	自由议定	按交易所标准	按交易所标准

续表

种类	外汇远期	外汇期权	外汇期货
义务权利	对等	对等，可在交易日前结汇	企业只享受权利，不承担义务
费用	缴纳保证金	双方都需缴纳	企业缴纳期权费
价格波动限制	无限制	有最高幅度限制	无最高幅度限制
交易方式	自由交易	公开交易	公开交易
优势	1. 交易金额灵活 2. 金额数量期限满足个体要求	1. 流动性强 2. 市场公开 3. 无违约风险 4. 锁定汇率波动	1. 交易金额灵活 2. 锁定汇率风险 3. 锁定可能收益
劣势	1. 无流动性 2. 放弃可能的收益	1. 难以满足企业需求 2. 放弃可能的收益	1. 流动性差 2. 权利义务不对等 3. 卖方损失无限

我们的合同大部分以美元计价，很少以欧元计价，还没有以人民币计价的。一般来说，消费品的进口商喜欢以本币或者美元计价。一方面对他们很直观，便于控制成本，另一方面，他们对人民币不了解，不敢尝试。

第二节　经济风险及其防范

一、经济风险

经济风险又称经营风险，经济风险是一种潜在的风险，是由于国家宏观政策、国际经济环境等因素造成的，使得企业价值在未来发展的过程中存在临时变动的风险。在我国的外贸企业中，经济风险是三种外汇风险中影响最为严重的风险类型。汇率的变动直接影响企业的产品输出以及原材料采购等多项内容，这些是决定经济风险程度的重要因素。企业面临着一定的经济风险，那么该企业可能由于受到汇率变动的影响而出现市场价值的变化。与此同时，汇率的变动还会对企业的竞争力以及市场地位造成影响，制约其市场份额的提升。

经济风险对于企业个体而言，是企业的未来风险，比其他两种风险影响更加显著，具有长期性，经济风险会影响企业未来收益和核心价值。识别外贸企业是否面临外汇经济风险更属于一种经济分析的过程。因此，进出口企业在日常经济活动中需要充分考虑其特质，特别是在国际市场竞争中，更应该小心防范，采取积极措施应对可能出现的问题。

二、经济风险的防范措施

外贸企业对经济风险的控制没有便捷的市场操作工具，只能通过一些策略性的生产、营销和财务手段来适应环境的变化。企业预测能力能够避免经济风险，企业预测风险的准确性会影响其生产、销售以及财务状况。因此，从某种程度上说，经济风险的防范是一种重要的管理艺术。

（一）营销管理策略

在汇率发生变动的情况下，外贸企业应采取调整售价、市场分布，以及改变促销政策和产品政策等措施来减少经济风险的影响。营销管理策略具体如表 7-2 所示。

表 7–2 营销管理策略

序号	策略类别	具体说明
1	价格调整策略	（1）企业应全面分析调价对企业的影响、明确自己调价的意图，是保持扩大市场份额还是获取销售利润 （2）分析调价的可行性。在完全市场经济中，外贸企业虽然可自主定价，但定价决策需要考虑各种因素。这些因素主要包括外贸企业对汇率变动持久性的预期、产品的规模经济、扩大或减少产出后成本的变化、消费者对产品品牌忠诚度以及目标市场价格需求弹性等 （3）正确的价格调整策略应该是根据不同国家、地区的市场状况，实行多样化的定价策略，以分散调价风险，稳定现金流。在价格调整的同时，不断巩固自己的竞争地位
2	市场分布策略	（1）分散产品在销售国家（地区）的分布。分析比较产品在不同国家（地区）销售时，销量和价格的变动趋势。一般来讲，应将产品销往不同的最终消费国家，减少中间环节的盘剥，且使用多种币种结算 （2）通过分散化的销售市场策略，可以使汇率在不同币种之间的变化目标市场之间部分或全部中和，不至于因为市场过于集中，汇率总在一个方向变化，从而达到分散化解风险、稳定外贸企业现金流的最终目的
3	促销策略	（1）采取促销策略的目的是稳定并不断扩大销量，特别是在币值的变动不利时，更应采取适当的促销策略。外贸企业在制定促销策略时，也应考虑汇率变动的影响 （2）一般来说，当人民币贬值时，产品的换汇成本降低，价格竞争力增强，外贸企业应抓住时机，努力扩大市场销量。这时，可增加对目标市场的促销投入。反之，当人民币升值时，从节约成本考虑，外贸企业可适当减少促销支出
4	产品策略	（1）不断开发新产品是外贸企业保持长久活力的基础。无论汇率是升是降，新产品在一个目标市场中都没有价格参照，价格变动不会很敏感，外贸企业的定价更为主动 （2）对原有产品，当人民币贬值时，外贸企业应利用价格优势，增加销量，扩大产品系列，满足消费者更多的需求。当人民币升值时，外贸企业应重新定位其产品品种，把目标市场定位在那些收入高、重质量、对价格不太敏感的消费群体

（二）生产管理策略

在外贸企业的经营管理中，仅靠调整价格、分散市场等营销策略还不足以应对汇率持续性的变动，外贸企业更要注重营销策略和生产策略的搭配使用。

1. 产品生产地选择策略

外贸企业的全球化生产是规避各种风险的好方法。从规避汇率风险的角度看，外贸企业可以根据汇率变动对成本的影响，在不同的国家之间安排生产。当然，该策略对我国外贸企业还不太适用，也不现实，因为它要受到本国和东道国很多因素的制约。对于仅具备国内生产能力的外贸企业而言，更合理的生产策略是原材料来源地的选择策略。

2. 原材料来源地的选择策略

外贸企业尽可能多地在多个国家和地区进行原材料采购，使用多种货币结算。原材料来源地的选择如下：

考虑原材料出口国的资源状况，合理配置生产能力。如我国家具出口外贸企业，可选择东南亚、俄罗斯、南美等林业资源丰富的国家进口木材。

从贬值国进口原材料非常有利。当美元兑人民币贬值时，外贸企业可直接从美国或从实行美元汇率政策的国家（地区）进口原材料。当人民币兑美元贬值时，外贸企业应更多地使用国产原材料。

（三）财务管理策略

外贸企业在进行外币融资和外币投资时，可以通过多样化的方式或随汇率的变动调整资产负债结构，从而使自己的总收益不变而风险降至最低程度。

1. 投资融资策略

随着全球货币资金场的迅猛发展，外贸企业的外币投资融资渠道越来越宽。外贸企业可以通过不同渠道、不同币种的投资融资，达到分散汇率风险的目的。

投资融资策略具体如下。

投资时：要尽可能以不同的形式、不同的币种，向不同的对象投资，如外贸企业可进行外币存款、购买外币债券、投资 B 股等。

融资时：要尽量以多种货币从多个渠道融资。如外贸企业可发行股票、债券；还可利用银行信贷，既可以利用固定利率的信贷，也可利用浮动利率的信贷。

2. 资产负债结构调整策略

调整资产负债结构就是要使不同币种、不同期限的外币资产与负债数额基本相等，尽量减少受险头寸的暴露。

如果外币升值，应使外币资产尽快减少到外币负债的水平，使风险抵销。如果外币贬值，应使外币负债尽快减少到外币资产的水平。这种方法在理论上是可行的，但在现实中，不容易做到，因为外贸企业的受险头寸不可能为零。因此，常用的方法是用各种金融工具为风险构造数量相等、方向相反的现金流，使之能够完全消除外汇风险。经济风险的各种防范策略在实践中必须做全面的统筹安排，只有这样，才能在战略上实现规避汇率风险、保值的目的。

第三节 会计风险及其防范

会计风险也称为折算风险，指企业在对资产负债表进行会计处理时，将功能性货币转变换为记账货币，由于受到汇率波动的影响可能出现的账面损失。

会计风险和经济业务的会计处理具有相关密切性，是在将要合并的财务报表基于不同货币表述的基础上形成的。依据国际惯例制度，海外企业必须以所在国家的货币对自身资产、债务及损益进行计算。一般来讲，跨国企业在制定统一性财务报表过程中，普遍将用外币表示的资产、债务、收益及费用等折算为本国货币，这一阶段会受到汇率变动的影响，导致账面出现经济损失或者收益。出现折算风险，主要是由于换算过程中运用的汇率和入账中运用的汇率不同，使得本币计算结果出现增大或减少等现象。

结合企业的不同类型进行划分，会计风险表现为两个类型。其一是本国企业的会计处理、外汇债权以及债务决策过程中，将表示为外币的账务折算成本国货币；其二是将跨国或海外企业资产负债表以及经济损益等折算为本国货币。跨国企业中的折算风险比较显著。

具体来讲，根据我国会计准则，在企业财务报表中按资产负债表日汇率折算的有关“外币计价的货币性项目”会承受外汇风险，货币性资产与货币性负债差额的负债为风险净头寸。净头寸为正数，若表示人民币升值，企业将受损；净头寸为负数，若表示人民币贬值，企业将受益。企业在按“资产负债表日即期汇率折算后与初始确认时，或者前一资产负债表日即期汇率不同而产生的汇兑差额”，直接计入当期损益。因此，在《企业会计准则》明确了折算方法和损益记录方法的情况下，会计风险头寸的大小和汇兑损益的大小就很容易从企业现有财务资料中反映出来。

第四节 案例

一、ZD 民营浓缩果汁有限公司外汇风险及防范

（一）公司概况

ZD 民营浓缩果汁有限公司（简称 ZD 果汁公司），是山东省浓缩苹果汁生产及出口的龙头企业之一。ZD 果汁公司 90% 的浓缩果汁产品出口国外，出口的产品主要销给国外集团采购商。2016 年销往美国、法国的浓缩果汁销售额折合人民币达 2.13 亿元，占销售总量的 60%。

ZD 果汁公司的利润主要来源于海外市场，公司的出口业务规模远远大于进口规模。在众多出口业务中，有 90% 属于远期结算，在很大程度上反映出 ZD 果汁公司外汇方面存在较大的风险。另外，ZD 果汁公司还存在大量的美元和欧元资产，相应地也存在着大量的负债和所有者权益。以上都说明外币汇率的波动为 ZD 果汁公司带来了极大的外汇风险。

（二）ZD 果汁公司风险识别

1. 会计风险识别

据《中华人民共和国会计法》的最新规定，业务收支以人民币以外的货币为主的单位可以选择任意一种交易货币作为记账本位币，但编制财务报告时应当折算成人民币。ZD 果汁公司超过 90% 的营业收入来自国外的出口，主要货币采用美元结算。从 ZD 果汁公司对外出口浓缩果汁等日常活动输入的角度来看，美元能够对企业的产品和劳务销售价格起到主要作用。

ZD 果汁公司以我国现行的会计准则操作，把结算日前的汇兑收益进行会计处理，对于实现损益，列入当期利润。以 ZD 果汁公司的一笔实际发生的业务为例，2016 年 10 月 14 日，ZD 果汁公司出口一批浓缩苹果汁给美国 M 公司，价格为 40 万美元，约定 3 个月以美元结算。有关汇率如下：

2016 年 10 月 14 日即期汇率：1 美元 =6.95 元人民币；

2016 年 12 月 31 日即期汇率：1 美元 =6.94 元人民币；

2017 年 1 月 14 日即期汇率：1 美元 =6.84 元人民币。

2016 年 10 月 14 日

借：应收账款 - 美元（ $400 000×6.95）	2 780 000
贷：主营业务收入	2 780 000

2016 年 12 月 31 日

借：财务费用 - 汇兑损益	4 000
贷：应收账款 - 美元［ $400 000×（6.95–6.94）］	4 000

2017 年 1 月 14 日

借：财务费用 - 汇兑收益	40 000
贷：应收账款 - 美元［ $400 000×（6.94–6.84）］	40 000
借：银行存款（ $400 000×6.84）	2 736 000
贷：应收账款（ $400 000×6.84）	2 736 000

采用这种会计处理办法，外币汇兑损益，影响的是财务费用，因此会对企业绩效产生不利，可能会影响企业的资产等科目产生折算损益。

2. 交易风险识别

对于 ZD 果汁公司而言，对外贸易主要采用美元作为结算货币作 90 天远期交易。例如，

ZD 果汁公司向美国 M 进口商以 90 天远期的方式销售一批价值 75 万美元的浓缩梨汁，交易当天人民币汇率中间价为 1 美元 =6.56 元人民币。如果采用即期结算方式，ZD 果汁公司可以 75 万美元订单兑换 492 万元人民币。但由于这 90 天的汇率是实时发生变化的，所以果汁公司作为出口方不可避免地出现外汇交易风险。

如果结算当天人民币汇率中间价为 1 美元 =6.36 元人民币，那么 ZD 果汁公司收到的货款为 477 万元人民币，比预期的少 15 万元人民币。如果采用人民币作为结算货币，果汁公司就可以避免这一外汇交易风险，把交易风险转移到美国 M 进口商。但事实上这种情况可能性很小，因为如果浓缩果汁行业在美国市场竞争激烈，ZD 果汁公司如果坚持采用人民币进行结算，可能会失去客户群体。

ZD 果汁公司外汇交易风险主要表现为以下两点：

（1）由于浓缩果汁的生产周期和运输时间较长，ZD 果汁公司的外汇交易风险涉及的时间一般为 90 天，可能导致外汇交易风险的增加。可见，时间是影响外汇风险的重要因素。这种交易方式延长了企业应收账款的收款时间，在这段时间内，汇率将发生的变化难以预测。在信用证结算方式下，即使买方开出了信用证，若遇到类似于欧洲债务危机的情况，当地的商业银行出现坏账一旦倒闭，开出的信用证也存在风险。

（2）ZD 果汁公司对于外汇交易风险只采取贸易合同法中的提前延后收付法和货币选择法。

表 7–3 贸易合同法比较

方法	使用前提	局限性
提前延后收汇法	准确判断汇率走势	不稳定
货币选择法	具备议价能力	需要谈判能力
对销贸易法	产生相反方向，金额相等的外汇现金流	较难实现
重新定价法	具备议价能力	需要谈判能力
货币保值法	具备议价能力	需要谈判能力

3. 经济风险识别

ZD 果汁公司经济风险的产生原因是汇率变动对浓缩果汁的生产成本、销售价格、果汁销量产生不良影响，进而使企业的税后利润缩水。

（三）应对外汇风险的建议

运用多种金融衍生工具组合。

ZD 果汁公司在之前的经营活动中已经运用了两种贸易合同法和外汇远期法来降低外汇风险，但效果一般，不能满足企业需求。ZD 果汁公司目前在美元出口远期业务上存在较大的交易风险。运用金融工具的主要目的在于加强风险管理。ZD 果汁公司可以主动与专业的银行资金业务部门联系，制定适合 ZD 果汁公司业务特点的切实可行的金融工具组合。

例如，可以对一部分美元出口远期业务采取远期结汇方式锁定结汇成本，对另外一部分美元出口远期业务采用境外结汇、人民币期权、货币远期期权等金融工具组合。

与表7-1的三种金融衍生工具相比，ZD果汁公司所采用的贸易合同法能起到的风险管理效果有限，贸易合同法存在流动性差、难以满足企业需求等劣势。大多数跨国公司普遍使用外汇远期对外汇风险进行管理，由于ZD果汁公司订单较多、数额较大，建议在采用外汇远期的基础上，采用适当比例的外汇期货进行外汇风险管理。

二、D企业外汇风控分析

（一）D企业概况

D企业成立于2004年，拥有进出口资质，进行民营国际贸易活动。企业主营项目为食用农产品等，主要服务于各国的客户企业，拥有充足的客户资源。D企业的贸易业务共有两种：（1）出口贸易类型，所属行业是农产、水产，外汇币种为美元，出口国家是美国；（2）进口贸易类型，业务行业为水产，外汇币种为美元与日元，进口国家有俄罗斯、日本。

（二）D企业贸易活动的外汇风险表现

1. 外汇风险控制目标不清晰

D企业拥有成熟的管理体系，明确外汇风险带来的不利影响。然而，在实际进行外汇风险管控工作时，各部门意见不一致，各部门难以接受强硬措施，更关注订单的保有量。财务部门负责人认为，企业应向其他单位学习，引进有效的外汇风险应对方案，有效回避外汇风险，合理转移外汇风险。财务部门给出了多重规避外汇风险的方法，以期降低外汇风险的发生概率。财务部门认为，签订贸易合同时，应明确外汇汇率。在汇率有变动时，适当改变价格，以此规避风险。然而，业务部门认为，当前国际贸易处于较强的竞争状态，汇率问题的合同约定，会增加客户的流失量，希望财务部门采取其他方法，消除外汇风险，以此解除外汇风险与合同签订之间的关联，保证客户稳定。在各部门外汇风控意见不一致的情况下，D企业最终无法明确外汇风险控制目标，由此增加了外汇风险发生的概率。

2. 外汇风险控制方法不完善

D企业尚未建立专门的外汇风控部门，各部门对外汇风控各执己见。当贸易业务开始后，均专注于业务本身，并未切实从事外汇风控工作。各部门人员会提出外汇风控的方法，但缺乏必要的风控权限，存在各部门外汇风控联动性欠佳的问题。财务部门对各类贸易业务了解不深，难以与各部门协同出具外汇风控方案。在使用外汇衍生品时，D企业内部拥有严格的管理方法，难以依据业务实情给出风险转移的方案。通常情况下，管理层给出方案，并未融合外汇风控理念，由此产生外汇风险。

（三）D 企业外汇风控的具体实践

1. 明确外汇风控目标

D 企业应明确外汇风控的重要地位，积极学习先进单位的外汇风控方法。企业高层人员，应针对外汇风控工作，定期进行工作汇报。企业高层应积极学习新的外汇风控方法，持续学习风控理念，以适应时代发展需求，以端正的外汇风控态度，确定外汇风控目标。企业高层应将外汇风控方法融入企业管理体系，促进全员形成正确的外汇风控思想。D 企业应建设外汇风控的专岗人员，让高层管理者定期参加外汇风控的各项学习活动，切实增强管理层的外汇风控能力。引入外汇风控专业的相关人才，结合企业贸易实况，给出切实可行的风控方案。管理层应关注专业人才的外汇风险分析结果，选择合适的风控方法，明确外汇风控方向。

2. 完善外汇风控体系

（1）D 企业应创建专门的外汇风控部门，集中落实外汇风控工作。参照 D 企业现有的国际贸易业务情况，选择各部门的骨干员工，组建外汇风控小组。在进行外汇风控工作时，赋予风控成员一定的决策权，使其能够顺利完成外汇风控工作。比如，在出口业务进行时，合作的加工组织较多，针对生产难度不大、出口生产任务量较大、具有替代性的产品，通常情况下以客户意见为主，设定出口结算货币，通常定为美元或日元。此时，难以引入外汇风控工作。如果转变产品属性，使其成为加工流程繁杂、原料不具替代性的产品，可争取外汇主动权，将结算货币定为人民币，合同中明确外汇汇率的相关内容，以此回避外汇风险。拥有外汇风控部门后，建立完整的外汇风控体系，确保外汇风控工作有序落实。

（2）识别外汇风险。D 企业进行外汇风控时，以报价工作为风险识别起点。思考可能潜在的外汇风险，分析外汇风险的发生环节，计算外汇风险的形成数额。各部门提供风险识别报告，多个部门共同商议风险的承受能力，调整报价。尝试从报价视角，规避外汇风险。选择外汇风控方法。选择外汇风控方法，是外汇风控的关键环节。D 企业可从初级、中级、高级三种风控方法中进行选择，参照风险级别，综合运用多种措施，规避外汇风险。风控措施包括业务优化、选定交易方式、确定币种、合同约定等。面对出口业务，进行外汇风控时，可采取自然对冲的方式。当有国际客户询问价格时，企业可在国内搜索相关的生产单位，出具人民币报价，准确给出运输成本、海运费用。此种方式可以明确人民币成本。在回复国际客户问题时，应考虑汇率问题。依据当天金融机构公示的外汇牌价，进行必要的汇率调整工作。比如，2022 年某日 100 美元的外汇价为 646.97 元，可设定 640 元进行估价。进行多个回合的价格商议后，明确出口价位，签订出口贸易合同。此时，应同步落实外汇风控工作。在国际客户认同人民币结算时，选择人民币进行定价。各业务部门应给出此项交易的资金回款时间，明确 90

天内的国际付款需求。如果其他部门 90 天内有国际付款需求，此笔收入不进行结汇处理，直接转入其他部门进行付款。此种资金管理方式，是自然对冲的操作过程，可有效规避外汇风险。

（3）风控监督。在外汇风控工作基础上，设定监督部门，分析外汇风控的效果，监督外汇风控的执行情况。参照汇率的变动情况，做出外汇风控优化方案，判断风控方案与预期目标的贴合性，分析风控方法的有效性。

练习与思考

一、单选题

1. 什么是交易风险？防范交易风险对策有哪些？你觉得哪些比较可行？
2. 什么是经济风险？经济风险的防范措施？

二、计算题

某食品外贸企业以外币进行的交易如下：

出口应收款：1 个月到期的 20 000 美元；2 个月到期的 10 000 美元

进口应付款：1 个月到期的 10 000 美元；2 个月到期的 12 000 美元

为保值需要，买入 1 个月远期 5 000 美元，卖出 2 个月远期 8 000 美元。

假定 1 个月后 1 个月的远期利率为 1%，该企业 2 个月到期的风险净头寸是多少？

第八章

食品贸易壁垒风险及其防范

学习目标

1. 了解绿色壁垒。
2. 熟悉反补贴和反倾销。
3. 掌握技术性贸易壁垒。

基本概念

绿色壁垒；技术性贸易壁垒；反补贴；反倾销

引入案例

2022 年 5 月 14 日，印度政府宣布除信用证款项下的小麦装运外，禁止小麦出口，并立即生效。印度政府留了余地，已获得信用证（letters of credit）或需要供应以“满足食品安全需求”为由的国家，仍可继续获得印度出口的小麦。原因是热浪削减产量导致国内小麦价格创新高。印度政府当时表示，此举是为了粮食安全。

印度政府高级官员表示，莫迪政府已经决定将小麦出口禁令延长到 2024 年 7 月，并限制私人企业囤积库存。此举是为了在明年大选前控制小麦价格。

资料来源：余胜良 . 印度禁止小麦出口，全球农业分工裂痕加剧 . 2022-05-17.https://baijiahao.baidu.com/s?id=1733004071483861962&wfr=spider&for=pc；印度政府将延长小麦出口禁令到 2024 年 7 月 .2023-05-08.https://zixun.16988.com/news/getDetail?newsclass=1&id=667331

第一节　绿色贸易壁垒风险及其防范

绿色贸易壁垒（green trade barriers，简称 GBs），也称为环境贸易壁垒（environmental trade barriers，简称 ETBs），是指为保护生态环境而直接或间接采取的限制甚至禁止贸易的措施。绿色贸易壁垒通常是进出口国为保护本国生态环境和公众健康而设置的各种保护措施、法规和标准等，也是对进出口贸易产生影响的一种技术性贸易壁垒。

一、绿色贸易壁垒的特点

1. 广泛性：绿色保护的内容非常广泛，不仅涉及资源环境与人类健康有关商品的生产、销售方面的规定和限制，而且对那些需要达到一定安全、卫生、防污等标准的工业制成品也提出了过高要求。这些绿色保护措施，还具有不确定性和可塑性，在具体实施时可能会受到发达国家的限制。对生产技术水平有限的发展中国家来说，涉及面就更大。

2. 坚固性：绿色贸易壁垒抓住人们消费时关注生态环境的心理，根据本国市场和消费者的情况制定超高标准的限制措施，先入为主，制造进口品的消费障碍，具有坚固的限制进口的堡垒作用。

3. 隐蔽性：种种绿色贸易壁垒借环境保护之名，隐蔽于具体的贸易法规规定、国际公约的执行过程之中，使出口方往往难以预见具体的内容及其变化，难以适从。

4. 较强的技术性：即对产品的生产、使用、消费和处理过程的鉴定都包括较强的技术性成分。

5. 较大的灵活性：由于各国的环保标准不统一，可选择的余地大。

6. 影响的严重性：绿色贸易壁垒一旦生效，其效应较之关税壁垒往往有过之而无不及。而且这种措施容易从一个国家扩散到多个国家，产生连锁反应。

7. 争议性大：由于涉及面广，标准又不统一，隐蔽性与合法性相互交织，往往容易产生分歧，难以协调。

二、绿色贸易壁垒的表现形式

（一）法律表现形式

1. 国际环境保护公约中的环境壁垒：例如，《保护臭氧层维也纳公约》和《关于消耗臭氧层物质的蒙特利尔议定书》规定，发展中国家须停止生产和使用消耗臭氧层的物质。虽然考虑到发展中国家的实际情况，设定了一些宽限期和资金技术条款，但由于发展中国家科技水平大大低于发达国家，难以在短期内生产出符合公约规定的替代产品，相关产品的出口受到严重制约。

2. 多边贸易协议中的环境壁垒：突出地表现在WTO允许其成员方在遵守WTO有关规定的前提下，为达到保护某些自然资源或濒危物种的目的，采取适当的贸易限制措施。

3. 国内法规则中的环境壁垒：不同国家国内法从商品的不同方面对进口采取限制措施，尤其是发达国家采取较为隐蔽的方法向发展中国家提出过高的要求，如商品的技术指标、商品生产方法、商品的包装等方面。环境保护与贸易保护的契合决定着绿色贸易壁垒的应用较为广泛，不仅涉及制成品，还涉及中间产品；不仅涉及产品的质量，也涉及产品的加工生产方法以及产品的设计和消费处置过程。

（二）广泛的表现形式

1. 绿色关税制度：发达国家对一些污染环境和影响生态、可能对环境造成威胁及破坏的产品征收进口附加税，或者限制和禁止商品进口，甚至对其实行贸易制裁。

2. 绿色技术标准制度：通过立法手段，制定严格的强制性技术标准，限制国外商品进口。发达国家凭借自己的经济技术优势和垄断地位，不考虑或很少考虑发展中国家的实际情况，对进口产品不分国别一律采取非常严格的技术标准，事实上导致发展中国家产品被排斥在发达国家市场之外。

3. 绿色环境标志制度：绿色环境标志又称绿色标签，是环保产品的证明性商标。发展中国家产品为进入发达国家市场，必须提出申请，经批准取得绿色环境标志。目前已有40多个国家和地区推行绿色环境标志制度，并趋向于协调一致，相互承认，对发展中国家产品进入发达国家市场形成了巨大的障碍。

4. 绿色包装制度：发达国家制定了较高且比较完善的包装材料标准以及废弃物的回收、复用和再生等制度，是为了防止包装材料及其形成的包装废弃物给环境造成危害，结构不合理的包装容器可能损害使用者的健康而采取的环境保护措施。但某些过于严格的绿色包装措施，则可能妨碍发展中国家的对外贸易，引发贸易争端。

5. 绿色补贴制度：发达国家认为，如果一个国家内部采用比较宽松的环境标准，这些国家的产品就不必支付高昂的环境成本，与本国产品竞争时就具有明显的成本优势。其实质是政府在对企业及其产品提供消极的环境补贴，所以进口国基于保护环境和本国的利益而有权征收反补贴税。

6. 绿色卫生检疫制度：绿色卫生检疫制度是指国家有关部门为了确保人类及动植物免受污染物、毒素、微生物、添加剂等的影响，对产品进行全面的严格检查，防止超标产品进入国内市场。绿色卫生检疫制度影响最大的产品是药品和食品，为保障食品安全，许多国家采取了严格的检疫制度，有些国家通过立法建立了近似苛刻的检疫标准和措施，形成了实质上的贸易保护。

三、绿色贸易壁垒的防范

面对国外数量众多，不仅针对产品的终端，而且存在与整个生产经营多层次多环节的绿色贸易壁垒，我国出口企业应调动一切积极因素，充分利用内外有利的条件，逐步消除不利影响，多方策划，积极有效地应对。

（一）企业自身

1. 开展绿色营销，提升产品的绿色竞争力

出口企业应该开展绿色营销，提升产品的绿色竞争力。

2. 转变营销观念，开展绿色营销

绿色营销是指企业在经营战略制定、市场细分与目标市场选择、产品生产、定价分销和售后服务等过程中满足人们的绿色消费需求，履行环境保护的责任和义务，以达到自身利益与社会整体利益协调统一的经营活动。绿色营销是最具生命力、有利于企业冲破绿色贸易壁垒，进入国际市场，扩大市场占有率。出口企业实施绿色营销时应针对营销组合的各个变量采取相应措施，如大力开发绿色产品、制定绿色价格、开拓绿色销售渠道等，以减少企业的成本投入，同时提高分销的效率。

3. 加强绿色技术创新，以技术创新突破绿色壁垒

加强绿色技术创新，以技术创新突破绿色壁垒。绿色技术是指能减少环境污染，减少原材料、资源使用的技术、工艺和产品的总称。企业进行绿色技术创新，一方面要开发各种能节约原材料和能源、少用稀缺物资的产品，以及在生产过程中以及在使用后不危害或减少危害人体健康和生态环境的产品；另一方面进行绿色工艺的创新，在生产过程中广泛应用清洁工艺技术和末端治理技术。

4. 实施绿色包装，突显企业绿色形象

绿色包装是指无害的、少污染的、符合环保要求的、使用后可回收再利用或可以自然降解的包装物。ISO14000 将环境管理纳入制度，要求“企业生产产品包括它们的包装不仅要重视效能，还要将环保的观念加上去”。与日俱增的包装废弃物已成为环境的重要污染源之一，在重视环保的世界氛围里，绿色包装越来越受到各国消费者的青睐。

5. 强化绿色管理，建立清洁生产机制

规范企业内部管理，建立清洁生产机制，不仅是为适合国外市场的需要，更是争取国际市场入境销售的资格。实行绿色管理，就意味着将环保观念纳入企业经营理念，将污染控制策略由“末端处理”转向“源头控制”，即按国际标准或发达国家的先进标准，在生产、加工、储备、运输和销售整个过程，形成一套完整的无公害、无污染的环境管理体系。

（二）寻求良好的外部环境，争取政府支持和行业联合

1. 充分借助政府的力量，维护企业的合法权益

政府在本国企业出口活动中起着重要作用。一方面体现在对企业采取的一系列鼓励和优惠措施，另一方面体现在为企业的出口进行国际市场开拓给予指导和帮助。我国出口企业一定要配合好环保外交战略，充分利用 WTO 机制创造良好的外部条件。积极寻求政府的技术、资金支持和特殊的环境补贴，合理构建我国的市场准入规则，寻求合理的保护，从而发展提高自己。

2. 积极利用联合策略，发挥集体效应

在企业的发展中，单靠某一个企业的力量难以形成有效的产业竞争优势。在提高我国企业的整体绿色技术标准的过程中，企业必须走联合之路，兼顾对内联合和对外联合。

（1）对内联合

国内企业携手合作，共同提高产品的绿色技术标准。政府应该鼓励并创造良好的体制环境，使企业能够实现跨地区、跨行业的合作。

（2）对外联合

要求企业走出去、引进来，利用国外企业在信息、资金、技术、人才和市场渠道等方面的优势和便利，不断提高、改善自己的技术、管理水平，及时了解国际市场绿色技术标准和市场需求的变化，提高产品竞争力。

第二节　技术性贸易壁垒风险及其防范

自 2001 年我国加入世界贸易组织以来，随着中国制造不断走向国际市场，以维护国家安全、保护人类健康和安全、保护动植物的生命和健康、保护环境、保证产品质量、防止欺诈行为为理由，通过技术法规、标准、合格评定程序、卫生与植物卫生措施来加以实施的技术性贸易措施，逐渐成为中国企业出口绕不开的一道难题，给我国企业带来一些不利影响。

主要体现两方面：

一是直接受损。若不符合进口国技术性贸易措施要求，企业产品将可能遭受进口国扣留、召回、销毁、退货等处罚，造成直接损失。例如，由于不符合进口国农残限量标准，企业产品被扣留退运造成的经济损失。

二是成本提升。为适应技术性贸易措施的要求，企业须进行技术改造、更换标签及包装、新增检验、检疫、认证、处理及各种手续，产生大量新增费用。例如，企业为满足国外环保要求，加强原材料采购管控及检测方面的投入。

“技术性贸易措施”是指在国际贸易中，世界各国为了确保人类安全健康、保护动植物生命健康、保护环境、防止欺诈行为等目的而采取的技术措施。技术性贸易措施包括有关产品安全和特性、生产过程、生产方式的技术法规和标准，以及检验、检测、注册、认证等合格评定程序。主要包括世界贸易组织《技术性贸易壁垒协议》(《TBT 协议》) 和《实施卫生与植物卫生措施协定》(《SPS 协定》) 所管辖的、影响国际货物贸易的各种技术性措施。

WTO/TBT 的全称为“世界贸易组织技术贸易壁垒协议”，它是世界国际贸易组织达成的一系列协议之一，世贸组织签署的各项协议均构成各成员必须遵守的法定合同。

据 WTO 官方发布数据，2019 年 WTO 成员共通报了新制 / 修订技术性贸易措施 5 102 项，年通报数量较 2018 年同比增加 8.53%，其中，新制 / 修订 TBT 措施 3 337 项、SPS 措施 1 765 项。国外技术性贸易措施已成为继汇率之后影响我国出口贸易的第二大因素。虽然我国政府出台多种措施帮扶企业有效应对国外技术性贸易措施，但 2018 年我国仍有 30.98% 的出口企业遭受国外技术性贸易措施影响，直接损失和新增成本达 2 603.9 亿元，给出口企业造成了巨大的损失，严重阻碍了正常的对外贸易。

技术性贸易措施阻碍了贸易的正常进行，构成不必要的障碍时，技术性贸易措施就成为技术性贸易壁垒。

一、技术性贸易壁垒的类别

根据实际情况，技术性贸易壁垒又可以分为合法的技术性贸易壁垒和非法的技术性贸易壁垒两种。

合法的技术性贸易壁垒：完全是为了维护国家安全、人民健康和环境保护等，并符合相关协定的技术性贸易壁垒。

非法的技术性贸易壁垒：以维护国家安全、人民健康和环境保护为幌子，实际上是为了保护本国相关产业、限制国外企业、阻碍自由贸易的技术性贸易壁垒。

二、技术性贸易壁垒的表现

表 8–1　技术性贸易壁垒的表现

序号	表现类别	具体说明
1	技术标准与法规	（1）技术标准是指经公认机构批准的、非强制执行的、供通用或重复使用的产品或相关工艺和生产方法的规则、指南或特性的文件。 （2）技术法规是必须强制执行的有关产品特性或者相关工艺和生产方法。质量方面，欧盟规定进口商品必须符合 ISO9000 国际质量标准体系。
2	合格评定程序	合格评定程序一般由认证、认可和相互承认组成，影响较大的是第三方认证。一般由第三方对某一事物、行为或活动的本质或特征，经当事人提出的文件或实物审核后给予的证明，这通常被称为“第三方认证”。

续表

序号	表现类别	具体说明
3	包装和标签要求	近些年发达国家相继采取措施，发展绿色包装，主要做法如下： （1）以立法的形式禁止使用某些材料，如含有铅、汞等成分的包装材料，没有达到特定的循环比例的包装材料，不能再利用的包装等。例如，丹麦以保护环境为名，要求所有进口的啤酒、矿泉水、软性饮料一律使用可再装的容器，否则拒绝进口。 （2）税收优惠或处罚，即对生产和使用包装材料的厂家，根据其生产包装的原材料或使用的包装中是否全部或部分使用可以再循环的包装材料而给予免税、低税优惠或征收较高的税赋，以鼓励使用可再生的资源。欧盟对纺织品等进口产品还要求加贴生态标签，目前最为流行的生态标签为 OeKo -Tex Standard 100（生态纺织品标准 100），它是纺织品进入欧洲市场的通行证。
4	产品检疫、检验制度	动植物检疫措施是指为保护人类、动植物的生命或健康而采取的动物卫生和植物卫生措施。检疫的商品分为法定检验商品和临时检验商品。受此影响最大的是食品和药品。由于各国环境和技术标准的指标水平和检验方法不同，以及对检验指标设计的任意性，而使环境和技术标准可能成为技术贸易壁垒。
5	信息技术壁垒	EDI 和电子商务是 21 世纪全球商务的主导模式，而电子商务的主导技术是信息技术。目前，发达国家在电子商务技术水平和应用程度上都明显超过发展中国家，并获得了战略性优势；相反地，发展中国家出口因信息技术水平较低、市场不完善和没有相关法律法规及执法差等而受到影响。发展中国家尤其是不发达国家处于明显劣势。例如，信息不透明，如合格认定程序；信息传递不及时，如技术标准更改；信息传递受阻等。这样，新的技术壁垒——信息技术壁垒在发达国家与发展中国家之间就形成了。
6	绿色技术壁垒	绿色技术壁垒是发达国家假借保护环境、人类动植物的卫生、安全健康之名，对商品中的有害物质含量制定较高的指标，从而限制了商品的进口。1996 年 9 月，国际标准化组织（ISO）专门技术委员会正式公布了 ISO14000 系列标准，对企业的清洁生产、产品生命周期评价、环境标志产品、企业环境管理体系加以审核，要求企业建立环境管理体系。这是一种自愿性标准。目前，ISO14000 正成为企业进入国际市场的绿色技术壁垒。

三、技术性贸易壁垒的特征

技术性贸易壁垒比较难对付，因为它数量多，变化快，而且技术含量越来越高。目前，欧盟对我国出口茶叶的检测项目多达 118 项。日本对我国出口的大米检测指标有 116 项，罗列了大米出口国过去使用的、目前使用的以及将来可能使用的农药，有些农药的名称多数人很生疏。

1. 广泛性。从产品角度看，不仅涉及与资源环境和人类健康有关的初级产品，还涉及所有的中间产品和工业制品。产品的加工程度和技术水平越高，所受的制约和影响越显著。从领域来看，已从有形产品扩展到金融、信息等服务贸易、投资、知识产权及环境保护等各个领域。从国别来看，各国均不同程度地设置了 TBT。

2. 系统性。TBT 是一个系统，不但包括世界贸易组织（WTO）《TBT 协议》所规定的内容，还包括《SPS 协定》《服务贸易总协定》等规定的措施。除世界贸易组织以外的其他国际公约、国际组织等规定的许多对贸易产生影响的技术性措施也属于 TBT 的体系范畴。

3. 合法性。目前，国际上已签订了 150 多个多边环保协定，发达国家积极制定技术标准和技术法规，为 TBT 提供法律支持，并且有些条例是专门针对进口国或产品而制定的。世界贸易组织正在制定国际性的技术标准和技术法规，一旦通过，对发展中国家的影响很大，从而使得 TBT 有了形式上的合法性。

4. 隐蔽性。TBT 有其合理性，为了实现合法目标是可以采取适合的壁垒措施的，从而达到合理保护人类健康和安全及生态环境的目的；但是，TBT 措施是以高科技标准为基础，致使科技水平不高的发展中国家难以作出判断。一些发达国家凭借自身的技术和经济优势，制定比国际标准更为苛刻的技术标准、技术法规和技术认证制度等，借技术标准之名，行贸易保护主义之实，以达到限制别国产品进口的目的。此外，这类措施可以巧妙地隐藏在具体的执行过程中而无须公开声明。

5. 长期性。从 TBT 协议的整体内容、设置技术以及强制性程度层面看，不可能在短时间内彻底消除 TBT 所带来的负面影响。更深层次的原因在于，各成员方在进行本国国际贸易活动时，其根本目的无外乎保护各自的根本经济利益，但由于各成员之间技术、经济发展的不平衡，必然会长时间使用 TBT 作为维护其经济主权的最有效工具。

四、技术贸易壁垒风险的防范措施

（一）提高标准意识，主动防范风险

出口企业的领导和相关部门应认真学习 WTO/TBT 的规定。

对进口国关于技术标准方面的法律法规进行研究，掌握进口国相关的技术性贸易措施，避免盲目出口。

了解标准更新渠道，积极收集标准信息，通过国内外相关网站，尤其是关注各级质监、商检等部门的 WTO/TBT 通报咨询及预警信息，及时采取措施，提前防范。

1. 措施内容不清不实：及时咨询

为认真履行 WTO 有关透明度的义务，我国设立了 TBT/SPS 国家咨询点（暨中华人民共和国 WTO/TBT-SPS 国家通报咨询中心），统一代表中国政府机构、行业协会、企业和个人向其他 WTO 成员进行咨询，开展通报和评议。目前，该中心设在海关总署国际检验检疫标准与技术法规研究中心（以下简称“标法中心”）。企业在遇到国外技术性贸易措施实施时间不清、细则不明、无法核实等问题，又无法通过其他渠道获取准确信息时，可直接向当地海关反映，通过海关总署国际合作司或中华人民共和国 WTO/TBT-SPS 国家通报咨询中心对外咨询。

案例：2020 年有企业反映，某国对我国出口的辣椒种子要求在出口前进行 6 种病毒（病原微生物）的检测，但检测结果不需在植物检疫证书中备注注明，该国对进口的辣

椒种子实施针对 6 种病原微生物的抽样检测。济南海关在确认该国此前未向 WTO 通报此措施的前提下，组织企业、研究机构收集整理该国现行法律法规，通过分析比对，提出建议意见，通过海关总署国际合作司对外咨询，敦促外方明确目录清单、检疫方法及判定标准等内容。

2. 措施发布还未实施：积极评议

按照 WTO 有关透明度的义务规定，WTO 成员在制修订和实施技术法规、标准及合格评定程序等技术性贸易措施时，须向其他 WTO 成员通报，给予其他成员合理时间（通常为 60 天）提出书面意见，并给出答复，以保证其他成员及时了解并采取措施适应变化。而对其他成员发布的技术性贸易措施通报进行评议，是我国作为 WTO 成员的重要权利。目前，海关总署国际合作司负责海关系统技术性贸易措施通报评议工作，各地海关均有开展技术性贸易措施通报评议的职责。企业遇到新发布还未实施的技术性贸易措施时，如认为其存在不合理、不科学要求，影响企业出口时，可向当地海关提出评议需求，积极参与海关部门组织的通报评议，提出要求国外推迟、更改，甚至取消实施相关措施的意见建议，报海关总署国际合作司、中华人民共和国 WTO/TBT-SPS 国家通报咨询中心对外发出意见，以维护产业利益。

案例：针对某国 2020 年 8 月向 WTO 通报的《保健功能食品标准与规范》草案，济南海关积极配合海关总署国际合作司、标法中心开展对外评议工作，依据 WTO 规则提出其缺少外观检测方法及判断标准、部分物质制定标准缺少风险分析等评议意见，并通过中华人民共和国 WTO/SPS 国家通报咨询中心向该国通报。该国采纳中方意见并于 10 月 10 日回函称其已在官网公布外观检测方法和判断标准，为我国保健功能食品合规输出提供了标准依据。

3. 措施拟实施或已实施：提出关注

WTO 分别设有 TBT 及 SPS 两个委员会。上述委员会每年分别召开三次例会。在例会上，各成员可对其他 WTO 成员拟实施或已实施的，不符合 TBT 协议、SPS 协定原则、对贸易造成不必要障碍的措施和做法，提出“特别贸易关注”，敦促其他成员对相关措施进行澄清、修改、废止、推迟实施等，共同维护 WTO 成员利益。目前，各地海关均会在 WTO/TBT 和 SPS 例会召开前，按照海关总署国际合作司的要求，向企业征集出口遭遇的国外技术性贸易措施阻碍情况。企业遇到拟实施或已实施的技术性贸易措施阻碍时，可向当地海关反映，参与海关部门组织的行业研讨，提出诉求和意见，海关总署国际合作司将通过国际合作机制，积极推动问题解决或向好发展。

案例：2020 年 6 月，针对企业反映某国出台农药残留检测新规、要求输入该国的保鲜果蔬须每批进行 134 项农残检测、我国相关产品出口面临停滞风险的问题，济南海关立即收集该国新规并组织关区技贸专家进行研究分析，从检测项目、检测频率、涉及范围等几方面提出贸易关注，海关总署国际合作司通过多双边渠道多次开展对外交涉，促使该国调整进口保鲜果蔬合理管控措施。

（二）外贸企业应坚持科技创新

无论是合法的技术性贸易壁垒还是非法的技术性贸易壁垒，其核心仍然是技术，关键是知识产权。技术性贸易壁垒的本质就是相关发达国家以自身的技术优势把其他技术不发达国家阻隔在外。突破技术性贸易壁垒最根本的方法就是外贸企业也拥有大量的核心技术。

随着国际知识产权保护体系的完善，核心技术多以专利等知识产权形式表现出来。因此，应对技术性贸易壁垒，外贸企业要提高自身的技术竞争力，掌握一定数量和质量的专利。此外，外贸企业的专利战略与标准化战略密切相关，在“专利标准化”的趋势下，要求外贸企业把标准化战略与专利战略紧密地衔接起来。

外贸企业如何制定和实施专利战略呢？

外贸企业应注重技术创新，不断地发展新工艺、新技术，攻克本行业的相关技术难题；外贸企业要有专利意识，善于创造专利、管理专利、维护专利；外贸企业在制定和实施专利战略的过程中，要结合本企业的实际，不能高估自己的实力，也不能妄自菲薄；做好专利情报工作，建立专利情报数据库。

外贸企业要善于把专利战略与标准战略结合起来，积极将专利融入技术标准之中，在以专利为形式的技术背景下，更重要的是外贸区域也可以形成自己有针对性的“技术优势”增加在国际贸易中谈判的砝码。更重要的是外贸区域也可以形成自己有针对性的“技术壁垒”，以人之矛，攻人之盾。

（三）积极开展外贸企业和产品的认证认可工作

WTO《TBT》规定，协议各成员国中央政府要确保制定或实行认证制度，并不得有意给国际贸易设置障碍。若已有认证制度或区域认证制度，协议的签字国就不要再建立与之相对立的国家认证制度。也就是说，各协议签约方必须建立符合国际认证制度的认证制度，各区域组织所建立的认证制度也不能与国际认证制度相对立。

企业要切实加强内部管理，按照国际通行规则，加大ISO9000、ISO14000、TMS等体系认证步伐。按照国外要求，在食品加工、水产品、蔬菜等外贸企业推行HACCP（Harard Andysis and Critical Point）计划，在机电外贸企业推广UL（Underwriter Laboratories Inc..）、CE（Conformity European）等认证，争取更多的外贸企业和产品获得国外注册。

（四）积极采用国际标准

国际标准反映了国际上先进的科技水平和发展趋势，代表着一定的质量水平和国外市场需求，出口企业按国际标准组织生产，其产品就会得到国际市场和同行的认可，使产品顺利走出国门。采用国际标准，消除贸易壁垒，畅通国际贸易，已成为国际社会普遍认同的基本原则。

（五）实施标准战略

企业若能参与国际技术标准的制定，可以在很大程度上让技术标准反映自身的技术状况，有利于产品走向市场。而企业把具有自主知识产权的专利纳入国际标准，就会占领市场的制高点，主导、控制市场，获取丰厚的利润。

（六）利用规则，保护权益

我国是以发展中国家的身份加入 WTO 的，应积极展开外交行动，争取到相关的优惠待遇和发达国家的技术援助。

（七）建立企业自身调研机制和信息体系

1. 对国外的标准加以研究和分析

技术壁垒很大一部分是由于不了解国外的标准所致，因此企业要认真研究发达国家的标准，有针对性地研究市场准入条件和相关程序，密切跟踪各国技术标准和法规的颁布执行情况。一方面，可以使商品避开技术性贸易壁垒顺利进入国外市场；另一方面，对于想扩大规模走国际性、跨国性的企业，可以针对战略部署提供信息。

2. 建立进出口信息系统

（1）企业要进一步建立和完善产品的进出口信息系统，全面、准确、完整、及时地搜索、整理和分析各类产品的技术改进与创新、技术标准、环保标准与法规等方面的信息资料。

（2）企业要设专人负责本行业、经营产品的信息管理，跟踪国外的技术壁垒措施的最新情况，建立国外技术性壁垒信息中心和数据库。

（3）在获得国外最新信息的同时，充分利用《TBT 协议》和《SPS 协定》有关标准法规的国家级咨询中心，从中及时获得技术壁垒的信息。在此基础上，建立企业预警机制，充分考虑国外新出台的法规可能转变为技术壁垒，受到限制应及时选择规避。

第三节　反补贴风险及其防范

案例：

应国内相关葡萄酒产业申请，商务部分别于 2020 年 8 月 18 日和 2020 年 8 月 31 日发布公告，决定对原产于澳大利亚的进口相关葡萄酒发起反倾销和反补贴调查。2021 年 3 月 26 日，商务部发布 2021 年第 6、7 号公告，公布对原产于澳大利亚的相关葡萄酒反倾销和反补贴调查的最终裁定。裁定原产于澳大利亚的进口相关葡萄酒存在倾销和补贴，中国国内相关葡萄酒产业受到了实质损害，最终裁定中认定的倾销幅度为 116.2% ~ 218.4%，补贴幅度为 6.3%～6.4%。

自 2021 年 3 月 28 日起对原产于澳大利亚的相关葡萄酒征收反倾销税，各公司反倾销税税率为 116.2%～218.4%，根据相关规定，为避免双重征税，决定不征收反补贴税。

反补贴是指一国政府或国际社会为了保护本国经济健康发展，维护公平竞争的秩序，或者为了国际贸易的自由发展，针对补贴行为而采取必要的限制性措施。反补贴包括临时措施、承诺征收反补贴税。

其中，补贴是指一国政府或者任何公共机构向本国的生产者或者出口经营者提供的资金或财政上的优惠措施，包括现金补贴或者其他政策优惠待遇。使其产品在国际市场上比未享受补贴的同类产品处于有利的竞争地位。

一、反补贴的特点

1. 反补贴的应诉主体为政府：补贴是政府行为，反补贴的调查对象是政府的政策措施。反倾销和保障措施的威胁主要针对企业和特定行业，而反补贴则会影响被调查国的贸易和产业政策、宏观经济政策甚至总体经济战略。

2. 反补贴的调查范围更广泛：反倾销和保障措施仅涉及特定企业或产品，而反补贴的涉及面更加广泛，调查范围可能接受政府补贴对象的下游企业甚至整个产业链，影响更大。

3. 反补贴的影响时间较长：相对于反倾销和保障措施，反补贴对一国经济的影响更加广泛和持久。为应对反补贴调查，一国政府必须逐步调整相应的贸易和产业政策，这种调整将在长时间内对一国经济、政治、社会发展产生巨大影响。

4. 反补贴具有更强的连锁效应：在一成员方反补贴调查中被认定的补贴措施，可以直接被其他成员在反补贴调查中援引。在当前 WTO 的其他成员国对反补贴是否适用非市场经济国家这一原则模糊不清时，美国的判例可能会产生很强的连锁效应。

二、反补贴的种类

1. 临时措施：临时措施是为顺利进行继续调查而采取的预防性措施，也是进口国调查机关反补贴决定是否最终征收反补贴税的前序性非正式措施。调查机关采取临时性措施，表明其对补贴的存在和补贴进口产品给国内产业造成的损害已经有了初步肯定性的结论，但采取临时措施并不表明一定要采取最终的反补贴措施。

2. 承诺：承诺主体包括产品的原产国政府或出口国政府，自愿承诺的情形一旦出现，则可以中止或终止调查，而不采取临时措施或征收反补贴税。反补贴调查中承诺的形式不仅限于价格上的承诺，还包括补贴的取消或限制等情况。

3. 反补贴税征收：反补贴税征收是指调查机关在仲裁时最终确定征收反补贴税。如果反补贴调查最终裁定存在补贴和产业损害，调查机关便可决定对所补贴进口产品征收反补贴税，反补贴税不得超过经确认而存在的补贴额。反补贴税的执行期限只能以抵销补贴造成的损害必需的时间为准，执行期限不得长于五年。如调查机关通过调查确认有“充分理由”，可适当延长期限。

三、建立和完善反补贴的应诉机制

建立和完善反补贴的应诉机制主要表现在五个方面。

1. 积极应对反补贴调查

反补贴调查不仅涉及接受补贴的企业，还包括众多政府部门。所以，应对反补贴调查需要政府各部门、政府和企业之间开展有效协作。政府各部门之间的合作与协调对应诉成败起关键作用。政府各部门需要明确应对反补贴调查的职责，建立有效的跨部门协调机制，保证沟通与协作。

2. 逐步调整出口补贴政策

各级政府应根据 WTO《补贴与反补贴措施协议》和美国反补贴税法的规定，有针对性地调整现有的出口补贴政策。WTO 把政府对企业的补贴分为禁止性补贴、可申诉补贴和不可申诉补贴。政府应逐步取消禁止性补贴，减少可申诉补贴，增加不可申诉补贴。例如，可取消对具体企业、产业的税收优惠政策，取消生产环节优惠政策，取消地方性外商投资优惠政策；增加对出口企业研发活动的补贴，特别是高科技企业的研发活动，增加对我国中西部地区的补贴。

3. 普及反补贴知识，培养专业人才

虽然我国企业在应对反倾销方面已积累丰富经验，但在应对反补贴诉讼上，从政府到企业，都缺乏经验和专业人才。具体应做好以下两点来应对。

（1）相关政府部门和企业要通过培训尽快熟悉 WTO 的反补贴规则，了解欧盟、美国等的反补贴法及相关案例。补贴和反补贴知识的普及可使政府避免不当补贴行为，使企业熟悉反补贴应诉程序，做好应对反补贴调查的准备。除 WTO 的反补贴规则外，政府和企业还必须掌握我国的补贴政策和实施情况，防止外国企业提出不正当的反补贴诉讼。

（2）培养一批既熟悉 WTO 反补贴规则和反补贴应诉程序，又了解我国政策法律的专门人才。可在高校中设立相关专业以及对政府、企业相关人员进行培训，为应对反补贴诉讼做好人才储备。

4. 制定和完善我国的反补贴立法

我国的反补贴立法起步较晚。2001 年，我国依据 WTO 反补贴规则颁布了《中华人民共和国反补贴条例》（以下简称《反补贴条例》）。之后，我国又出台了一系列反补贴的法律法规，从程序上对反补贴调查做出了详细规范。

制定和完善我国的反补贴立法应从两个层面入手，具体如下文。

（1）政治层面：政府应根据WTO的反补贴规则完善中国的反补贴立法，改进在立法层次、补贴分类、司法审查制度、特殊行业规定等方面的不足，使之与WTO规则保持一致。

（2）企业层面：企业在积极进行反补贴应诉的同时，应合理运用WTO的贸易救济措施和我国的反补贴法，维护企业正当利益，这样既可以抵制外国产品的不公平竞争，又可以增加应对国外反补贴调查的经验。

5. 鼓励国内企业进行对外投资

从长期看，为应对不断升级的贸易壁垒，企业可通过对外投资规避各类关税和非关税贸易壁垒，促进我国产业结构优化。我国的纺织、服装等制造业已纷纷开始在境外开展加工贸易，以有效绕过反倾销等国际贸易壁垒，提高国际市场占有率。

第四节　倾销与反倾销

倾销定义：用一国的产品以低于正常价值的价格进入另一国的市场。

构成倾销的三个基本条件：

1. 来自外国的进口产品以低于正常价值（一般指相同产品在出口国正常贸易中用于消费时的国内销售价格）的价格在本国市场销售。

2. 对本国同类产品工业造成了严重损害或实质损害，或形成了实质损害的威胁，或实质阻碍了某项新兴工业的建立。

3. 任何进口商在决定对倾销的进口商品征收反倾销税时，必须以充分的证据证明倾销进口商品与进口商工业损害之间存在客观的因果关系。

反倾销定义：指进口国主管当局根据受到损害的国内工业的申诉，按照一定的法律程序对以低于正常价值的价格在进口国进行销售的，并对进口国生产相似产品的产业造成法定损害的外国产品，进行立案、调查和处理的过程和措施。

★ 实践环节

查找美国进口茶叶的出口预警信息

1. 美国FDA官方网站：https：//www.fda.gov/

2. “Import Program” → “Popular Topics” → “Import Alerts”

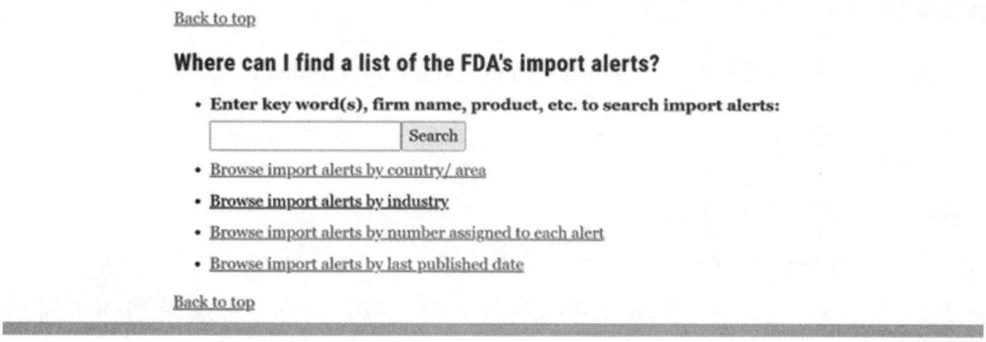

来源：https://www.fda.gov/industry/actions-enforcement/import-alerts

图 8-1　美国 FDA 官方网站进口预警网页

按照行业查找 - 食品（Food）

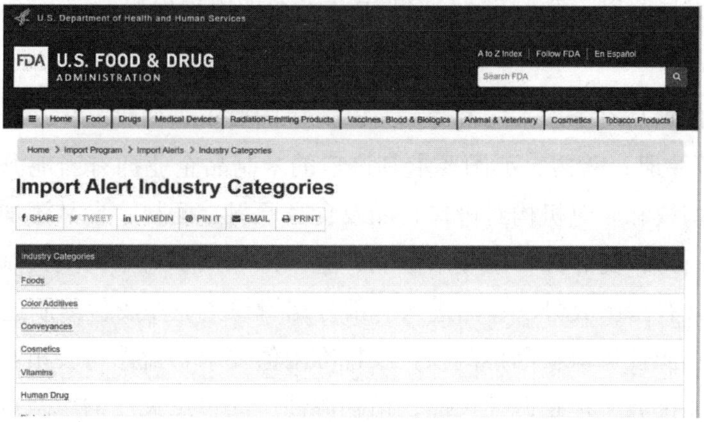

来源：https://www.accessdata.fda.gov/cms_ia/industrycategory.html

图 8-2　选择按行业查找 – 食品（Food）网页

查找茶叶（Tea）

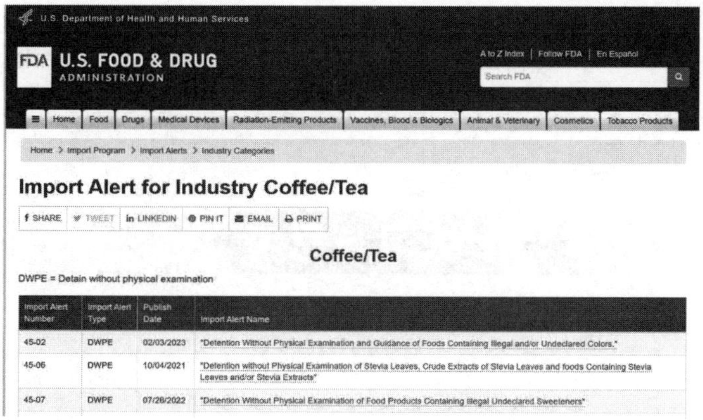

来源：https://www.accessdata.fda.gov/cms_ia/industry_31.html

图 8-3　查找茶叶 (Tea) 网页

★ 实践环节二：

中国技术贸易措施网 http：//www.tbtsps.cn/page/tradez/IndexTrade.action

内容：

1. 查找国内相关法规、标准。

2. 查找国外相关法规、标准。

案例： 出口米粉行业技术性贸易措施合规分析

自 2017 年以来，我国广西 16 家预包装螺蛳粉（以下简称“螺蛳粉”）生产企业获得出口资质并首次实现出口，出口值却逐年下滑：2017 年出口货值 22.9 万美元；2018 年出口货值 11.3 万美元，同比下降 50.6%；2019 年 1 ～ 5 月出口货值仅 8 390 美元。螺蛳粉被美国、英国、韩国等国家通报不合格 8 次，经溯源核查发现，其中 1 批螺蛳粉的生产企业未在海关办理进出口资质，7 批螺蛳粉均非其生产企业申报出口。

★ 原因分析：

海外市场进口食品安全准入标准纷繁复杂。美国要求进口食品生产企业进行“生物反恐”“低酸食品”注册；欧盟、英国要求其进口的米制品企业拥有当地海关备案的大米种植场；东盟相关宗教和政府机构对进口食品及食品原料、配料、食品添加剂要求具备“清真认证”资质。同时，受非洲猪瘟疫情影响，进口国加强了对猪肉及其制品的进口检验检疫力度，不允许含有猪肉成分的食品进入（部分螺蛳粉企业在汤包熬制过程中添加猪骨）。

进口国对植物源性进口食品检测项目及标准限值要求日益严苛。植物性调料、米粉及其制品、谷物制品都属于植物源性产品，植物源性产品重点关注的风险点在农药限量、兽药残留、重金属残留、标签与包装的相应法规、感官类的卫生项目、食品安全类项目、转基因管控等，其中米粉及其制品应特别关注转基因成分：欧盟要求我国输欧米制品必须随附转基因检测报告和卫生证书，而美国市场允许转基因产品进入，但是必须在标签上进行标识可供消费者选择。

资料来源：孔祥军，韦万春，许晨煜，等 . 出口米粉行业破冰：找准技术性贸易措施合规应对方向［J］. 中国海关 .2020（11）

练习与思考

一、单选题

1. 下面（　　）不是绿色贸易壁垒的表现形式。

A. 绿色关税制度

B. 绿色技术标准制度

C. 信息技术壁垒

D. 绿色包装制度

2.（　　）是国际质量标准体系。

A. ISO 14000

B. ISO 9000

C. HACCP

D. TMS

3. TBT 协定是（　　）。

A. 技术性贸易壁垒协定

B. 实施卫生与植物卫生措施协定

C. 信息技术壁垒

D. 绿色技术壁垒

二、简答题

1. 什么是技术性贸易措施？

2. 技术性贸易壁垒的表现有哪些？

3. 什么是补贴？什么是反补贴？

扩展阅读

RASFF 系统简介

欧盟食品和饲料快速预警系统（简称 RASFF 系统），从 1979 年建立，并逐步完善。RASFF 系统所涉及的机构包括欧盟委员会、欧盟健康及消费保护总欧洲食品安全局、欧洲自由贸易协会监督局、各成员国以及挪威、列支敦士登机构、冰岛和瑞士的食品安全主管。该系统可以使各相关机构迅速且有效地交流食品和饲料的风险信息。RASFF 系统涉及的产品包括食品、饲料和食品接触材料。根据风险的危害程度，RASFF 系统将风险预警信息分为四类，包括警报通报、信息通报（包括关注信息和后续信息）、边境拒绝通报和新闻，对风险的决策分为严重、不严重和未确定三种。通过 RASFF 系统的通报，可以了解到我国出口欧盟的何种食品因为何种原因未能进入欧盟市场，进而改善或避免产品的品质、卫生、安全等问题，破除壁垒，更加顺利地进入欧盟市场。

第九章

食品进出口溯源管理

学习目标

1. 了解食品溯源。
2. 熟悉食品供应链溯源管理的主要内容。
3. 掌握食品溯源管理流程。

基本概念

食品溯源；区块链

引入案例

泰国最大的食品出口商使用技术来监控商品

泰国最大的食品出口商泰国 Charoen Pokphand Foods Public Company（CP Foods）准备将区块链技术整合到其运营中，扩展到虾和其他产品，以保证新鲜度和质量。

对于 CP Foods 而言，首要任务始终是确保所有产品对消费者而言都是安全和高质量的。

该公司表示，通过启用区块链可追溯性来准确监控产品和供应链，该公司已经开始将区块链与其猪肉和新鲜鸡肉产品进行整合。

据全球标准系统中心助理副总裁介绍："到 2023 年，我们将为我们的鲜虾和熟食产品组合创建基于区块链的可追溯性。下一步将是为我们产品组合中所有类别的所有产品创建基于区块链的可追溯性。"

资料来源：区块链可追溯性：泰国最大的食品出口商使用技术来监控商品 . 微信公众号：中国绿色食品溯源平台 .2023.2.8

由于进口食品全球供应链的不断扩大，进口食品带来了疯牛病、非洲猪瘟等疫病的跨境传播，对我国人民健康安全、农牧渔业生产造成系统性危害。《中华人民共和国食品安全法》《中华人民共和国进出境动植物检疫法》和《中华人民共和国生物安全法》，都从国家安全的高度，对维护进口农食产品安全提出了明确要求，进口食品的产地真实性、境外流通过程、通关过程等有别于境内食品的产业链，参照欧盟对跨国销售食品安全的溯源监管措施，我国有必要加强进口食品溯源的政策制定，开展溯源技术研究，保障我国进口食品的安全，优化进出口贸易环境。

第一节 食品溯源定义及发展历程

一、食品溯源的定义

《国际食品法典》中采用"追溯,产品追查"的说法。在食品安全管理领域,ISO将其定义为："通过登记的识别码，对商品或行为的历史和使用或位置予以追踪的能力。"

CAC/GL60—2006《食品检验和认证体系中运用可追溯性/产品追溯的原则》：在生产、加工和分销过程的指定环节跟踪食品流动的能力。

在欧盟《通用食品法》（EC178/2002）中，其界定的食品溯源为：在整个食物生产、加工和配送过程中溯源和追踪食品、饲料、食品动物、食品添加剂成分的能力，其实质就是整个食品供应链的溯源。溯源信息包括从农产品初级加工到最终消费者整个过程的信息追踪,逆向来讲,即从最终消费者一直可追溯到初级农产品加工过程所用饲料、兽药等信息。

ISO22005《饲料和食品链的可追溯性体系设计与实施的通用原则和基本要求》：指跟踪饲料或食品在整个生产、加工和分销的特定阶段流动的能力。

简而言之，食品溯源是指在食品供应链的各个环节（包括生产、加工、配送以及销售等）中，食品及其相关信息能够被追踪和溯源，使食品的整个生产经营活动处于有效的监控之中。

二、食品溯源的发展历程

欧盟《通用食品法》最早对食品溯源进行了定义，是指任何可用于人消费的食物、动物及其饲料等，在其生产、加工和储运各个环节都可追踪。欧盟为了应对疯牛病问题的挑战，在1997年提出了食品安全溯源概念。2000年欧盟发表《食品安全白皮书》，提出以"从农田到餐桌"的食品全过程追溯控制；2001年欧盟开始建立牛肉产品追溯系统，2002年将追溯范围扩大到全部食品，2004年规定凡是在欧盟国家销售的食品必须具备可追溯性，追溯体系的应用实现了"氟虫腈毒鸡蛋案"等跨境食品安全事件的快速响应和解决。随后世界上其他国家也相继制定食品追溯法律法规，如澳大利亚于2001年建立了国家牲畜标识计划（National Livestock Labeling Program，NLIS）；美国于2002年通过“生物反恐法案”，要求食品加工企业必须建立商品可追溯体系；加拿大于2002年强制实施牛标识制度，截至2008年，有近80%的农业食品联合体加入了农产品可追溯行动。

我国的追溯体系建设紧跟国际发达国家，2002年开始进行食品溯源体系研究，并逐步制定了一系列相关的标准和指南；2004年4月起，原国家食品药品监督管理总局等8个部门确定肉类行业作为食品安全信用体系建设试点行业，开始启动肉类食品溯源制度和系统建设项目；2015年4月修订的《中华人民共和国食品安全法》要求食品生产经营者应建立食品安全追溯体系，采用信息化手段采集、留存生产经营信息。2015年年底，又以国务院的名义正式发文，商务部、原国家食品药品监督管理总局、农业部和质检总局各个层面围绕各自领域打造追溯监管体系，大力发展第三方追溯产业。

在进口食品溯源方面，2015年12月国务院办公厅发布了《关于加快推进重要产品追溯体系建设的意见》，鼓励自由贸易试验区开展进口乳粉、红酒等产品追溯体系建设等。

第二节　建立食品追溯体系的原则和目标

一、建立食品追溯体系的原则

（一）ISO22005：2007

4.2 原则：可追溯体系：可验证；一致性；结果导向；考虑成本收益；实用性；符合法规；符合预期精度。

（二）日本农林水产省《食品可追溯指南》

第5-1-1“执行以下食品识别和链接的九条原则是确保可追溯的基础”：

识别：

1. 确定追溯单元；比如：牛奶、酒、营养配方粉分别如何按照单元追溯。
2. 制定追溯单元识别规则；
3. 制定追溯单元分隔管理办法；

链接：

4. 制定记录规则确保可回溯一步至原料供应商；

5. 制定记录规则确保原料至产品加工过程可追溯；

6. 制定记录规则确保可跟踪一步至产品买家；

媒介：

7. 制定追溯单元上识别信息标示 / 标记规则；

8. 确定用于记录、储存、传递相关信息的媒介；

程序：

9. 制定程序实现上述规则、办法、记录等。

二、建立食品溯源体系的目的和目标

（一）企业角度

1. 提高通关效率。如果第三方机构溯源境外预检和溯源的商品，已经获得中国部分口岸检验检疫部门的预认，就可以提高企业进口商品通关效率。

2. 通过溯源背书，提高消费者认可度。如第三方机构为新西兰纽仕兰鲜牛奶做的溯源背书，使该产品在上海及周边地区市场销售额从期初销售量每周约 3 300 瓶，增加到每周约 4 万瓶。

3. 降低企业打击假冒伪劣产品的成本。

4. 为“好企业、好产品”提供增值的品牌推广价值。

（二）政府监管角度

2004 年美国 USDA“美国供应链的可追溯性：经济理论与行业研究”：可追溯性的建立倾向于经济因素驱动，而不是政府的可追溯性监管，企业建立可追溯性系统以改善供应商管理、增加安全和质量控制，减少召回费用、扩大具有信任属性的高价值的销量。

2017 年，原国家食品药品监督管理总局《关于食品生产经营企业建立食品安全追溯体系的若干规定》，实现食品质量安全顺向可追踪、逆向可溯源、风险可管控、发生质量安全问题时产品可召回、原因可查清、责任可追究，切实落实质量安全主体责任，保证食品质量安全。

2007 年日本农产水省《食品可追溯指南（第二版）》：为食品安全事故和不合格产品而制定的系统。该系统还允许当标签携带信息的可靠性受到威胁时验证正确性。但这不是一项确保食品安全的直接措施。

2013 年爱尔兰食品安全局《指导文件第 10 号：产品召回与追溯（第三版）》：

一是……跟踪食品的物理流向至经由食品链流向直接客户，并可追踪原材料的物理流向直至原材料的直接供应商；二是根据主管当局的要求，在短时间内提供和保持准确的可追溯性记录，以便进行例行检查或调查。

（三）ISO22005：2007

4.3 目标：

1. 支持达成食品安全和质量目标。
2. 满足客户要求。
3. 确定产品历史或来源。
4. 促进产品追回或召回。
5. 确认供应链中应负责任的组织。
6. 帮助核实产品的某些基本信息。
7. 和相关机构及消费者沟通信息。
8. 满足相关的本地、区域、国家，或国际法规政策。
9. 改善组织的有效性、生产力以及盈利能力。

总之，食品溯源是为了保护消费者免受不安全食品危害以及食品欺诈危害，可以满足三个方面的需要。

1. 有助于保障食品安全，一旦出现食品安全问题，可以迅速查找原因，识别相关产品、实现追回和召回；

2. 有助于强化供应链管理，阻止来路不明的食品和食品原料走向消费者餐桌，防止非授权销售；

3. 支持特定产品，满足细分产品需求，获得高溢价产品，如有机、绿色、特定产地产品等。

值得注意的是，追溯系统并不是实现以上目标的唯一手段，追溯系统需要与其他控制系统相匹配才能达到以上目标。

第三节　食品供应链溯源管理

一、食品供应链溯源管理的主要内容

（一）食品溯源管理

食品溯源是指通过溯源，确定食品在食品供应链中的位置，便于后续管理，实施食品召回以及消费者或有关利益干系人告知信息。从产品溯源的角度来讲，食品溯源体系可以认为是把食品设计成从来源到销售的任何一个环节中能迅速召回的可识别和可追踪产品的记录体系。

（二）过程溯源管理

相对于食品溯源，过程溯源更关系到食品在食品供应链中的流动过程。通过过程溯源，可以确定在食物生长和加工过程中影响食品质量安全的行为 / 活动，包括产品之间的互相作用、环境因子向食物或食品中的迁移以及食品中的污染情况等。

（三）基因溯源管理

通过溯源，确定食品产品的基因构成，包括转基因食品的基因源及类型，以及农作物的品种等，从而推动 DNA 鉴定技术和生物技术等识别技术在基因溯源管理体系中的应用和发展。

（四）投入溯源管理

通过溯源，确定种植和养殖过程中投入物质的种类及来源，包括配料、化学喷洒剂、灌溉水源、家畜饲料、保存食品所使用的添加剂等。

（五）疾病和害虫溯源管理

通过溯源，追溯病害的流行病学资料、生物危害（包括细菌、病菌和其他污染食品的致病菌）以及摄取的其他来自农产品的生物产品。

（六）测量溯源管理

测量溯源是通过溯源，检测食品、环境因子以及食品生产经营者的健康状况，获取相关信息资料。

二、食品溯源流程分析

（一）生产阶段

农产品生产者作为追溯体系内的起点，承担着原料的生产与供给，是确保产品质量、提高安全水平，增加质量信息供给的第一道关卡。它的主要责任是提供生产者日志，日志包含生产资料信息（产地、气候、农资投入）、生产信息（种植方法、虫害控制方式）、生产者信息（名称、资质、联系方式）、产品信息（种类、名称、数量、重量）、质量信息（品质检验结果、有效期、储存方法等）和其他内容。在生产阶段，做好原料质量控制和过程信息记录是后续追溯工作的基础。

（二）食品加工阶段

加工商是食品系统内实现产品转化、增值和安全供给的主体。加工商利用各种质量管理体系如 HACCP 等来控制产品质量，提供加工过程履历。出于增强企业竞争力、满足法规要求等目的，加工过程履历应包括生产者信息（工厂名称、企业资质、联系方式）、产品信息（原料来源、添加剂使用、加工日期、加工方式、保质期等）、质量信息（原料检验、过程检验、成品检验）、加工过程记录（生产线、班组、重量记录、加工时间等）和其他与交易相关的信息。

随着人们对加工食品消费比例的增加，食品加工厂日益成为连接生产者和消费者的纽带，对于食品信息的占有率也不断提高，逐渐成为追溯体系内的核心企业。目前，各国追溯法规的主要约束对象也集中于食品加工厂，一方面在于加强实施工业化管理，便于监督，另一方面源自它的信息优势地位，是追溯体系内的关键控制点。

（三）物流阶段

物流组织是联系食品供给与销售的重要环节。由于食品消费模式的转变，即产销分离、跨季节性消费、国际化供给等特征凸现，物流对于食品生产与消费的影响力日益增强。特别是对于易腐性强、性状不稳定的新鲜农产品来讲，物流过程中的卫生条件、保温措施、储运时间等对食品安全的影响十分关键。追溯体系要求物流组织对前一环节的信息进行校验和存档，同时，提供运输管理履历包括承运商名称、储运条件、产品信息、货物编号、包装类型。

（四）零售阶段

零售商需要对供应商的产品信息进行校验，并记录备案。同时，通过适当的方式向消费者揭示产品名称、原料产地、生产日期、有效期、净重、原料名称、生产者名称、零售商名称、储存方法和其他标签等信息。

通常，零售商对消费者的食品偏好、消费习惯、风险感知等较为了解，可以利用这些信息为自身创造利润，或者将信息反馈给链条内的上游企业，使之及时调整和改善食品的生产供应，增强整个行业的赢利；还有利于受理消费者的投诉，在食品安全问题发生时，及时识别与追溯问题产品，减少消费者及整个社会的福利损失。

第四节　我国食品进出口溯源

中国目前食品溯源分为三种：政府提供溯源的平台、大的食品生产企业自己建设网页、第三方溯源。第三方的优势在于综合考虑质量监控和溯源。

以 Z 集团公司业务为例。Z 集团为全球客户提供“一站式”综合解决防范，已成为国内第一、世界知名的综合性检测检验认证机构。Z 集团公司溯源已为来自 20 余个国家和地区、近千种进口商品提供了质量追溯服务，帮助进口商品在企业、政府、消费者间架起信任的桥梁。通过 Z 集团全球商品追溯云平台对供应链上生产、贸易、物流以及产品质量等各节点信息进行采集、验证、共享，一方面帮助生产企业、贸易企业更好地管控产品质量风险、提升消费认可；另一方面帮助消费者更便捷地选购放心、可靠的境外商品，同时向政府监管部门传递客观、真实的商品追溯信息，大大提高了口岸监管效率，促进进口商品贸易通关便利化。

Z集团公司商品溯源业务服务的内容：

1. 厂家产地实地验证。

2. 企业产品流通真实性验证。

3. 检测、预检等服务。

4. 溯源系统注册、运营溯源标签发放。

5. 标签监贴、管理、激活。

6. 装运检验、到岸检验。

7. 快速通关沟通与协调。

8. 溯源标签发放、激活与管理。

下面接着介绍具体的溯源业务知识。

一、进口商品

（一）境外预检＋追溯：境外检测验证＋防伪溯源＋口岸智能验放

境外预检，是由第三方专业机构在国外原产地对进口产品按照中国标准进行预检验。货物到达口岸后，检验检疫部门在口岸核查，可以便捷掌握该批商品装运前数量、品质等信息。

境外预检的作用：一是有利于口岸监管部门开展风险分析，大大加快口岸放行速度。二是境外预检与追溯服务结合以后，为加快口岸通关提供了技术支持，能满足进口商品快速上市的需求。特别对于生鲜类进出口企业而言，产品在口岸多待一天，就多一天成本和质量风险，迟一天出售就会大大降低市场收益。比如，鲜奶产品只有十几天保质期，在口岸多待一天，货架期就短一天，超过7天以后就很难卖出去。三是可提前确保产品品质符合中国官方要求，避免由于产品不合规而出现抵达口岸后被退回的巨大风险。比如，如果进口产品的源头质量没有管控好，到了口岸才发现“一级品连二级品都赶不上”，但货物已经上船，中国贸易商已经支付货款，就会给企业造成巨大的经济损失。后期还会牵扯到跟海外企业打官司的“持久战”，最终影响收益。

案例：新西兰纽仕兰鲜牛奶溯源项目

合作背景：鲜奶的生命周期较短，新西兰纽仕兰鲜牛奶希望能够通过提升通关效率来增加产品的市场生命周期。

实施思路：境外抽检口岸采信，与监管局系统数据交互。

溯源成果：提供了快速通关方案，增强了产品生命周期，让国内消费者喝到新鲜的牛奶。通过第三方专业机构为该项目设计“境外预检＋追溯”，可以实现全程追溯：可以查看到境外牧场奶源信息、境外生产加工过程、境外实验室检测及装运前检测、境外运输、航空运输、转关运输、国内检验检疫信息、境内运输这些环节的信息。在平台可以查看到全程温控自动读取，海外检测报告，消费者可以查看产品的来源地。通过精准监管和“外检内放”的制度创新地缩短通关时间，使新西兰生产的鲜奶最快 3 天即可到达中国消费者手中。

（二）实地验证 + 追溯

案例 1：美国波士顿龙虾溯源项目

合作背景：因为水产品活体进入中国市场比较难，美国波士顿龙虾想通过溯源，满足通关便利、品牌提升、产品保护等需求。

实施思路：实地验证 + 标识监贴 + 三防溯源标签 + 溯源系统。

溯源成果：为产品进口方及供给方在各自商业领域的商业信用及打造口碑提供了很大的帮助。

案例 2：智利车厘子

合作背景：智利车厘子在国内市场上存在价格不一、标准不足、渠道分散、品牌价值缺失等问题。

实施思路：智利境内产品分级，境外实地验证 + 到岸检验 + 全程追溯 + 标准制定。

溯源成果：结合到岸检验标准，规范车厘子的市场流通秩序，对车厘子的标准和质量进行验证，保证了产品的产地来源。使智利车厘子打开了我国西部市场。

（三）跨境电商追溯：跨境进口体系评价 + 防伪溯源

案例：天猫国际溯源服务

Z 公司在打造跨境电商溯源新模式方面与天猫国际进行合作，为其线上销售奶粉产品定制了一套追溯和质量监测体系。

实施思路：

工厂端：对境外生产企业做审核确保工厂及质量情况。

贸易端：对备货批次按一定比例抽样检验并做海外监装。

产品端：对所有销售奶粉实施海外流通真实性验证全覆盖，验证该品类产品在海外也有正常流通渠道。

进口端：按照测算比例对产品进行海外预检测或口岸入仓前检测。

溯源成果：通过第三方专业机构 + 大的平台合作，共同打造跨境电商溯源新模式，为跨境食品电商定制一套追溯和质量监测体系，对境外生产企业做审核，确保工厂资质合格。第三方专业机构还可以通过提供“海外流通真实性验证”环节服务，验证该品类产品在海外正常流通渠道。

二、出口食品溯源

以润丰国际蔬菜交易中心信息化溯源管理系统为例。

（一）润丰国际蔬菜交易中心发展状况

润丰国际蔬菜交易中心地处以“蔬菜产销大镇”著称的广东省东莞市石碣镇。润丰国际蔬菜交易中心（以下简称“中心”）于2006年正式运营。

中心采用“公司+基地+合作社+标准化”的经营模式，在全国开发了百余个大型供港澳蔬菜备案生产基地，确保进场蔬菜严格遵循“产地准入、市场准入、标志溯源”的监管制度。在确保蔬菜生产加工质量安全保障的同时，减少了上游中间环节的流通成本，赢得了稳定的蔬菜市场份额，成为全国最大的供港澳蔬菜加工基地。

（二）追溯系统简介

为保证入场果蔬原料能实现有效溯源，中心于2010年启用“润丰进出口溯源系统”，对基地、分销商及加工商实行信息化管理，从基地的种植、施肥用除虫、加工包装到出口监装全环节覆盖，可全程随时调看现场场景，查看相关记录，为决策者、政府监管提供极大便利，实现了足不出户却了然于心，有效保证蔬菜质量安全。

基于中心的运作流程，溯源系统在流程的不同环节收集并记录果蔬产品的相关信息，从采收之前直至出关，实现果蔬产品全过程的信息追溯。在采收之前，由有供港澳资质的蔬菜备案基地按时向中心提供果蔬产品的农药使用情况。

中心有专门的负责人将该信息录入系统，并通过生产批号与产品一一对应。在中心向蔬菜基地发放供货证明、供货基地将果蔬产品运送至中心时，中心的农产品检测实验室对该批次产品进行抽检，检测人员将检测结果录入系统，同时中心质检部工作人员对检查结果进行审查，对通过检查的果蔬产品授权进行销售。

当入驻中心的商家完成产品采购并进行加工处理时，中心的工作人员会对进入加工区的货物进行查验，并要求加工商在系统中录入该批次产品的流向信息，即产品流向单，同时要求商家按照最小的包装单位，填写产品标志卡片。当产品流向单在系统汇集之后，中心工作人员对流向单进行归类，并依据车辆等运输工具的载重要求，形成车辆的出货清单，随车经由海关工作人员进行货物核查。至此，系统将供港澳果蔬产品产前、产中、产后的全过程信息进行了收集和记录，采用一一对应的货物批号等信息手段，建立起覆盖果蔬产品整个生命周期的信息追溯体系。在需要的时候，消费者或零售商可以通过所购买/销售的产品附带的产品批号，对该批次产品的生产、加工、运输、检验等环节进行追溯。

（三）追溯系统优势与不足

1. 优势

中心启用的“润丰进出口溯源系统”，成为实现供港澳果蔬产品追溯体系的主要支撑，在果蔬产品质量保障、消费者权利维护方面发挥了重大的作用。有以下优势：

（1）操作便捷。信息追溯系统的信息收集与输入工作主要由中心、农产品检测实验室、商户完成，避免了由蔬菜基地进行数据输入时可能存在的一线人员因不会操作带来的各种风险。

（2）信息处理能力强。目前，经由“润丰进出口溯源系统”记录、处理的供港澳果蔬产品日均达到 1 000 多吨，系统承担了所有供港澳果蔬产品的信息记录、查询、核对、流向单整合、出货安排等功能，体现出该信息追溯系统强大的信息处理能力。

（3）信息完备、准确。在参与信息收集、录入的三方人员中，中心的工作人员主要负责果蔬产品产前信息的收集、核对以及出货信息的整合；检测实验室对果蔬产品质量检测结果进行输入；商户对果蔬产品加工处理、流向信息进行录入。在三方合作的前提下，追溯系统能够收集并保存果蔬产品全生命周期的相关信息，实现了信息的全面性，同时避免了由基地直接输入产品信息，在简化操作流程的基础上，保证了信息的准确性。

（4）权责明确，监管有力。在信息追溯系统涵盖的五个实体中，中心作为平台提供方连接了蔬菜基地和商户，为其提供交易场所并对产品质量进行监管，避免了蔬菜基地与商户独立操作时的质量风险。农产品检测实验室作为独立的第三方检测机构，提供独立、准确的农产品质量信息和果蔬产品质量评价标准。海关依据法律法规行使进出口监督管理职权，对上述所有实体进行监管。五方合作，权责明确，进一步为追溯系统信息的客观性、准确性提供了额外的保障。

2. 不足之处

（1）数据结构需要进一步优化。信息追溯系统采用货物批号信息建立数据对应体系，但是货物批号在不同阶段会发生变化，容易导致信息查询困难。

（2）对产前信息的搜集缺乏严格要求。果蔬产品的产前信息搜集主要依靠备案的生产基地按时自行提供，中心不能进行有效监管，只能通过对入场果蔬产品的检测实现产品质量的控制，可能导致信息造假的情况出现。

（3）进一步提升先进物流设备、技术的使用。目前信息的输入仍然依靠工作人员手工进行，效率较低而且准确性差，易出现人为错误，可以适当引进条形码 + 扫描枪、RFID 标签等成熟的现代化物流技术对信息采集环节进行优化。

第五节 区块链与食品溯源

传统食品溯源方式一直存在中心化程度高、运行程序烦琐、信息易篡改等弊端与问题，而区块链作为一种革新技术，它的出现颠覆了网络架构传统模式，其“去中心化”可有效避免中心网络系统故障导致的系列问题。在出口食品安全溯源方面，利用区块链技术使信息具有匿名、分布式、不可篡改、可追溯等特性，可以完美解决传统食品溯源存在的问题。

一、区块链概念及技术特征

（一）区块链概念

区块链狭义定义为一个分布式共享账本，其中包括根据时间连接的网络交易，并以加密方式打包成数据块。广泛定义指一种基于分散式架构的计算模式，通过共识算法来添加和修改数据，并通过加密的链式区块结构来验证和保存数据，自动化的脚本代码实现了区块链对数据的编程操作以及分布式存储。

（二）区块链的技术特征

共有五大技术特征，如图 9-1 所示。

1. 去中心化。区块链使用分布式系统存储所有数据，使得数据可以同时被验证并存储到区块链的所有节点。实现了共享式的信息交流方式，且在非对称加密技术、共识算法的作用下保证了数据的安全。

2. 可追溯性。区块链的链式结构是通过加密哈希函数将每个数据区块按时间前后连接而成的，具有时间上的连续性，这使得区块链上的交易主体可以通过追溯的方式得到任何一个区块的数据。

3. 不可篡改性。在区块中，所有的信息通过哈希计算以及非对称加密等方法转化为数据区块进行传输，当数据区块中所有节点批准后，节点企业想要改变区块的原始信息则需要巨大的计算能力，篡改成本极昂贵，因此区块链上存储的数据几乎是不变的。

4. 开放性。即集体维护，区块链是一个非集权化的网络，允许所有参与者都有权访问整条链上的数据，除去各个节点被加密的私有信息以外，任何节点都可以参与到数据的维护。

5. 匿名性。区块链通过私钥公钥、智能合约等方法与手段，实现了数据公开前提下的个人隐私保护。

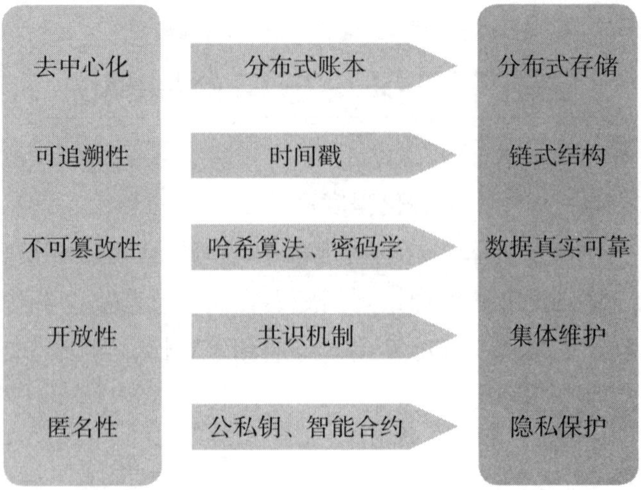

图 9-1　区块链的技术特性

（三）区块链类型

可分为三种类型：公有链、联盟链、私有链（三者性质对比见表 9-1）。目前常用的区块链技术框架包括比特币、以太坊、Fabric（超级账本联盟推出的核心区块链框架，适合在复杂的企业内和企业间搭建联盟链）和 FISCO BCOS（金链盟开发的联盟区块链缓慢技术平台）等。

Fabric 和 FISCO BCOS 属于联盟链，结合中国出口食品安全现状，考虑到出口食品安全溯源由海关负责监管（非“无中心”管理体系），又要兼顾溯源效率，因此采用联盟链构建出口食品的追溯系统，贴合中国的国情，既能降低中心化程度又能保证效率。

表 9-1　公有链、联盟链、私有链性质对比

类型	公有链	联盟链	私有链
公开程度	完全公开	公开或限制	公开或限制
效率	较低	高	高
中心化程度	低	中	高
产快节点	完全开放	授权	私有

二、区块链在出口食品溯源方面的应用

通过分析研究应用区块链技术，结合出口食品监管实际，最终建立以海关、地方监管部门为管理主体，纳入种养殖户、生产加工企业、第三方检测认证机构、银行、保险企业、仓储企业、物流企业、行业协会、国外进口商、消费者等参与方，由国内生产源头到国外分销的出口食品全链条质量安全溯源体系。

（一）出口食品溯源平台架构

以区块链技术构建的出口食品溯源管理平台应囊括出口食品的各个环节，并涵盖涉及出口食品的所有利益相关方，所有参与方均为信息采集方和信息需求方。平台中，由种养殖户、生产加工企业、第三方检测认证机构、银行、保险企业、仓储企业、物流企业、行业协会、国外进口商、消费者等共同组建“区块链共同体”，通过管理主体授权验证上链，最终实现全链条信息可追溯，提高溯源效率和管理效能，详见图 9-2。

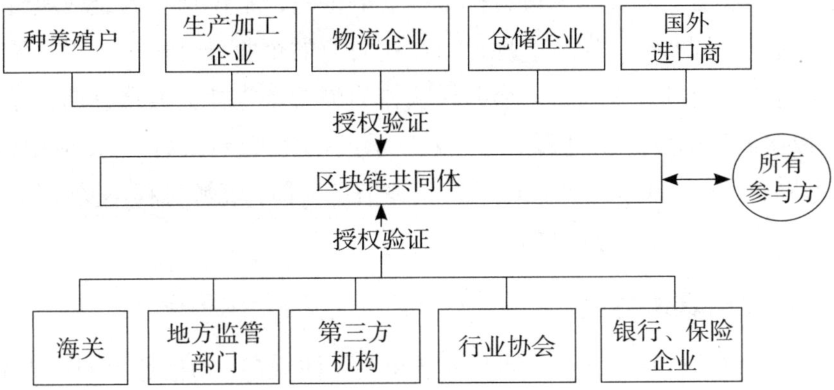

图 9-2　溯源平台主体参与情况

（二）平台框架

鉴于公有链、私有链和联盟链在链上各节点写入网络和读取信息的自由化程度，结合出口食品溯源平台上各参与方的性质，平台可划分为由“联盟链 + 私有链”组合方式建成主要面对监管部门的“溯源管理系统（监管模块）”，由“联盟链 + 私有链”组合方式建成主要面对企业信息管理的“企业生产信息系统（企业模块）”，由“公有链”方式建成主要面对消费者及社会大众的“公众查询系统（公共模块）”，具体平台框架见图 9-3。

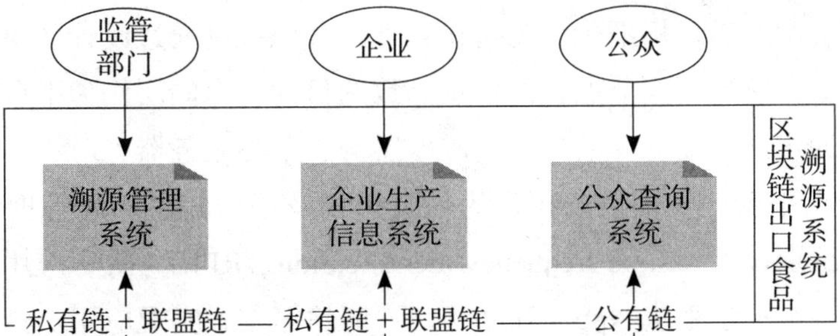

图 9-3　平台框架

监管部门作为“监管模块”的主要开发使用管理者，拥有查询审计溯源区块链中种养殖户、生产加工企业等各参与方的上链信息的权限，同时配置链条节点供内部服务器接入，从而实现对出口食品溯源各环节的有效监管。值得注意的是，此模块中参与方的商业机密信息由“私链”的方式记录，其他方没有访问权限，从而既达到有效监管的目的，又降低了信息泄露的风险。

企业模块纳入了出口食品环节中生产加工、物流、仓储、金融、保险、报关等各环节，由经过验证授权的企业参与方进行标准信息的上链，上链信息通过区块链分布式账本技术储存在网络上，从而被真实有效地记录。相对应的企业方可通过配置链条节点介入自身服务器，从而使系统进一步完善。公共模块作为消费者等社会大众查询食品信息的主要溯源途径，可以将商品的生产全过程信息透明展示。社会大众可通过手机应用程序（App）、网页客户端等方式进行查询，另外也可进行相关信息反馈，溯源过程不受任何参与方限制，完全达到去中心化的全过程信息追溯体验。

（三）平台架构具体方案

出口食品产业链包含众多环节，涉及利益相关主体众多，为信息追溯造成不小的难度。利用区块链技术的优势构建出口食品溯源平台，从源头上解决虚假信息写入网络等问题，提供了解决数据存储、信息溯源的优选方案。基于区块链技术建立的出口食品溯源平台设计方案，总体上根据功能可划分为用户层、功能层、服务层、存储层、网络层、物理设备层、应用层和呈现层等（详见图 9-4）。

用户层纳入出口食品全链条的各相关利益主体，通过部署智能合约，结合主体在平台内的分配角色特性决定其信息调用或管理的权限；功能层作为平台运转的直观应用展现，可实现信息溯源、风险管控、质量安全监管等功能；服务层作为平台最核心的层级，整合智能合约、共识机制、数据库、用户管理和服务管理等区块链技术，支撑起溯源平台的运转。其包含的职能合约将法律法规、部门规范、标准、专家知识库及 HACCP 体系等内容编程后嵌入区块链中，实现标准化、规范化管理。共识机制通过设计区块链节点接收到信息后进行算法验证，达到不同节点存储信息一致的目的；存储层作为平台的基础层级，参与方将涉及食品的生产、交易等信息通过服务器群、中心服务器、区块链节点上链后，实现数据采集上传至平台；物理设备层作为信息采集及平台信息溯源管理的终端，包含手机、电脑、射频识别技术（radio frequency identification，RFID）等；应用层作为平台最终的应用形式展现，可通过手机 App、互联网门户网站等方式实现应用。具体设计中包含基于区块链技术的网络应用，具有模块化、模型 - 视图 - 控制器模式（model-view-controller，MVC）、自动数据绑定等特点的页面应用，为用户提供界面操作；呈现层作为平台操作的实际界面，各参与方通过授权验证后实现平台信息的交互，最终实现出口食品全流程信息的真实有效和完全信任。

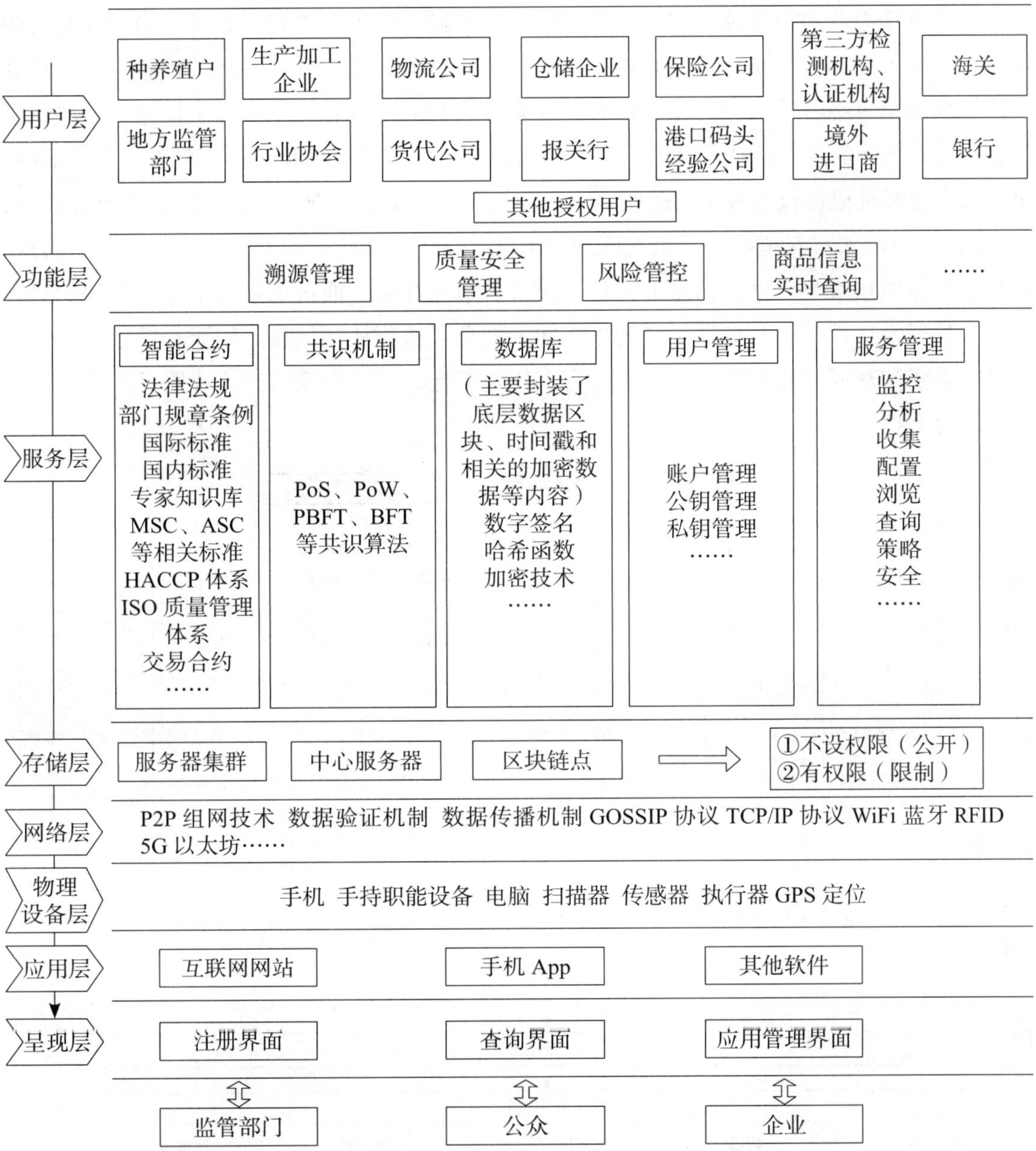

注：MSC：海洋管理委员会；ASC：水产养殖管理委员会；HACCP：危害分析的临界控制点；ISO：国际标准化组织；PoS：股权证明；PoW：工作量证明；PBFT：公式算法；BFT：拜占庭容错；P2P：点对点；GOSSIP：疫情传播算法；TCP/IP：传输控制协议 / 网际协议；WiFi：无线通信技术；5G：第五代移动通信技术；GPS：全球定位系统。

图 9–4　平台架构分层

（四）溯源流程

出口食品种类多样，围绕食品出口的各相关利益方众多，包括种养殖户、生产加工企业、仓储物流企业、第三方检测认证机构、监管部门、报关行、货代公司等。为保证信息的真实有效性，企业参与方需在监管部门的审核验证后，通过颁发数字证书及公钥和私钥授权入链，且鉴于企业角色特性，采取“联盟链 + 私有链”的方式参与，企业参与方在平台中可按照标准上传相关信息，但没有权限对信息进行修改。出口食品各环节信息自动采集并上传，保证信息在各节点均可储存读取，实现源头种养殖信息、生产加工信息、检测认证信息、物流仓储信息、保险信息等相关重要信息在区块链后台数据库内的储存，监管部门、企业、消费者可根据权限查询、使用、管理相关信息，从而实现出口食品信息全流程溯源，详见图 9-5。例如：养殖场在养殖期间通过 RFID 等智能设备自动上传苗种来源养殖信息、用药信息等质量安全信息，信息上传到区块链各节点存储，通过加密技术生成唯一的哈希值存入数据库。其他涉及食品出口的生产加工信息、检测认证信息、物流仓储信息、保险信息等重要信息通过相同模式由各参与方上传至平台，从而实现信息全透明可追溯，使监管效能大大提升。

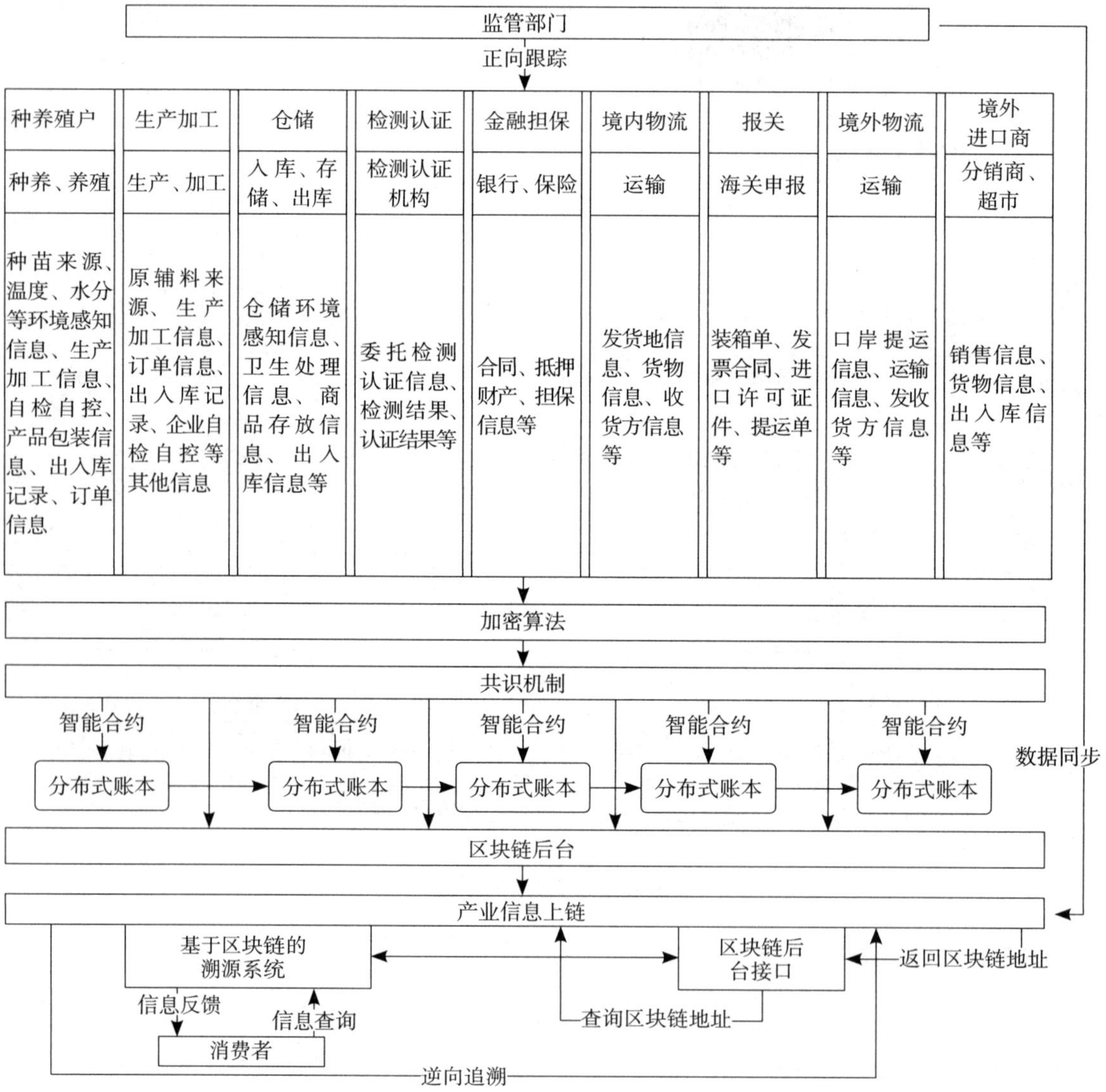

图 9-5　平台溯源流程图

三、基于区块链的 H 公司进口生鲜冷链物流追溯系统

（一）H 公司概况

H 公司成立于 2014 年 3 月，由国有控股大型企业和战略伙伴共同投资建立，主营牛肉类、猪肉类、鱼类等生鲜食品的冷链物流业务。公司重视供应链整体运营模式，提供基于食品安全和卫生的进口生鲜食品的供应链集成服务。包括一体化的全球采购、多温层仓储服务、食品展销、冷冻食品加工以及食品专用运输（冷藏保鲜、集装箱）等，致力于打造值得信赖的冷链综合服务品牌。

公司基地位于中国长三角经济圈中心，周围辐射范围 300 km 内包括 20 多座大中型城市，区域人口超过 1.2 亿，进口生鲜产品的需求潜力巨大，且便利的公路、水路、铁路、航空等交通条件为公司提供了联合运输的优势。

公司在内部供应链管理运营中，依托已建成的冷链物流基地和先进的设备以及技术支持，保证冷链生鲜产品在采购、仓储、加工、配送等各个环节的质量安全；在外部供应链管理运营中，公司与上游国外供应商和下游国内分销商等建立长期的战略合作关系，确保生鲜产品上下游渠道的顺畅，为消费者提供种类丰富、品质优良的进口生鲜产品，如牛肉、鱼类等。H 公司的冷链物流追溯系统主要为产品的质量安全提供监督和控制作用。

（二）基于区块链的冷链追溯系统优化方案总体设计

1. 追溯系统的优化目标

冷链追溯系统中溯源信息的不完整、不对称以及系统的中心化结构是影响食品溯源商誉的重要原因。因此，利用区块链技术以后 H 公司的进口生鲜冷链物流追溯系统的目标如下：

（1）生成 H 公司进口生鲜产品完整的溯源信息档案，实现从采购源头到消费者的闭环追溯，督促食品企业严格实施质量控制。

（2）将产品的溯源数据加密存储，防止信息被篡改，保证企业间信息交互的安全。

（3）实现溯源数据的共享和有效监督，进一步挖掘溯源信息价值，充分发挥冷链物流追溯系统的功能。

2. 追溯系统的优化思路

（1）防止溯源信息被篡改的思路：利用哈希算法形成的哈希值将冷链主体上传的各个数据区块按照时间顺序连接起来，区块链中的非对称加密和公私钥系统的身份认证使得数据信息在被各节点企业读写、查询以及传递时难以被篡改，显著提高追溯系统中信息的安全性和真实性。

（2）保证溯源信息有效传递的思路：利用区块链技术实现有效追溯和多方参与数据信息共享，增强溯源主体间的信任。首先，区块链中的智能合约技术是具有数字形式的法律协议，能够无条件执行冷链主体间预先设定的承诺和交易。其次，利用分布式存储技术将交易对象、时间、金额、数量等所有交易信息和商品流通过程中的溯源信息依照交易顺序依次记录在分布式账本上，进而所有节点企业都可以访问和利用其中数据，提高数据的可用性和冷链物流追溯系统的存储效率。最后，凭借共识机制使各节点企业对系统中的溯源信息达成一致并共同监管和维护，提高溯源信息的容错性。

3. 追溯系统的总体框架设计

可追溯系统框架主要包括冷链信息采集层、冷链信息管理层和系统应用层。其中，冷链信息采集层是追溯系统的基础，用于采集进口生鲜食品流通中的真实信息并实时上传至区块链。冷链信息管理层是系统的核心层，主要功能是信息交换和数据存储。系统应用层为参与主体提供应用入口。

（1）冷链信息采集层：利用各种信息采集工具如 GPS、温度传感器、条形码、RFID 技术等实现对进口生鲜食品存储环境、冷链加工和运输状态等食品溯源信息的自动化采集，提高信息采集效率，减少人工录入操作，确保溯源信息的真实可靠。

（2）冷链信息管理层：对追溯系统各节点企业采集到的数据信息进行验证并存储，利用区块链技术确保安全高效、真实可靠的溯源信息传递，提高食品的追溯精度，在一定程度上解决现行追溯系统查询效率低、主体之间信息不对称等问题。

（3）系统应用层：主要为进口生鲜冷链的节点企业、监管部门、消费者等参与主体提供追溯系统使用接口。用户进行身份注册并验证，就能获取访问权限。系统应用层旨在提供进口生鲜产品的相关信息查询服务和食品质量安全追溯服务。

基于区块链的进口生鲜冷链物流追溯系统总体框架如图 9-6 所示。

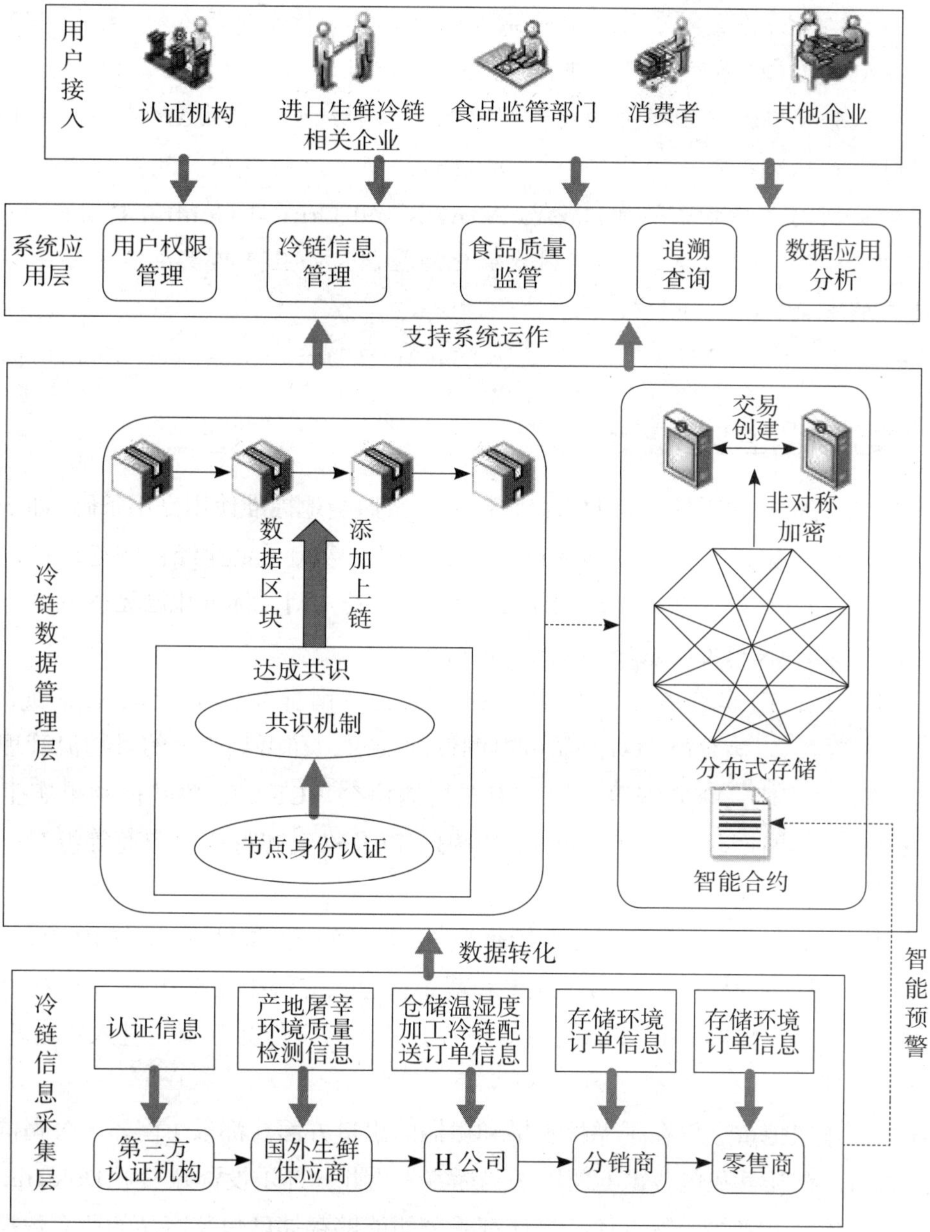

图 9-6　基于区块链的进口生鲜冷链物流追溯系统总体框架

案例：

都乐公司的生鲜农产品追溯案例

都乐公司是欧洲最主要的生鲜水果和蔬菜经销商，通过遍布全欧的 20 多个港口进口产品。都乐（欧洲）公司的总部位于法国，在西班牙、希腊、意大利、德国、比利时、南非、瑞典和荷兰等地都有分支机构。

都乐（欧洲）公司联合其在南非的分公司（都乐南非公司）在南非共同实施了“生鲜农产品可追溯性项目”（Fresh Produce Traceability Project，以下简称 FPT）。此项目从2000年开始实施，并发布了与国际物品编码协会同名指南为蓝本的《南非FPT指南》，旨在加强EAN·UCC系统生鲜水果和蔬菜可追溯性的工具作用。都乐（南非）公司启动了一个试验项目，在出口专用的生鲜水果托盘和纸盒上使用UCC/EAN-128条码标签。同时，都乐公司严格遵守了ISO 9002认证所要求的程序、欧盟的相关标准和规范以及危害分析与关键控制点（Hazard Analysis and Critical Control Point，以下简称HACCP）标准，从而不仅使产品得到系统化的控制，而且产品供应链中每一个环节的数据都被存储下来。

资料来源：都乐公司的生鲜农产品追溯案例 . 2014-03-25. http://www.kzs.org.cn/html_l.aspx?id=366

一、实施前的企业情况

在南非，只有柑橘和无核水果的出口管制要求按照当地标准使用专用条码（即39条码）对运输托盘进行跟踪。1997年南非废止了一些法律，影响了企业经营的连续性，导致水果和新鲜蔬菜的出口以及在南非市场上的经营方式五花八门。标准化已无迹可寻。

可追溯性与EAN · UCC系统

2000年5月，南非编码组织成立了一个名为“南非生鲜农产品跟踪项目”（SA FPTP）的工作组，以满足欧洲对产品可追溯性的要求，和由此产生的对物流管理的要求和对食品安全的责任。南非编码组织、南非柑橘协会（CSA）、落叶植物果实生产商托拉斯（DFPT）、易腐产品出口管理局（PPECB）以及物流和行业供应商等组织，都参加了该工作组。

在第一阶段，SA FPTP征询对南非出口水果可追溯性的建议内容，并得知EAN ·UCC系统提供的标准可在南非水果和蔬菜行业供应链中发挥作用。在这一框架下，该工作组于2002年10月，以国际物品编码协会的同名文件为蓝本，进入《南非FPT指南》的起草阶段。

首先，工作组把重点放在了无核水果和柑橘的出口方面。都乐（南非）公司同意启动一个试点项目，在托盘和包装箱上使用条码标签。为此，都乐投资开发了DoleTrack系统，这是一套企业内部开发的工具。该工具使都乐公司能够存储已包装产品的所有数据（可追溯性的基础），并采用UCC/EAN-128条码印制标签。

在2001/2002的水果收获季节，在包装纸箱上使用物流标签的试验在南非和纳米比亚的35个包装厂取得了成功。在进入欧洲的所有都乐产品上使用物流标签（包括UCC/EAN-128条码）的良好效果，在安特卫普港口得以显现。该港口接纳都乐公司为欧洲供应商和分销商提供的大部分产品。如今，纳米比亚和南非的大约50个包装中心试用了物流标签和“DoleTrack”软件。

都乐公司在实际采用物流标签（如图9-7和图9-8）之后的最初成效是：托盘的标签只需要稍微变更，但成本比试验前下降了许多。

图 9-7　UCC/EAN-128 纸箱标签

图 9-8　托盘标签

南非专用的一套编码系统和内部标准的使用者，在标签上同时印制了 UCC/EAN-128 条码和当地标准条码（39 条码）。对于包装箱，问题则稍微有些复杂，因为客户要求各不相同。

都乐公司使用 DoleTrack 系统及 UCC/EAN-128 条码标签可以获得以下好处。

1. 因标签费用较低，成本降低了；
2. 贴标签工序速度的提高降低了人工成本；
3. 包装箱上的标签更清晰且结构更合理；
4. 实现了对包装箱的完全可追溯性；
5. 充分满足了客户的要求；
6. 唯一的、全球统一的编码结构可以在整个供应链中使用（从原料供应到最终客户）。

短期内，都乐公司决定进一步扩大该系统的使用范围，将 EAN · UCC 系统用于与更多欧洲国家的贸易中。在此期间，SA FPTP 继续宣传其指南（通过奖励活动和培训课程进行），以启动“端对端”EAN · UCC 系统试点项目。在试验的第二阶段，该工作组将着重关注 EDI、中央数据服务和数据源的互操作性。

二、可追溯性与食品安全

为了保证产品的可追溯性，都乐公司制定了一套完整的方案，要求为供应链各环节分派职责，以保证其能充分发挥作用。因此质量专家要严格控制每一步行动，确保所有程序均得到执行。此外，每年的内外部审计也要对产品保鲜与存储的设备和条件进行评估。

对于都乐公司来说，保证质量意味着在从挑选种子到将都乐品牌的水果和蔬菜摆上超市货架的整个过程中，实施严格的国际规范和标准。

三、都乐公司的质量控制链

1. 种植

在播种之前，该公司对生产的水果和蔬菜的营养价值和口味进行评审。原则是只选择适宜当地土壤和气候种植的品种。

在种植期间，由内部和第三方农学家对农田进行定期视察。他们负责确保都乐公司的生产符合 GAP、ICM 和 IPM 等环境管理体系，ISO9002 和 ISO14001 等国际标准，以及社会责任管理标准（如 SA 8000）等。

2. 收获

都乐公司对所有果蔬进行检查并记录数据。

3. 包装

当产品运到包装厂要对产品进行复检。虽然都乐公司的大多数包装厂都靠近种植基地，但产品仍有可能在运输途中受损。都乐公司在开始包装之前，筛选出所有受损的水果和蔬菜。

都乐公司根据 ISO9002、欧盟标准以及 HACCP 规范，实施严格的包装程序。产品在装船前要采用 EAN · UCC 系统代码（如 GTIN、SSCC）进行系统化的检验。

4. 运输

在出口前，要对所有产品进行质量控制检验。因为在海运过程中可能发生产品损坏，因此，每艘运输船的船长负责控制温度和空气，并记录数据。都乐公司全资拥有获得国际安全管理（ISM）认证的运输船队，每艘船上均严格遵循该程序。

产品到达欧洲后，都乐公司先对产品进行外观检查，再进行全面质量评估。还将检查航运日志，抽取样本，测量大小、重量、成熟度和色泽。其他样品则被送到实验室，进行微生物及最大残留水平（MRL）分析。

5. 贮藏、催熟与销售

在配送到都乐公司分布于欧洲各地的分支机构之前，水果和蔬菜被贮藏在特殊的温控仓库中。此环节的质量程序符合 ISO9002 标准和根据 HACCP 建立的卫生程序守则。

每个收货的国家均实行质量控制。当产品需要通过火车或货车直接发送给客户时，都乐公司将提供关于运输、贮藏、催熟和预包装的建议。

某些产品(例如香蕉)在发运后仍需要催熟。都乐公司在欧洲的一些催熟室已通过 ISO9002 认证，有些正处于认证过程中。由分销商进行的催熟，则是按照都乐公司的建议进行的。

都乐公司的质量标准同样适用于其产品的外观，因此，都乐公司向出售其产品的超市提供了产品的陈列建议。

如果发现任何质量问题（这种情况很少发生），都乐公司将立即采取决定性行动，通过隔离或召回产品以消除问题的根源，保护消费者的利益。如果分销商需要了解有关都乐产品的信息，可随时向都乐公司的质量经理咨询，并将及时得到答复。

总结

都乐公司是水果和蔬菜行业中实现产品可追溯性的先行者。此案例研究表明，在食品安全领域的产品可追溯性是一个超越国界的概念，应在全球范围进行。这意味着只有使用国际标准——EAN · UCC 系统，才能确保成功实现产品的可追溯性。要确保能在世界范围内统一传送产品数据，可以依赖 EAN · UCC 系统提供的标准。在食品安全方面，有不少公认的国际认证标准和规范，例如 GAP、ICM、IPM、ISO9002 和 HACCP。都乐公司的经验表明，综合采用以上标准是实现最优可追溯性的保障。

练习与思考

一、单选题

1.（　　）指通过溯源，确定食品在食品供应链中的位置，便于后续管理，实施食品召回以及向消费者或有关利益干系人告知信息。

A. 产品溯源管理

B. 过程溯源管理

C. 投入溯源管理

D. 测量溯源管理

2. 食品溯源流程中，（　　）是确保产品质量、提高安全水平，增加质量信息供给的第一道关卡。

A. 食品加工阶段

B. 生产阶段

C. 物流阶段

D. 零售阶段

3. 区块链使用分布式系统存储所有数据，使得数据可以同时被验证并存储到区块链的所有节点，实现了共享式的信息交流方式。这种特征是（　　）。

A. 可追溯性

B. 匿名性
C. 去中心化
D. 开放性

二、简答题

1. 什么是食品溯源?
2. 食品溯源有什么作用?
2. 食品供应链溯源管理的主要内容是什么?
3. 进口食品溯源有哪几种方式?

扩展阅读

区块链技术在食品领域的案例

食品安全的信息不对称和监管难题一直是困扰我国食品安全现状的大山，互联网时代的到来为信息传递带来了新的变革，利用互联网技术建设食品安全溯源体系，保障食品安全信息，实现智慧监管，将区块链与农业溯源系统结合，是我国粮食产业发展由量变到质变的关键。

一、牵头食品领域企业

如表 9-2 所示，区块链 3.0 时代的到来，迅速在零售、电商、快消品等领域掀起了热潮，带动了大型企业一系列的技术改革和定向试点。2018 年 5 月，我国首个区块链技术互动平台："物流 + 区块链技术应用联盟" 在京东物流牵头下成立。

表 9–2　牵头企业实例

企业	内容及成果
京东	防伪追溯及物流追踪
阿里巴巴	数字港口
家乐福	Auvergne 鸡
My Story TM	意大利葡萄酒
飞利信	食品防伪溯源
沃尔玛	区块链溯源平台

2020 年至 2022 年，随着平台进一步发展，京东利用自建的物流平台输送医疗物资，在供应链每个环节构建节点，每条信息都有时间戳及数字签名作为保障，消费者可以扫描二维码进行产品的时间追溯，提升对产品的信任。同年 5 月，招商局港口集团携手阿里巴巴和蚂蚁集团，共同促进港口产业发展，打造全球开放的基于区块链的数字港口开放协作网络。

2018 年，家乐福宣布了其在法国试点的 Auvergne 鸡项目，为欧洲首例。与国内 "区块链鸡”类似，作为家乐福2022年改革计划中的重要里程碑，Auvergne鸡广受消费者的欢迎，进一步推动了家乐福其他产品如鸡蛋、牛奶、橙子等生产线与区块链技术的结合。同年DNV GL公司（专业质量认证和风险管理公司）联合唯链（VeChain）共同推出了针对食品饮料行业开发的区块链应用技术——My Story TM，该技术首次应用于意大利的葡萄酒行业的制造商，并在不断拓展中。通过酒瓶上对应的二维码标签，消费者可以查看手中葡萄酒由最初的葡萄到上架的全过程，把产品的质量、真伪、产地、成分、用水和能耗等关键信息向消费者逐一阐述，还能加入不同品牌产品背后的故事，展现其独特内涵，而这些信息都是通过区块链技术从供应链各个环节供应商中收集到的。

2020年，飞利信子公司东蓝数码将区块链技术与防伪溯源相结合，推出基于区块链的食品防伪溯源平台，覆盖食品企业生产、仓储、流通销售等方面，全方面实现数据采集、查询与可视化展示。同年沃尔玛中国正式启动区块链溯源平台，覆盖鲜肉、海鲜、蔬菜以及自有品牌。顾客可扫描商品提供的二维码了解商品供应源头、物流、检测报告等信息，使消费者更加安心。食品溯源信息数字化满足了消费者对食品安全更高的要求，利用数字化提高运行效率，过程更加透明化，为顾客提供更有品质的服务。

二、技术支持

如表9-3所示，基于区块链技术的食品安全溯源系统并非完全由对应企业主导，联合区块链技术平台、挖掘业内专家、紧跟当前技术前沿往往是最好的选择。

表9–3 区块链技术支持实例

企业	内容及成果
IBM	IBM Food Trust
Provenance	传感器或射频识别技术生成的标签
Filament	感应器检测记录农作物的健康指数
成都埃克森尔科技	食物优
BITSE Vechain	唯链

IBM（IT公司——国际商业机器公司）是目前区块链领域技术应用的核心公司，它推出了一个应用于食品供应链的区块链工具IBM Food Trust，通过食品系统数据的许可，永久共享记录，连接着食品从农田到餐桌每一个环节的信息，大大提升了产品的可见性和可问责性。IBM Food Trust的用户通过查询对应的食品标识符号即可快速获取需要的信息，该网络具有权限明确的信息共享视图、控制数据访问状况、规避恶意攻击等特点。沃尔玛作为IBM Food Trust的最大用户，它合作的所有企业都必须加入该网络，强力推动了IBM Food Trust的应用拓展。同时，IBM也与世界航运巨头马士基达成了合作，将航运记录纳入区块链系统，在帮助节省食品海运业务成本的同时促进更多的企业融合，提高现代化食品贸易效率。

英国软件公司 Provenance 探索了传感器或射频识别技术生成的标签记录食材的方法，结合区块链 + 物联网，保证了食材的新鲜性和安全性。无线电感应器生产商 Filament 也正尝试利用感应器检测记录农作物的健康指数、区块链保存信息、物联网连接整个供应链的其他设备。

食物优是成都埃克森尔科技有限公司主打专注于农业供应链区块链技术的产品，签约合作有超过 230 家 CSA（社区支持农业）中小型农场。作为一家走出国门的软件，它不仅提供基于区块链技术的验证溯源服务，还提供农业大数据分析、精准营销等业务。另一家国内区块链初创公司 BITSE 推出的 Vechain（唯链）也在积极寻求商业合作，尤其在物流领域的实时监控方面，Vechain 已经能够支持百万级别的商品 ID 运作。

资料来源：赵巧润等 . 互联网 + 区块链技术在食品安全溯源体系中的应用及研究进展 [J] . 食品工业科技，2023（6）

基于区块链的跨境食品追溯框架建立及应用

一、区块链的跨境食品追溯框架

区块链溯源体系的技术架构分为数据中心层、平台层和应用层。在数据层存储进口食品的基础信息和事件信息，每个信息都具有区块链的时间戳和一对一的哈希值。同时，由于采用分布式多节点完整数据存储的方式，在区块链多节点参与下，如采用联盟链的方式建立涵盖司法机构、监管部门、公证机构、检测机构、保险机构、消费者的公信力大体系，录入系统的数据无法单一节点篡改，保障了数据的真实可靠。在平台层实现账号 / 权限管理、数据管理和分析等功能。在应用层完成进口食品的全过程信息监控管理。

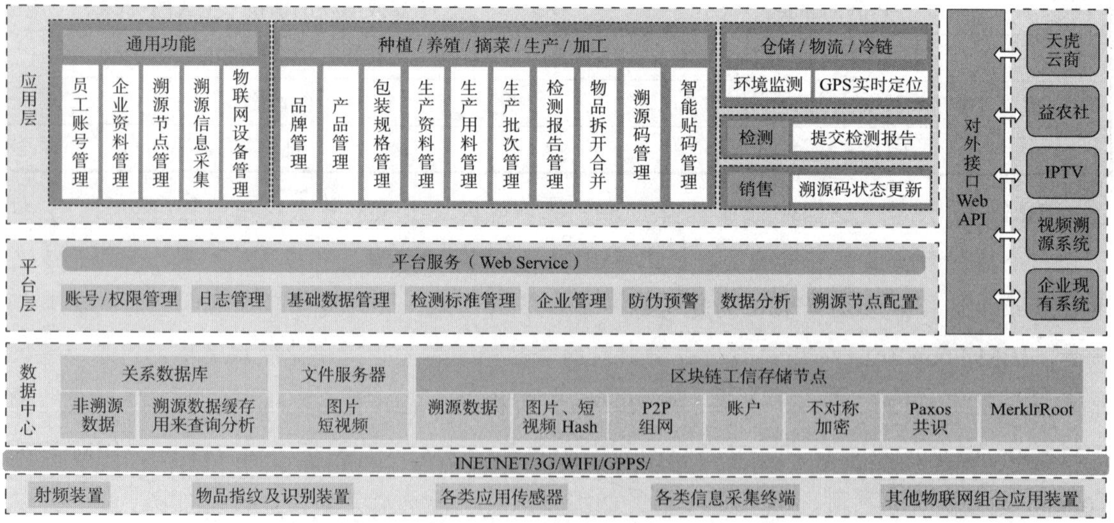

图 9–9　一种基于区块链的溯源体系技术架构

图 9-9 展示了一种基于区块链的溯源体系技术架构，通过区块链溯源体系的构建，可以完成食品、农产品、化矿、消费品等各类商品的追溯。

在进口食品的区块链溯源流程实现中，为保障信息的准确性，一般采用“线上 + 线下”的服务模式，即：线上采用溯源系统实现了信息的管理，线下由第三方机构采用实地验证、工厂检测的方式，对进口食品的产地真实信息、境外流通信息等进行确证，保障溯源场景信息真实、可查证。

在具有公信力的第三方机构的背书下，通过“线下 + 线上”的质量追溯模式（如图 9-10 所示），即可在区块链上为海关提供可靠的数据，推动通关监管便利化。

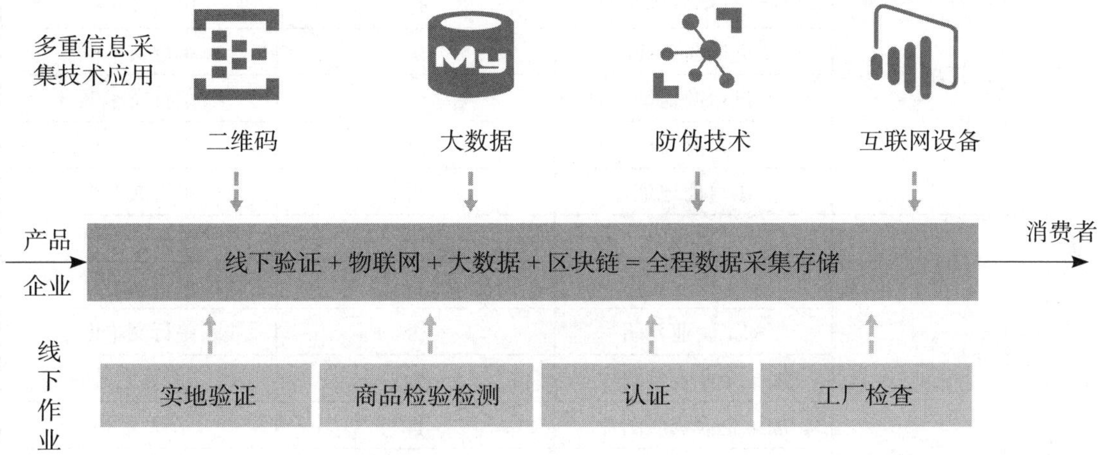

图 9–10 “线下 + 线上”的质量追溯模式

二、区块链追溯体系业务流程

进口食品的区块链溯源过程一般包括数据采集、数据传输、追溯系统数据分析、数据验证、数据展示等环节。在进口食品的溯源服务中，首先分析进口食品的属性，确定溯源单元的颗粒度，通过赋码（追溯码）的方式对溯源单元进行身份标识。然后，利用自动信息采集设备或人工方式采集食品的批次信息、进口订单、境外加工、原产地认证、境外检验、物流、报关信息，并上传系统。在此过程中，筛选并确定溯源关键信息，规定必要信息和非必要信息，减少溯源数据的数量，可以提高采集溯源信息的效率，同时在追溯系统服务阶段，加强数据管理，对数据进行统计、分析。

进口食品由海外产地至境内消费的全过程中，溯源信息会在不同的环节使用，常见的验证信息有原产地认证、物流、报关、原产国、起运港、目的港、到达时间、提单号等（如表 9-4 所示），对于在不同环节同时使用 2 次及以上的信息进行核对，即可完成信息交叉验证工作，核实数据的真实性。在区块链溯源系统中完成信息的采集、管理和验证等工作后，通过区块链节点分配，监管部门、供应商、消费者通过扫描追溯码即可获取溯源全程信息。

表 9-4 进口食品的追溯信息

追溯环节	栏目名称	是否必填	表现形式
批次信息	批次号码	是	单行文本框
	产品编号	是	单行文本框
	产品名称	是	单行文本框
	追溯码数量	是	数字
	追溯码号码段	是	单行文本框
进口订单	批次号码	是	单行文本框
	订单号码	是	单行文本框
	进口商名称	是	单行文本框
	进口商地址	否	单行文本框
	出口商名称	是	单行文本框
	出口商地址	否	单行文本框
境外加工	批次号码	是	单行文本框
	加工企业名称	否	单行文本框
	加工企业介绍	否	单行文本框
	加工企业宣传图片	否	图片上传
	加工企业资质图片	否	图片上传
	生产批次	否	单行文本框
原产地认证	批次号码	是	单行文本框
	原产地证书编号	是	单行文本框
	发证机构	是	单行文本框
	发证日期	是	单行文本框
	证书图片	是	图片上传
境外检验	批次号码	是	单行文本框
	检验机构名称	否	单行文本框
	检验报告编号	否	单行文本框
	检验日期	否	日期控件
	报告图片	否	图片上传
物流信息	批次号码	是	单行文本框
	起运时间	是	日期控件
	目的港	是	单行文本框
	到达时间	是	日期控件
	提单号	是	单行文本框

续表

追溯环节	栏目名称	是否必填	表现形式
报关信息	批次号码	否	是
	提单号	是	单行文本框

表 9-4 中列举了一种划分必要信息和非必要信息的方式，规定了产品名称、批次编号等为必要信息，进口商地址和加工企业名称等为非必要信息，并对信息的上传格式进行规定，规范信息的表现形式。

三、区块链溯源的优势

1. 推动通关便利化

监管部门作为区块链溯源的重要节点参与其中，有利于提升监管效率。利用区块链数据共享的特点，进口食品的数据自动实时同步共享至海关，为其通关执法提供可靠信息，从而实现进口食品的便利通关。

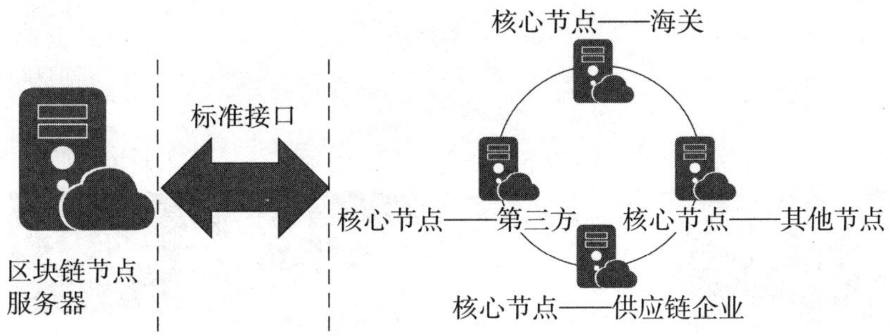

图 9-11 通过数据标准接口建立海关区块链节点

区块链溯源体系中海关节点的建立，对于进口食品的跨境贸易具有直接的促进作用。图 9-11 展示了通过数据标准接口建立海关区块链节点的模式，在区块链上共享数据，进口食品在境外运输过程中即可实现商品信息、检测报告信息提前送达口岸执法部门，数据的真实性经过第三方的境外核验，海关可以预先获取信息，现场扫描追溯码进行商品信息核对，实现通关食品的快速放行。由此，一方面，提高了海关的工作效率；另一方面，缩短了进口食品的口岸储藏期，延长了境内的货架期。整体上看，区块链溯源在口岸执法中具有信息共享、监管前移、通关便利的优势。

以进口新西兰鲜奶为例，以往鲜奶在到达中国海关后，监管环节需要经过受理报检、审单布控、现场检验检疫和签证等流程，通常需要 3 ~ 4 个工作日，如遇到实验室抽检还需要增加 4 ~ 5 个工作日，对于保质期只有 7 ~ 15 天的鲜奶而言，通关时间成本非常高。相比之下，经过对境外鲜奶全程信息的采集，配置追溯方案，建设物联网设备实现全程温控数据对接，在区块链上对接海关，经过全程溯源的产品进入口岸监管环节时，海关关员通过溯源信息在现场就能全面掌握进口产品的质量安全状况，进而对产品实施快速通关放行，通关时限将由原来的 3 ~ 4 个工作日减少到 0.5 ~ 1 个工作日，实现了 3 天内境外鲜奶到达中国餐桌。

通过扫描追溯码展示的进口鲜奶的溯源信息，通过手机等终端设备扫描追溯二维码，即可获取进口订单、境外牧场、境外加工、境外检验、境外运输、航空运输、口岸查验、全程温控等信息，特别是对于境外牧场展示，让国内消费者直观了解了鲜奶的产地情况，提升了消费信心。

2. 进口食品的全程和实时追溯

在进口食品的溯源过程中，物联网设施的应用对于溯源信息的采集和传输具有重要作用，合理布局物联网设备，能够实时获取溯源商品的状态信息，并降低全程溯源的难度。

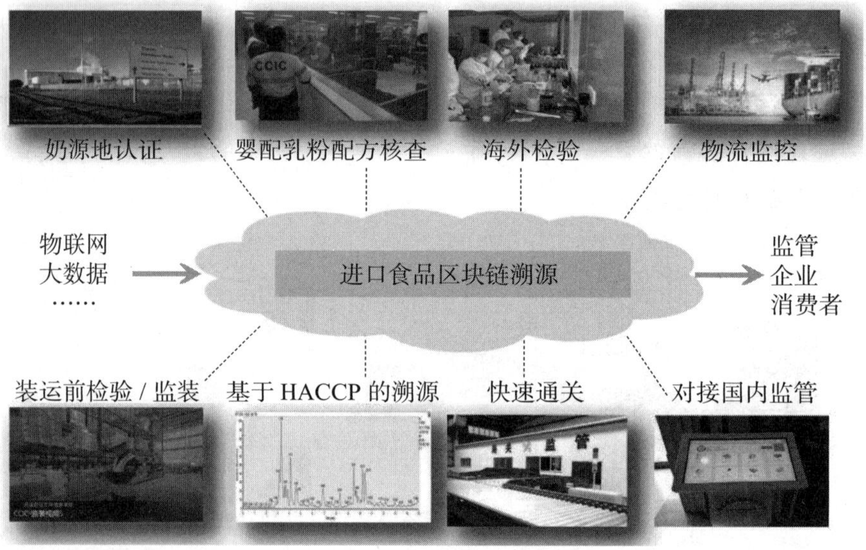

图 9-12　进口奶粉的全程溯源

进口奶粉的溯源需经过奶源地认证、配方核查、海外检验、物流监控、装运前检验 / 监装、风险点分析、通关和国内对接监管等过程（如图 9-12 所示），其中，部分阶段可以通过布置物联网的方式自动实现，从而降低溯源的成本并提高工作效率。例如，在进口奶粉的溯源过程中，奶源地认证可以通过标识地理坐标的摄像头传输实景状态，对采集设备编号并赋予时间戳、哈希值，保障境外采集图像及视频资料的真实性。在运输过程中，采用北斗/ GPS 精准定位，实现商品位置信息的实时监控；利用多元传感器监控物流集装箱内的储藏温湿度环境等。

3. 问题产品的追溯和召回

区块链溯源系统的建立，有助于产品问题来源的发现，修正或提升生产、物流等方式，同时便于快速召回问题产品，避免造成更大的损失。《中华人民共和国食品安全法》第六十三条明确规定，国家建立食品召回制度，食品生产者发现其生产的食品不符合食品安全标准或者有证据证明可能危害人体健康的，应当立即停止生产，召回已经上市销售的食品，通知相关生产经营者和消费者，并记录召回和通知情况。但在传统的贸易模式下，当销往一个区域的产品发现问题时，并不能及时告知其他区域的产品消费者，进而造成损失或危害。而经过溯源的产品则可以避免此问题，由于溯源系统已记录产品的来源及去向，因此，企业能够调取产品的准确流向，进行定向召回，从而降低损失或危害。

同时，根据溯源信息回溯，可以寻找产品出现问题的原因，如鲜奶的巴氏杀菌温度是否达标，储运过程中集装箱温度是否过高，均可以通过全程溯源信息进行查看，从而进行修正。

总体上看，由于进口食品的产地遍布全球，跨国运输距离远，导致溯源成本较高，而区块链溯源技术通过建立共识互信的营商环境，实现了可靠信息的便捷获取，降低了进口食品的溯源成本，便于溯源过程的推广应用，从而简化进口食品的监管环节，优化跨境贸易环境。

资料来源：王虹等．基于区块链的跨境食品追溯框架建立及应用［J］．中国口岸科学技术，2020（10）

课程综合案例：

进口肉类风险管理

存在三类风险：

1. 货物安全操作风险：指货物在储存、运输、源头方面可能存在的问题和风险。

2. 交易对手信用风险：指交易对手的信用风险和违约风险。

3. 货物市场价格波动风险：指库存货物随市场供需关系影响导致的价格变动造成库存货值减值的风险。

一、货物安全风险

货物安全风险中以下两个方面风险值得注意：

1. 冷库风险

冷库安全包括两个维度：

一个是冷库本身的温控能力，是否可以保证货物处于安全温度之下，不会因为解冻、破损或操作不规范导致货物减值及灭失；二是冷库的主体信用也非常重要，在货物灭失的情况下，是否有偿付能力，以及对货物安全的道德风险防控能力。

2. 可信源头

进口肉类货物只有在维持原包装、原生产日期的对应批次的情况下，才能保证货值真实性。在货物经过不可信主体之后，可能会发生换箱、二次加工、偷换日期等情况，造成实际货物与批次不符，对买方造成损失。

具体来说，货物安全操作过程中，会遇到以下比较具体的风险：

1. 下游客户在支付定金之后，由于资金链紧张，串通冷库私自先行提货销售，而冷库方帮助下游客户对实际货物掩盖库存数据，造成实际货主丧失对货物的实际控制权。

2. 冷库由于操作不规范，货物在月台停留时间过长，造成货物失温解冻，价值下降，不符合协议约定指标，造成退运和经济损失。

3. 冷库操作人员对货物数量盘点不清或安全管理不到位造成货物丢失，由于冷库没有保险覆盖，在火灾、爆炸和其他极端情况下造成货物大面积灭失，而冷库也失去偿付能力。风险防范：冷库是分等级的，中小型冷库可能不会买保险，因此，可以选择大的冷库。

4. 货物的仿冒情况，利用加工能力以次充好，并仿制原装包装以及提高销售价格。一般贸易商没有货物鉴定能力。防范风险的方法是做好源头可追溯，确保经手方没有制假能力和制假嫌疑。

二、交易对手信用风险

交易对手有买卖双方，交易对手信用风险分为上游卖家货源的真实性和下游买家的偿付能力两类。

在冻品贸易中，国际贸易上游卖家如果存在贸易诈骗，或者贸易公司由于种种原因无法履约，会导致采购方定金灭失。

如果国际贸易下游客户无法继续履约交货，虽然扣除保证金，但是仍可能会造成企业亏损。

比如：

1. 冻品贸易诈骗中，一般诈骗分子会盗用出口厂商邮箱，告知客户错误的收款账户，或者临时告知客户修改了收款账户，在客户不知情的情况下，将货款打入诈骗分子的账户，造成损失。

2. 部分小规模的出口贸易商没有上游话语权以及交货能力，在收到客户货款后无法完成交货，或者延期交货，造成买方损失。

3. 买家由于没有冻品贸易经验，高价订购或者没有销售能力导致对卖方抛单，造成卖方损失。

MIG 的风险防范建议：

1. 在收到卖方的账户变更信息时，要警惕和仔细核对，必要时通过官方电话确认账户信息的真实性。

2. 在第一次和卖方交易时，最好要对方提供对华交易记录，并确认记录是否属实，做好防骗措施。

3. 可以参考 MIG 对进口商的进口情况数据研究得出的 MIG 进口商评级手册，对买方历史交易情况进行评估从而确认买方贸易操作能力。

三、货物价格风险

货物价格波动的风险在贸易和供应链金融普遍存在的情况下，贸易商的库存风险管理很重要。

在贸易中，库存价格下跌，对市场不敏感造成的丧失高价出货的机会造成主要经济损失。

因此，应该关注产品市场价格波动，对价格反应敏感，采取相应的销售策略。

附录

中华人民共和国进出口食品安全管理办法
（海关总署令第 249 号）

第一章　总则

第一条　为了保障进出口食品安全，保护人类、动植物生命和健康，根据《中华人民共和国食品安全法》（以下简称《食品安全法》）及其实施条例、《中华人民共和国海关法》《中华人民共和国进出口商品检验法》及其实施条例、《中华人民共和国进出境动植物检疫法》及其实施条例、《中华人民共和国国境卫生检疫法》及其实施细则、《中华人民共和国农产品质量安全法》和《国务院关于加强食品等产品安全监督管理的特别规定》等法律、行政法规的规定，制定本办法。

第二条　从事下列活动，应当遵守本办法：

（一）进出口食品生产经营活动；

（二）海关对进出口食品生产经营者及其进出口食品安全实施监督管理。

进出口食品添加剂、食品相关产品的生产经营活动按照海关总署相关规定执行。

第三条　进出口食品安全工作坚持安全第一、预防为主、风险管理、全程控制、国际共治的原则。

第四条　进出口食品生产经营者对其生产经营的进出口食品安全负责。

进出口食品生产经营者应当依照中国缔结或者参加的国际条约、协定，中国法律法规和食品安全国家标准从事进出口食品生产经营活动，依法接受监督管理，保证进出口食品安全，对社会和公众负责，承担社会责任。

第五条 海关总署主管全国进出口食品安全监督管理工作。

各级海关负责所辖区域进出口食品安全监督管理工作。

第六条 海关运用信息化手段提升进出口食品安全监督管理水平。

第七条 海关加强进出口食品安全的宣传教育，开展食品安全法律、行政法规以及食品安全国家标准和知识的普及工作。

海关加强与食品安全国际组织、境外政府机构、境外食品行业协会、境外消费者协会等交流与合作，营造进出口食品安全国际共治格局。

第八条 海关从事进出口食品安全监督管理的人员应当具备相关专业知识。

第二章 食品进口

第九条 进口食品应当符合中国法律法规和食品安全国家标准，中国缔结或者参加的国际条约、协定有特殊要求的，还应当符合国际条约、协定的要求。

进口尚无食品安全国家标准的食品，应当符合国务院卫生行政部门公布的暂予适用的相关标准要求。

利用新的食品原料生产的食品，应当依照《食品安全法》第三十七条的规定，取得国务院卫生行政部门新食品原料卫生行政许可。

第十条 海关依据进出口商品检验相关法律、行政法规的规定对进口食品实施合格评定。

进口食品合格评定活动包括：向中国境内出口食品的境外国家（地区）〔以下简称境外国家（地区）〕食品安全管理体系评估和审查、境外生产企业注册、进出口商备案和合格保证、进境动植物检疫审批、随附合格证明检查、单证审核、现场查验、监督抽检、进口和销售记录检查以及各项的组合。

第十一条 海关总署可以对境外国家（地区）的食品安全管理体系和食品安全状况开展评估和审查，并根据评估和审查结果，确定相应的检验检疫要求。

第十二条 有下列情形之一的，海关总署可以对境外国家（地区）启动评估和审查：

（一）境外国家（地区）申请向中国首次输出某类（种）食品的；

（二）境外国家（地区）食品安全、动植物检疫法律法规、组织机构等发生重大调整的；

（三）境外国家（地区）主管部门申请对其输往中国某类（种）食品的检验检疫要求发生重大调整的；

（四）境外国家（地区）发生重大动植物疫情或者食品安全事件的；

（五）海关在输华食品中发现严重问题，认为存在动植物疫情或者食品安全隐患的；

（六）其他需要开展评估和审查的情形。

第十三条 境外国家（地区）食品安全管理体系评估和审查主要包括对以下内容的评估、确认：

（一）食品安全、动植物检疫相关法律法规；
（二）食品安全监督管理组织机构；
（三）动植物疫情流行情况及防控措施；
（四）致病微生物、农兽药和污染物等管理和控制；
（五）食品生产加工、运输仓储环节安全卫生控制；
（六）出口食品安全监督管理；
（七）食品安全防护、追溯和召回体系；
（八）预警和应急机制；
（九）技术支撑能力；
（十）其他涉及动植物疫情、食品安全的情况。

第十四条 海关总署可以组织专家通过资料审查、视频检查、现场检查等形式及其组合，实施评估和审查。

第十五条 海关总署组织专家对接受评估和审查的国家（地区）递交的申请资料、书面评估问卷等资料实施审查，审查内容包括资料的真实性、完整性和有效性。根据资料审查情况，海关总署可以要求相关国家（地区）的主管部门补充缺少的信息或者资料。

对已通过资料审查的国家（地区），海关总署可以组织专家对其食品安全管理体系实施视频检查或者现场检查。对发现的问题可以要求相关国家（地区）主管部门及相关企业实施整改。

相关国家（地区）应当为评估和审查提供必要的协助。

第十六条 接受评估和审查的国家（地区）有下列情形之一，海关总署可以终止评估和审查，并通知相关国家（地区）主管部门：

（一）收到书面评估问卷12个月内未反馈的；
（二）收到海关总署补充信息和材料的通知3个月内未按要求提供的；
（三）突发重大动植物疫情或者重大食品安全事件的；
（四）未能配合中方完成视频检查或者现场检查、未能有效完成整改的；
（五）主动申请终止评估和审查的。

前款第一、二项情形，相关国家（地区）主管部门因特殊原因可以申请延期，经海关总署同意，按照海关总署重新确定的期限递交相关材料。

第十七条 评估和审查完成后，海关总署向接受评估和审查的国家（地区）主管部门通报评估和审查结果。

第十八条 海关总署对向中国境内出口食品的境外生产企业实施注册管理，并公布获得注册的企业名单。

第十九条 向中国境内出口食品的境外出口商或者代理商（以下简称“境外出口商或者代理商”）应当向海关总署备案。

食品进口商应当向其住所地海关备案。

境外出口商或者代理商、食品进口商办理备案时，应当对其提供资料的真实性、有效性负责。

境外出口商或者代理商、食品进口商备案名单由海关总署公布。

第二十条 境外出口商或者代理商、食品进口商备案内容发生变更的，应当在变更发生之日起60日内，向备案机关办理变更手续。

海关发现境外出口商或者代理商、食品进口商备案信息错误或者备案内容未及时变更的，可以责令其在规定期限内更正。

第二十一条 食品进口商应当建立食品进口和销售记录制度，如实记录食品名称、净含量/规格、数量、生产日期、生产或者进口批号、保质期、境外出口商和购货者名称、地址及联系方式、交货日期等内容，并保存相关凭证。记录和凭证保存期限不得少于食品保质期满后6个月；没有明确保质期的，保存期限为销售后2年以上。

第二十二条 食品进口商应当建立境外出口商、境外生产企业审核制度，重点审核下列内容：

（一）制定和执行食品安全风险控制措施情况；

（二）保证食品符合中国法律法规和食品安全国家标准的情况。

第二十三条 海关依法对食品进口商实施审核活动的情况进行监督检查。食品进口商应当积极配合，如实提供相关情况和材料。

第二十四条 海关可以根据风险管理需要，对进口食品实施指定口岸进口，指定监管场地检查。指定口岸、指定监管场地名单由海关总署公布。

第二十五条 食品进口商或者其代理人进口食品时应当依法向海关如实申报。

第二十六条 海关依法对应当实施入境检疫的进口食品实施检疫。

第二十七条 海关依法对需要进境动植物检疫审批的进口食品实施检疫审批管理。食品进口商应当在签订贸易合同或者协议前取得进境动植物检疫许可。

第二十八条 海关根据监督管理需要，对进口食品实施现场查验，现场查验包括但不限于以下内容：

（一）运输工具、存放场所是否符合安全卫生要求；

（二）集装箱号、封识号、内外包装上的标识内容、货物的实际状况是否与申报信息及随附单证相符；

（三）动植物源性食品、包装物及铺垫材料是否存在《进出境动植物检疫法实施条例》第二十二条规定的情况；

（四）内外包装是否符合食品安全国家标准，是否存在污染、破损、湿浸、渗透；

（五）内外包装的标签、标识及说明书是否符合法律、行政法规、食品安全国家标准以及海关总署规定的要求；

（六）食品感官性状是否符合该食品应有性状；

（七）冷冻冷藏食品的新鲜程度、中心温度是否符合要求、是否有病变、冷冻冷藏环境温度是否符合相关标准要求、冷链控温设备设施运作是否正常、温度记录是否符合要求，必要时可以进行蒸煮试验。

第二十九条 海关制定年度国家进口食品安全监督抽检计划和专项进口食品安全监督抽检计划，并组织实施。

第三十条 进口食品的包装和标签、标识应当符合中国法律法规和食品安全国家标准；依法应当有说明书的，还应当有中文说明书。

对于进口鲜冻肉类产品，内外包装上应当有牢固、清晰、易辨的中英文或者中文和出口国家（地区）文字标识，标明以下内容：产地国家（地区）、品名、生产企业注册编号、生产批号。

外包装上应当以中文标明规格、产地（具体到州/省/市）、目的地、生产日期、保质期限、储存温度等内容，必须标注目的地为中华人民共和国，加施出口国家（地区）官方检验检疫标识。

对于进口水产品，内外包装上应当有牢固、清晰、易辨的中英文或者中文和出口国家（地区）文字标识，标明以下内容：商品名和学名、规格、生产日期、批号、保质期限和保存条件、生产方式（海水捕捞、淡水捕捞、养殖）、生产地区（海洋捕捞海域、淡水捕捞国家或者地区、养殖产品所在国家或者地区）、涉及的所有生产加工企业（含捕捞船、加工船、运输船、独立冷库）名称、注册编号及地址（具体到州/省/市）、必须标注目的地为中华人民共和国。

进口保健食品、特殊膳食用食品的中文标签必须印制在最小销售包装上，不得加贴。

进口食品内外包装有特殊标识规定的，按照相关规定执行。

第三十一条 进口食品运达口岸后，应当存放在海关指定或者认可的场所；需要移动的，必须经海关允许，并按照海关要求采取必要的安全防护措施。

指定或者认可的场所应当符合法律、行政法规和食品安全国家标准规定的要求。

第三十二条 大宗散装进口食品应当按照海关要求在卸货口岸进行检验。

第三十三条 进口食品经海关合格评定合格的，准予进口。

进口食品经海关合格评定不合格的，由海关出具不合格证明；涉及安全、健康、环境保护项目不合格的，由海关书面通知食品进口商，责令其销毁或者退运；其他项目不合格的，经技术处理符合合格评定要求的，方准进口。相关进口食品不能在规定时间内完成技术处理或者经技术处理仍不合格的，由海关责令食品进口商销毁或者退运。

第三十四条 境外发生食品安全事件可能导致中国境内食品安全隐患，或者海关实施进口食品监督管理过程中发现不合格进口食品，或者发现其他食品安全问题的，海关总署和经授权的直属海关可以依据风险评估结果对相关进口食品实施提高监督抽检比例等控制措施。

海关依照前款规定对进口食品采取提高监督抽检比例等控制措施后，再次发现不合格进口食品，或者有证据显示进口食品存在重大安全隐患的，海关总署和经授权的直属海关可以要求食品进口商逐批向海关提交有资质的检验机构出具的检验报告。海关应当对食品进口商提供的检验报告进行验核。

第三十五条 有下列情形之一的，海关总署依据风险评估结果，可以对相关食品采取暂停或者禁止进口的控制措施：

（一）出口国家（地区）发生重大动植物疫情，或者食品安全体系发生重大变化，无法有效保证输华食品安全的；

（二）进口食品被检疫传染病病原体污染，或者有证据表明能够成为检疫传染病传播媒介，且无法实施有效卫生处理的；

（三）海关实施本办法第三十四条第二款规定控制措施的进口食品，再次发现相关安全、健康、环境保护项目不合格的；

（四）境外生产企业违反中国相关法律法规，情节严重的；

（五）其他信息显示相关食品存在重大安全隐患的。

第三十六条 进口食品安全风险已降低到可控水平时，海关总署和经授权的直属海关可以按照以下方式解除相应控制措施：

（一）实施本办法第三十四条第一款控制措施的食品，在规定的时间、批次内未被发现不合格的，在风险评估基础上可以解除该控制措施；

（二）实施本办法第三十四条第二款控制措施的食品，出口国家（地区）已采取预防措施，经海关总署风险评估能够保障食品安全、控制动植物疫情风险，或者从实施该控制措施之日起在规定时间、批次内未发现不合格食品的，海关在风险评估基础上可以解除该控制措施；

（三）实施暂停或者禁止进口控制措施的食品，出口国家（地区）主管部门已采取风险控制措施，且经海关总署评估符合要求的，可以解除暂停或者禁止进口措施。恢复进口的食品，海关总署视评估情况可以采取本办法第三十四条规定的控制措施。

第三十七条 食品进口商发现进口食品不符合法律、行政法规和食品安全国家标准，或者有证据证明可能危害人体健康，应当按照《食品安全法》第六十三条和第九十四条第三款规定，立即停止进口、销售和使用，实施召回，通知相关生产经营者和消费者，记录召回和通知情况，并将食品召回、通知和处理情况向所在地海关报告。

第三章 食品出口

第三十八条 出口食品生产企业应当保证其出口食品符合进口国家（地区）的标准或者合同要求；中国缔结或者参加的国际条约、协定有特殊要求的，还应当符合国际条约、协定的要求。

进口国家（地区）暂无标准，合同也未作要求，且中国缔结或者参加的国际条约、协定无相关要求的，出口食品生产企业应当保证其出口食品符合中国食品安全国家标准。

第三十九条 海关依法对出口食品实施监督管理。出口食品监督管理措施包括：出口食品原料种植养殖场备案、出口食品生产企业备案、企业核查、单证审核、现场查验、监督抽检、口岸抽查、境外通报核查以及各项的组合。

第四十条 出口食品原料种植、养殖场应当向所在地海关备案。

海关总署统一公布原料种植、养殖场备案名单，备案程序和要求由海关总署制定。

第四十一条 海关依法采取资料审查、现场检查、企业核查等方式，对备案原料种植、养殖场进行监督。

第四十二条 出口食品生产企业应当向住所地海关备案，备案程序和要求由海关总署制定。

第四十三条 境外国家（地区）对中国输往该国家（地区）的出口食品生产企业实施注册管理且要求海关总署推荐的，出口食品生产企业须向住所地海关提出申请，住所地海关进行初核后报海关总署。

海关总署结合企业信用、监督管理以及住所地海关初核情况组织开展对外推荐注册工作，对外推荐注册程序和要求由海关总署制定。

第四十四条 出口食品生产企业应当建立完善可追溯的食品安全卫生控制体系，保证食品安全卫生控制体系有效运行，确保出口食品生产、加工、贮存过程持续符合中国相关法律法规、出口食品生产企业安全卫生要求；进口国家（地区）相关法律法规和相关国际条约、协定有特殊要求的，还应当符合相关要求。

出口食品生产企业应当建立供应商评估制度、进货查验记录制度、生产记录档案制度、出厂检验记录制度、出口食品追溯制度和不合格食品处置制度。相关记录应当真实有效，保存期限不得少于食品保质期期满后6个月；没有明确保质期的，保存期限不得少于2年。

第四十五条 出口食品生产企业应当保证出口食品包装和运输方式符合食品安全要求。

第四十六条 出口食品生产企业应当在运输包装上标注生产企业备案号、产品品名、生产批号和生产日期。

进口国家（地区）或者合同有特殊要求的，在保证产品可追溯的前提下，经直属海关同意，出口食品生产企业可以调整前款规定的标注项目。

第四十七条 海关应当对辖区内出口食品生产企业的食品安全卫生控制体系运行情况进行监督检查。监督检查包括日常监督检查和年度监督检查。

监督检查可以采取资料审查、现场检查、企业核查等方式，并可以与出口食品境外通报核查、监督抽检、现场查验等工作结合开展。

第四十八条 出口食品应当依法由产地海关实施检验检疫。

海关总署根据便利对外贸易和出口食品检验检疫工作需要，可以指定其他地点实施检验检疫。

第四十九条 出口食品生产企业、出口商应当按照法律、行政法规和海关总署规定，向产地或者组货地海关提出出口申报前监管申请。

产地或者组货地海关受理食品出口申报前监管申请后，依法对需要实施检验检疫的出口食品实施现场检查和监督抽检。

第五十条 海关制定年度国家出口食品安全监督抽检计划并组织实施。

第五十一条 出口食品经海关现场检查和监督抽检符合要求的，由海关出具证书，准予出口。进口国家（地区）对证书形式和内容要求有变化的，经海关总署同意可以对证书形式和内容进行变更。

出口食品经海关现场检查和监督抽检不符合要求的，由海关书面通知出口商或者其代理人。相关出口食品可以进行技术处理的，经技术处理合格后方准出口；不能进行技术处理或者经技术处理仍不合格的，不准出口。

第五十二条 食品出口商或者其代理人出口食品时应当依法向海关如实申报。

第五十三条 海关对出口食品在口岸实施查验，查验不合格的，不准出口。

第五十四条 出口食品因安全问题被国际组织、境外政府机构通报的，海关总署应当组织开展核查，并根据需要实施调整监督抽检比例、要求食品出口商逐批向海关提交有资质的检验机构出具的检验报告、撤回向境外官方主管机构的注册推荐等控制措施。

第五十五条 出口食品存在安全问题，已经或者可能对人体健康和生命安全造成损害的，出口食品生产经营者应当立即采取相应措施，避免和减少损害发生，并向所在地海关报告。

第五十六条 海关在实施出口食品监督管理时发现安全问题的，应当向同级政府和上一级政府食品安全主管部门通报。

第四章 监督管理

第五十七条 海关总署依照《食品安全法》第一百条规定，收集、汇总进出口食品安全信息，建立进出口食品安全信息管理制度。

各级海关负责本辖区内以及上级海关指定的进出口食品安全信息的收集和整理工作，并按照有关规定通报本辖区地方政府、相关部门、机构和企业。通报信息涉及其他地区的，应当同时通报相关地区海关。

海关收集、汇总的进出口食品安全信息，除《食品安全法》第一百条规定内容外，还包括境外食品技术性贸易措施信息。

第五十八条 海关应当对收集到的进出口食品安全信息开展风险研判，依据风险研判结果，确定相应的控制措施。

第五十九条 境内外发生食品安全事件或者疫情疫病可能影响到进出口食品安全的，或者在进出口食品中发现严重食品安全问题的，直属海关应当及时上报海关总署；海关总署根据情况进行风险预警，在海关系统内发布风险警示通报，并向国务院食品安全监督管理、卫生行政、农业行政部门通报，必要时向消费者发布风险警示通告。

海关总署发布风险警示通报的，应当根据风险警示通报要求对进出口食品采取本办法第三十四条、第三十五条、第三十六条和第五十四条规定的控制措施。

第六十条 海关制定年度国家进出口食品安全风险监测计划，系统和持续收集进出口食品中食源性疾病、食品污染和有害因素的监测数据及相关信息。

第六十一条 境外发生的食品安全事件可能对中国境内造成影响，或者评估后认为存在不可控风险的，海关总署可以参照国际通行做法，直接在海关系统内发布风险预警通报或者向消费者发布风险预警通告，并采取本办法第三十四条、第三十五条和第三十六条规定的控制措施。

第六十二条 海关制定并组织实施进出口食品安全突发事件应急处置预案。

第六十三条 海关在依法履行进出口食品安全监督管理职责时，有权采取下列措施：

（一）进入生产经营场所实施现场检查；

（二）对生产经营的食品进行抽样检验；

（三）查阅、复制有关合同、票据、账簿以及其他有关资料；

（四）查封、扣押有证据证明不符合食品安全国家标准或者有证据证明存在安全隐患以及违法生产经营的食品。

第六十四条 海关依法对进出口企业实施信用管理。

第六十五条 海关依法对进出口食品生产经营者以及备案原料种植、养殖场开展稽查、核查。

第六十六条 过境食品应当符合海关总署对过境货物的监管要求。过境食品过境期间，未经海关批准，不得开拆包装或者卸离运输工具，并应当在规定期限内运输出境。

第六十七条 进出口食品生产经营者对海关的检验结果有异议的，可以按照进出口商品复验相关规定申请复验。

有下列情形之一的，海关不受理复验：

（一）检验结果显示微生物指标超标的；

（二）复验备份样品超过保质期的；

（三）其他原因导致备份样品无法实现复验目的的。

第五章 法律责任

第六十八条 食品进口商备案内容发生变更，未按照规定向海关办理变更手续，情节严重的，海关处以警告。

食品进口商在备案中提供虚假备案信息的，海关处1万元以下罚款。

第六十九条 境内进出口食品生产经营者不配合海关进出口食品安全核查工作，拒绝接受询问、提供材料，或者答复内容和提供材料与实际情况不符的，海关处以警告或者1万元以下罚款。

第七十条 海关在进口预包装食品监管中，发现进口预包装食品未加贴中文标签或者中文标签不符合法律法规和食品安全国家标准，食品进口商拒不按照海关要求实施销毁、退运或者技术处理的，海关处以警告或者1万元以下罚款。

第七十一条 未经海关允许，将进口食品提离海关指定或者认可的场所的，海关责令改正，并处1万元以下罚款。

第七十二条 下列违法行为属于《食品安全法》第一百二十九条第一款第三项规定的“未遵守本法的规定出口食品”的，由海关依照《食品安全法》第一百二十四条的规定给予处罚：

（一）擅自调换经海关监督抽检并已出具证单的出口食品的；

（二）出口掺杂掺假、以假充真、以次充好的食品或者以不合格出口食品冒充合格出口食品的；

（三）出口未获得备案出口食品生产企业生产的食品的；

（四）向有注册要求的国家（地区）出口未获得注册出口食品生产企业生产食品的或者出口已获得注册出口食品生产企业生产的注册范围外食品的；

（五）出口食品生产企业生产的出口食品未按照规定使用备案种植、养殖场原料的；

（六）出口食品生产经营者有《食品安全法》第一百二十三条、第一百二十四条、第一百二十五条、第一百二十六条规定情形，且出口食品不符合进口国家（地区）要求的。

第七十三条 违反本办法规定，构成犯罪的，依法追究刑事责任。

第六章　附则

第七十四条 海关特殊监管区域、保税监管场所、市场采购、边境小额贸易和边民互市贸易进出口食品安全监督管理，按照海关总署有关规定执行。

第七十五条 邮寄、快件、跨境电子商务零售和旅客携带方式进出口食品安全监督管理，按照海关总署有关规定办理。

第七十六条 样品、礼品、赠品、展示品、援助等非贸易性的食品，免税经营的食品，外国驻中国使领馆及其人员进出境公用、自用的食品，驻外使领馆及其人员公用、自用的食品，中国企业驻外人员自用的食品的监督管理，按照海关总署有关规定办理。

第七十七条 本办法所称进出口食品生产经营者包括：向中国境内出口食品的境外生产企业、境外出口商或者代理商、食品进口商、出口食品生产企业、出口商以及相关人员等。

本办法所称进口食品的境外生产企业包括向中国出口食品的境外生产、加工、贮存企业等。

本办法所称进口食品的进出口商包括向中国出口食品的境外出口商或者代理商、食品进口商。

第七十八条 本办法由海关总署负责解释。

第七十九条 本办法自2022年1月1日起施行。2011年9月13日原国家质量监督检验检疫总局令第144号公布并根据2016年10月18日原国家质量监督检验检疫总局令第184号以及2018年11月23日海关总署令第243号修改的《进出口食品安全管理办法》、2000年2月22日原国家检验检疫局令第20号公布并根据2018年4月28日海关总署令第238号修改的《出口蜂蜜检验检疫管理办法》、2011年1月4日原国家质量监督检验检疫总局令第135号公布并根据2018年11月23日海关总署令第243号修改的《进出口水产品检验检疫监督管理办法》、2011年1月4日原国家质量监督检验检疫总局令第136号公布并根据2018年11月23日海关总署令第243号修改的《进出口肉类产品检验检疫监督管理办法》、2013年1月24日原国家质量监督检验检疫总局令第152号公布并根据2018年11月23日海关总署令第243号修改的《进出口乳品检验检疫监督管理办法》、2017年11月14日原国家质量监督检验检疫总局令第192号公布并根据2018年11月23日海关总署令第243号修改的《出口食品生产企业备案管理规定》同时废止。

中华人民共和国海关总署令
第248号

《中华人民共和国进口食品境外生产企业注册管理规定》已于2021年3月12日经海关总署署务会议审议通过，现予公布，自2022年1月1日起实施。2012年3月22日原国家质量监督检验检疫总局令第145号公布，根据2018年11月23日海关总署令第243号修改的《进口食品境外生产企业注册管理规定》同时废止。

署长　倪岳峰

2021年4月12日

中华人民共和国进口食品境外生产企业注册管理规定
（海关总署令第248号）

第一章　总则

第一条　为加强进口食品境外生产企业的注册管理，根据《中华人民共和国食品安全法》及其实施条例、《中华人民共和国进出口商品检验法》及其实施条例、《中华人民共和国进出境动植物检疫法》及其实施条例、《国务院关于加强食品等产品安全监督管理的特别规定》等法律、行政法规的规定，制定本规定。

第二条　向中国境内出口食品的境外生产、加工、贮存企业（以下统称进口食品境外生产企业）的注册管理适用本规定。

前款规定的进口食品境外生产企业不包括食品添加剂、食品相关产品的生产、加工、贮存企业。

第三条　海关总署统一负责进口食品境外生产企业的注册管理工作。

第四条　进口食品境外生产企业，应当获得海关总署注册。

第二章　注册条件与程序

第五条　进口食品境外生产企业注册条件：

（一）所在国家（地区）的食品安全管理体系通过海关总署等效性评估、审查；

（二）经所在国家（地区）主管当局批准设立并在其有效监管下；

（三）建立有效的食品安全卫生管理和防护体系，在所在国家（地区）合法生产和出口，保证向中国境内出口的食品符合中国相关法律法规和食品安全国家标准；

（四）符合海关总署与所在国家（地区）主管当局商定的相关检验检疫要求。

第六条 进口食品境外生产企业注册方式包括所在国家（地区）主管当局推荐注册和企业申请注册。

海关总署根据对食品的原料来源、生产加工工艺、食品安全历史数据、消费人群、食用方式等因素的分析，并结合国际惯例确定进口食品境外生产企业注册方式和申请材料。

经风险分析或者有证据表明某类食品的风险发生变化的，海关总署可以对相应食品的境外生产企业注册方式和申请材料进行调整。

第七条 下列食品的境外生产企业由所在国家（地区）主管当局向海关总署推荐注册：肉与肉制品、肠衣、水产品、乳品、燕窝与燕窝制品、蜂产品、蛋与蛋制品、食用油脂和油料、包馅面食、食用谷物、谷物制粉工业产品和麦芽、保鲜和脱水蔬菜以及干豆、调味料、坚果与籽类、干果、未烘焙的咖啡豆与可可豆、特殊膳食食品、保健食品。

第八条 所在国家（地区）主管当局应当对其推荐注册的企业进行审核检查，确认符合注册要求后，向海关总署推荐注册并提交以下申请材料：

（一）所在国家（地区）主管当局推荐函；

（二）企业名单与企业注册申请书；

（三）企业身份证明文件，如所在国家（地区）主管当局颁发的营业执照等；

（四）所在国家（地区）主管当局推荐企业符合本规定要求的声明；

（五）所在国家（地区）主管当局对相关企业进行审核检查的审查报告。

必要时，海关总署可以要求提供企业食品安全卫生和防护体系文件，如企业厂区、车间、冷库的平面图，以及工艺流程图等。

第九条 本规定第七条所列食品以外的其他食品境外生产企业，应当自行或者委托代理人向海关总署提出注册申请并提交以下申请材料：

（一）企业注册申请书；

（二）企业身份证明文件，如所在国家（地区）主管当局颁发的营业执照等；

（三）企业承诺符合本规定要求的声明。

第十条 企业注册申请书内容应当包括企业名称、所在国家（地区）、生产场所地址、法定代表人、联系人、联系方式、所在国家（地区）主管当局批准的注册编号、申请注册食品种类、生产类型、生产能力等信息。

第十一条 注册申请材料应当用中文或者英文提交，相关国家（地区）与中国就注册方式和申请材料另有约定的，按照双方约定执行。

第十二条 所在国家（地区）主管当局或进口食品境外生产企业应当对提交材料的真实性、完整性、合法性负责。

第十三条 海关总署自行或者委托有关机构组织评审组，通过书面检查、视频检查、现场检查等形式及其组合，对申请注册的进口食品境外生产企业实施评估审查。评审组由2名以上评估审查人员组成。

进口食品境外生产企业和所在国家（地区）主管当局应当协助开展上述评估审查工作。

第十四条 海关总署根据评估审查情况，对符合要求的进口食品境外生产企业予以注册并给予在华注册编号，书面通知所在国家（地区）主管当局或进口食品境外生产企业；对不符合要求的进口食品境外生产企业不予注册，书面通知所在国家（地区）主管当局或进口食品境外生产企业。

第十五条 已获得注册的企业向中国境内出口食品时，应当在食品的内、外包装上标注在华注册编号或者所在国家（地区）主管当局批准的注册编号。

第十六条 进口食品境外生产企业注册有效期为5年。

海关总署在对进口食品境外生产企业予以注册时，应当确定注册有效期起止日期。

第十七条 海关总署统一公布获得注册的进口食品境外生产企业名单。

第三章 注册管理

第十八条 海关总署自行或者委托有关机构组织评审组，对进口食品境外生产企业是否持续符合注册要求的情况开展复查。评审组由2名以上评估审查人员组成。

第十九条 在注册有效期内，进口食品境外生产企业注册信息发生变化的，应当通过注册申请途径，向海关总署提交变更申请，并提交以下材料：

（一）注册事项变更信息对照表；

（二）与变更信息有关的证明材料。

海关总署评估后认为可以变更的，予以变更。

生产场所迁址、法定代表人变更或者所在国家（地区）授予的注册编号改变的应当重新申请注册，在华注册编号自动失效。

第二十条 进口食品境外生产企业需要延续注册的，应当在注册有效期届满前3至6个月内，通过注册申请途径，向海关总署提出延续注册申请。

延续注册申请材料包括：

（一）延续注册申请书；

（二）承诺持续符合注册要求的声明。

海关总署对符合注册要求的企业予以延续注册，注册有效期延长5年。

第二十一条 已注册进口食品境外生产企业有下列情形之一的，海关总署注销其注册，通知所在国家（地区）主管当局或进口食品境外生产企业，并予以公布：

（一）未按规定申请延续注册的；

（二）所在国家（地区）主管当局或进口食品境外生产企业主动申请注销的；

（三）不再符合本规定第五条第（二）项要求的。

第二十二条 进口食品境外生产企业所在国家（地区）主管当局应当对已注册企业实施有效监管，督促已注册企业持续符合注册要求，发现不符合注册要求的，应当立即采取控制措施，暂停相关企业向中国出口食品，直至整改符合注册要求。

进口食品境外生产企业自行发现不符合注册要求时，应当主动暂停向中国出口食品，立即采取整改措施，直至整改符合注册要求。

第二十三条 海关总署发现已注册进口食品境外生产企业不再符合注册要求的，应当责令其在规定期限内进行整改，整改期间暂停相关企业食品进口。

所在国家（地区）主管当局推荐注册的企业被暂停进口的，主管当局应当监督相关企业在规定期限内完成整改，并向海关总署提交书面整改报告和符合注册要求的书面声明。

自行或者委托代理人申请注册的企业被暂停进口的，应当在规定期限内完成整改，并向海关总署提交书面整改报告和符合注册要求的书面声明。

海关总署应当对企业整改情况进行审查，审查合格的，恢复相关企业食品进口。

第二十四条 已注册的进口食品境外生产企业有下列情形之一的，海关总署撤销其注册并予以公告：

（一）因企业自身原因致使进口食品发生重大食品安全事故的；

（二）向中国境内出口的食品在进境检验检疫中被发现食品安全问题，情节严重的；

（三）企业食品安全卫生管理存在重大问题，不能保证其向中国境内出口食品符合安全卫生要求的；

（四）经整改后仍不符合注册要求的；

（五）提供虚假材料、隐瞒有关情况的；

（六）拒不配合海关总署开展复查与事故调查的；

（七）出租、出借、转让、倒卖、冒用注册编号的。

第四章　附则

第二十五条 国际组织或者向中国境内出口食品的国家（地区）主管当局发布疫情通报，或者相关食品在进境检验检疫中发现疫情、公共卫生事件等严重问题的，海关总署公告暂停该国家（地区）相关食品进口，在此期间不予受理该国家（地区）相关食品生产企业注册申请。

第二十六条 本规定中所在国家（地区）主管当局指进口食品境外生产企业所在国家（地区）负责食品生产企业安全卫生监管的官方部门。

第二十七条 本规定由海关总署负责解释。

第二十八条 本规定自2022年1月1日起施行。2012年3月22日原国家质量监督检验检疫总局令第145号公布，根据2018年11月23日海关总署令第243号修改的《进口食品境外生产企业注册管理规定》同时废止。

中华人民共和国海关总署公告2021年第87号

为维护我国出口食品生产企业合法权益，规范出口食品生产企业申请境外注册管理工作，海关总署对《出口食品生产企业申请国外卫生注册管理办法》进行了修订，形成了《出口食品生产企业申请境外注册管理办法》，现予以公布。

特此公告。

海关总署

2021年10月29日

出口食品生产企业申请境外注册管理办法

第一章　总则

第一条　为维护我国出口食品生产企业合法权益，规范出口食品生产企业申请境外注册管理工作，根据《中华人民共和国食品安全法》《中华人民共和国进出口商品检验法》和《中华人民共和国进出口食品安全管理办法》等法律法规、部门规章的规定，制定本办法。

第二条　境外国家（地区）对中国输往该国家（地区）的出口食品生产企业实施注册管理且要求海关总署推荐的，海关总署统一向该国家（地区）主管当局推荐。

第三条　境外国家（地区）有注册要求的，出口食品生产企业及其产品应当先获得该国家（地区）主管当局注册批准，其产品方能出口。企业注册信息情况以进口国家（地区）公布为准。

第二章　注册条件和程序

第四条　出口食品生产企业申请境外注册应当具备下列条件：

（一）已完成出口食品生产企业备案手续；

（二）建立完善可追溯的食品安全卫生控制体系，保证食品安全卫生控制体系有效运行，确保出口食品生产、加工、贮存过程持续符合中国相关法律法规、出口食品生产企业安全卫生要求；

（三）进口国家（地区）相关法律法规和相关国际条约、协定有特殊要求的，还应当符合相关要求；

（四）切实履行企业主体责任，诚信自律、规范经营，且信用状况为非海关失信企业；

（五）一年内未因企业自身安全卫生方面的问题被进口国（地区）主管当局通报。

第五条 出口食品生产企业申请境外注册时，应当通过信息化系统向住所地海关提出申请，提供以下申请材料并对其真实性负责：

（一）出口食品生产企业境外注册申请书（见附件 1）；

（二）出口食品生产企业申请境外注册自我评估表（见附件 2）；

（三）企业生产条件（包括但不限于厂区布局图、车间平面图、人流 / 物流图、水流 / 气流图、关键工序图片等）、生产工艺等基本情况；

（四）企业建立的可追溯的食品安全卫生控制体系文件；

（五）进口国家（地区）要求的随附资料。

第六条 海关根据企业申请组织评审，结合企业信用、监督管理、出口食品安全等情况，符合条件的向进口国家（地区）主管当局推荐。

第七条 需经进口国家（地区）主管当局现场检查合格方能获得注册资格的，出口食品生产企业应当按照进口国家（地区）的要求配合做好相关检查工作。

第三章 注册管理

第八条 已获得境外注册企业的注册信息发生变更的，应当及时向住所地海关申请注册信息变更，由海关总署通报进口国家（地区）。企业注册信息变更情况以进口国家（地区）公布为准。

第九条 已获得境外注册企业发生新建、改（扩）建生产车间或食品安全卫生控制体系发生重大变化的，应当及时向住所地海关报告。

根据进口国家（地区）注册要求，必须由进口国家（地区）主管当局批准后方能改（扩）建的，企业应当在事前向住所地海关报送改（扩）建方案，待进口国家（地区）主管当局批准后方可实施。改造完毕后，企业应当向住所地海关提交报告，由海关总署通报进口国家（地区）主管当局。

第十条 已获得境外注册企业发生下列情形之一的，应当重新办理注册，企业注册情况以进口国家（地区）公布为准：

（一）生产场所迁址的；

（二）已注册的产品范围发生变化且进口国家（地区）主管当局要求重新注册的；

（三）已注册国家（地区）主管当局要求重新注册的其他情形。

第十一条 已获境外注册的出口食品生产企业有下列情形之一的，由海关总署撤回向进口国家（地区）主管当局的注册推荐：

（一）企业主动申请取消注册的；

（二）企业依法终止的；

（三）出口食品生产企业备案已注销的；

（四）企业拒绝接受进口国家（地区）官方检查或未按进口国家（地区）主管当局要求进行整改及提供相关材料的；

（五）企业不能持续符合境外注册要求的；

（六）其他依法依规应当撤回向进口国家（地区）主管当局注册推荐的情形。

企业因第（四）、（五）项规定之情形被海关总署撤回境外注册推荐的，两年内不得重新提出申请。

第十二条 获得境外注册的企业，应当每年就是否能够持续符合进口国家（地区）注册条件进行自我评定，并向住所地海关报告。

第十三条 获得境外注册的企业，应当接受进口国家（地区）主管当局和海关实施的监督检查，如实提供有关情况和材料。

第四章 附则

第十四条 本办法所称的出口食品生产企业不包括出口食品添加剂、食品相关产品的生产、加工、储存企业。

第十五条 进口国家（地区）法律法规、多双边协议规定的其他类型食品生产单位（如渔船）的境外注册管理，参照本办法办理。

第十六条 本办法由海关总署负责解释。

第十七条 本办法自2022年1月1日起施行。国家认证认可监督管理委员会于2002年12月19日发布的《出口食品生产企业申请国外卫生注册管理办法》同时废止。

附件 1

出口食品生产企业境外注册申请书

企 业 名 称 ________________________________

企 业 地 址 ________________________________

注册产品类别 ________________________________

注册国家（地区）________________________________

企业信息		
企业名称	中文	
	英文	
企业地址	中文	
	英文	
统一社会信用代码		
出口食品生产企业备案编号		
拟注册国家（地区）	中文	
	英文	
拟注册产品类别	中文	
	英文	
拟注册具体产品名称	中文	
	英文	
已获其他国家（地区）注册的情况	中文	
	英文	
法人代表	姓名	
	联系方式	
联系人	姓名	
	联系方式	
电子信箱		

企业概况

<table>
<tr><td colspan="2">我单位承诺已建立完善可追溯的食品安全卫生控制体系，保证食品安全卫生控制体系有效运行，切实履行企业主体责任，诚信自律、规范经营，愿意按照进口国家（地区）的要求配合做好相关检查工作并承担其检查的相关费用；经自我评估，出口食品生产、加工、贮存过程持续符合中国相关法律法规、出口食品生产企业安全卫生要求和进口国家（地区）相关法律法规、相关国际条约及协定等要求。
现申请出口食品生产企业境外注册，保证所提供的申请材料合法、真实、有效。
若违反上述承诺，我单位愿意承担相应的责任。

法定代表人（或授权负责人）签名：
（企业公章）
年　月　日</td></tr>
<tr><td>备注</td><td>1. 企业概况应包括企业历史、性质、规模、设施、品种、生产能力、人员及培训情况、食品安全卫生控制体系运行情况、产品质量状况、进出口情况、获得第三方认证情况等。
2. 进口国家（地区）有特殊要求的，需另附材料。</td></tr>
</table>

附件2

出口食品生产企业申请境外注册自我评估表

企业名称（公章）：		出口备案号	
自我评估须知： 一、本表作为企业自我评价符合相关法律法规、出口食品生产企业安全卫生要求和进口国家（地区）相关法律法规、相关国际条约及协定等的客观证据，需逐项如实填写或打印，文字工整、清楚 二、自我评估结果为“符合”“基本符合需整改”“不符合”；如果评估为“基本符合需整改”“不符合”应在“客观描述”栏中进行简要说明事由 三、企业不得对表格中内容进行删减，如有需要进行补充说明的，可在“其他需要的情况”中填写			
一、申请境外注册的出口食品生产企业保证其建立的可追溯的食品安全卫生控制体系能够有效运行情况的自我评估：			
企业自我评估基本要求	客观描述	自我评估	备注
（一）企业有效实施可追溯食品安全卫生控制体系；文件化体系能够符合我国法律法规、出口食品生产企业安全卫生要求、国际食品法典委员会（CAC）《食品卫生通用准则》《危害分析与关键控制点（HACCP）体系及其应用准则》、进口国家（地区）相关法律法规和相关国际条约、协定等等规定的安全卫生要求		□符合 □基本符合需整改 □不符合	
（二）根据产品说明（包括来源、预期用途、包装方式、储存条件和消费方式）和工艺，识别、分析食品本身和生产过程可能存在的危害，确定并采取预防控制措施；对影响食品安全卫生的关键工序，应制定明确的操作规程，保证其对关键控制点的有效监控、纠偏、持续改进 记录备查		□符合 □基本符合需整改 □不符合	
（三）企业有效实施卫生标准操作控制程序。确保加工用水（冰）、食品接触表面、加工操作卫生、人员健康卫生、卫生间设施、外来污染物、虫害防治、有毒有害物质等处于受控状态 记录备查		□符合 □基本符合需整改 □不符合	
（四）企业有效实施原辅料、食品添加剂、食品相关产品的合格供应商评估制度和进货查验记录制度 记录备查		□符合 □基本符合需整改 □不符合	

续表

（五）企业有效实施全过程的产品追溯控制体系（出口食品追溯制度），保持食品链相关食品安全信息和批次、标识信息，实现产品追溯的完整性和有效性。相关凭证和记录保存期限得不少于产品保质期满后六个月；没有明确保质期的，保存期限不得少于二年 记录备查		□符合 □基本符合需整改 □不符合	
（六）企业有效实施出厂检验记录制度和产品召回制度，有效保障出口食品的安全卫生质量的控制，确保出口食品在出现安全卫生质量问题时及时发出警示，必要时召回 记录备查		□符合 □基本符合需整改 □不符合	
（七）企业有效实施不合格食品处置制度，包括不合格品的评价、隔离和处置等内容 记录备查		□符合 □基本符合需整改 □不符合	
（八）企业有效实施设备、设施的维护保养制度，保证加工设备、设施满足生产加工的需要 记录备查		□符合 □基本符合需整改 □不符合	
（九）企业有效实施各类员工的培训计划并做好培训记录，培训内容能满足相关法律法规要求、相关岗位工作技能等要求，保证不同岗位的人员熟练完成本职工作 记录备查		□符合 □基本符合需整改 □不符合	
（十）企业有效实施记录档案管理制度，保证生产、检验、卫生控制等有关记录，记录真实、规范、可追溯 相关记录保存期不少于 2 年		□符合 □基本符合需整改 □不符合	
二、申请境外注册的出口食品生产企业保证其生产和管理人员适合其岗位需要的自我评估			
企业自我评估基本要求	客观描述	自我评估	备注
（一）进入生产区域应保持良好的个人清洁卫生和操作卫生；进入车间时应更衣、洗手、消毒；工作服、帽和鞋应保持清洁卫生 人员卫生检查要求和检查记录备查		□符合 □基本符合需整改 □不符合	
（二）与食品生产相关的人员应定期体检、体检合格后持健康证明方可上岗，凡出现伤口感染或者患有可能污染食品的皮肤病、消化道疾病或呼吸道疾病者，应立即报告其症状或疾病，不得继续工作 企业人员花名册和参加体检人员记录备查		□符合 □基本符合需整改 □不符合	

续表

（三）从事监督、指导、员工培训的食品安全管理人员，应熟悉我国和相关进口国（地区）的相关法律法规、食品安全卫生标准，具备适应其工作相关的资质和能力。能够回答检查人员的询问 企业应收集并保存的相关国内外法律、法规、标准备查		□符合 □基本符合需整改 □不符合	
三、申请境外注册的出口食品生产企业保证其厂区环境、生产场所和设施设备、生产过程、储存、运输等安全卫生控制能力的自我评估			
企业自我评估基本要求	客观描述	自我评估	备注
（一）企业生产条件、产品生产加工工艺等基本情况（厂区布局、生产流程、设施设备等资料），厂区内和周围环境的有碍食品安全卫生的因素，面积与生产能力匹配，防止人流、物流、水流、气流交叉的设计与设施，与进口国（地区）法规要求的符合性		□符合 □基本符合需整改 □不符合	
（二）车间应与生产能力和设备的安置相适应，满足所加工的食品工艺流程和加工安全卫生控制要求；车间出口及与外界连通处应有防鼠、防虫蝇措施；食品生产加工车间及设施设置合理，易于进行适当的维护和清洗，与食品接触的物品、装置和设备表面均应保持清洁，以合适的频次进行有效清洗和消毒。在有温度、湿度控制要求的工序和场所安装温湿度显示装置		□符合 □基本符合需整改 □不符合	
（三）原辅料库应满足储存要求，保持卫生和整洁，必要时控制温度和湿度；不同原辅料分别存放，避免受到损坏和污染。 产品储存库应保持清洁，定期消毒，有防霉、防鼠、防蝇虫设施；库内产品应有明显标识以便追溯，并与墙壁、地面保持一定距离；库内不得存放有碍卫生的物品，储存库及库内产品应符合要求 预冷库、速冻库、冷藏库应满足产品温度、湿度控制要求，配备自动温度记录装置并定期校准；定期除霜，除霜操作不得污染库内产品或造成库内产品不符合温度要求		□符合 □基本符合需整改 □不符合	
（四）厂区、车间和实验室使用的洗涤剂、消毒剂、杀虫剂、燃油、润滑油、化学试剂等应专库存放，标识清晰，建立并严格执行化学品储存和领用管理规定，设立专人保管并记录，按照产品的使用说明谨慎使用		□符合 □基本符合需整改 □不符合	

续表

（五）根据原辅料特性，应避免其初级生产过程中受到环境污染物、农业投入品、化学物质、有害生物和动植物病害等污染； 采购、使用符合安全卫生规定要求的原辅料、食品添加剂、食品相关产品，要求供应商提供许可证和产品合格证明文件，并对供应商进行全面评价；对无法提供合格证明文件的食品原辅料，应依照食品安全标准进行检验 应依照国家和相关进口国（地区）标准中食品添加剂的品种、使用范围、用量的规定使用食品添加剂		□符合 □基本符合需整改 □不符合	
（六）企业满足检测监控产品的安全卫生的能力： 企业如内设实验室，其应布局合理，避免对生产加工和产品造成污染，应配备相应专业技术资格的检测人员，具备开展工作所需要的实验室管理文件、标准资料、检验设施和仪器设备；检测仪器应按规定进行计量或校准；应按照规定的程序和方法抽样，按照相关国家标准、行业标准、企业标准等对产品进行检测判定，并保存检测结果记录 企业如委托社会实验室，其承担的企业产品检测项目，需提供其认定或批准的相应资质和能力的证明材料，并保存检测结果报告		□符合 □基本符合需整改 □不符合	
（七）进口国（地区）法规有特殊要求的符合性自我评估内容（企业应对照相关法规、海关总署发布的检验检疫要求公告进行评估） 例 1,若进口国(地区)对水质有明确要求的,应按相关要求执行； 例 2，若进口国（地区）其他特殊要求（如：输日热加工偶蹄动物肉及其产品），应按相关要求执行 …… 记录备查		□符合 □基本符合需整改 □不符合	
（八）其他需要说明的情况：		□符合 □基本符合需整改 □不符合	

续表

四、申请境外注册的出口食品生产企业近三年内接受政府监管部门、第三方机构监督检查情况、国外通报、信用惩戒等方面的情况说明	
类别	情况说明
（一）政府监管部门、第三方机构年度监督检查情况	
（二）出口产品检验检疫不合格、出口退货及被国外主管当局通报的情况	
（三）政府监管部门信用惩戒情况	
（四）其他需要说明的情况	

企业评估人员：

企业法定代表人（或授权负责人）：

年　　月　　日

推荐公众号和网站

公众号：

上海海关12360热线 …

上海海关12360服务热线按照"统一受理、后台协作、统一回复"的工作模式，为进出口企业和社会各界提供咨询投诉、政策解读、通关协调等公共服务，打造海关服务企业和社会的良好品牌。热线宣传口号：汇聚服务、传递"关"心。

关务小二 …

关务小二社区（www.guanwuxiaoer.com）官方订阅号，打造报关员、报检员关务交流综合社区。最新关务政策、求解关务难题、关务职场讨论等，尽在关务小二。

收起

12360服务订阅号 …

12360是全国海关系统统一的社会公益服务号码。

中国绿色食品溯源平台

中国绿色食品溯源平台唯一官方公众号

2篇原创内容

梅特国际肉类咨讯 …

进口牛肉行业资讯 Global Meat News； 交易信息及价格参考 Price Idea & Trading Information；进口肉类咨询及行业数据报告 Consulting & Repor t；

市场监管半月沙龙 …

我们将为您提供市场综合监督管理、统一登记注册、市场监管综合执法、反垄断统一执法、规范和维护市场秩序、质量强国战略、工业产品质量安全、食品安全、特种设备安全监管、统一管理计量标准、检验检测、认证认可、知识产权、药品监管工作等热点信息。

中国航务周刊 …

本微信为中国大陆第一本航运类专业杂志和交通运输部指定公告媒体——《中国航务周刊》之官方微信。热点新闻、事件解读、观点碰撞，我们专注于中国货物运输及物流业的核心传播，全力为港航人士提供权威、及时、富有价值的专业资讯，搭建互动沟通的有效平台。

中国食品安全报网 …

中国食品安全报社主办，中国食品安全报新闻采编直播平台，第一时间反应国家食品安全时事政策，深入解读热点新闻事件，及时公布国家局抽检情况，引导百姓关注健康饮食，聚合媒体资源和网络力量，打造食品安全即时信息平台。

中国远洋海运e刊 …

本微信为航运主流媒体《中国远洋航务》杂志之官方微信。放眼世界、立足中国，为航运物流产业链提供全方位、多角度资讯交互平台，助力蓝色中国梦。

中远海运 …

感谢关注中国远洋海运集团官微公众平台 Welcome to the Official Wechat Account of China COSCO SHIPPING Corporation Limited

收起

云贸通平台

云企四方 贸服全球 通达天下

网站：

中华人民共和国海关总署　http：//www.customs.gov.cn/

中华人民共和国农业农村部　http：//www.moa.gov.cn/

中国技术性贸易措施网　http：//www.tbtsps.cn/

中国裁判文书网　https：//wenshu.court.gov.cn/

食品伙伴网　http：//www.foodmate.net/

国家外汇管理局　https：//www.safe.gov.cn/

中国进出口银行　http：//www.eximbank.gov.cn/services/infoserves/foreignexc/

美国 FDA 官方网站　https：//www.fda.gov/

参考文献

［1］吴林海，徐立青．食品国际贸易［M］．北京：中国轻工出版社，2019.

［2］焦阳．2019 年进出口食品化妆品安全状况报告［J］．口岸卫生控制，2020（6）：38-42.

［3］食品安全合规事业部．2020 年我国食品被国外召回典型案例［EB/OL］．食品伙伴网，2021-02-05.

［4］姜琳．国际承包项目中设备物资的采购及出口流程［J］．设备管理与维修，2020（20）：5-6.

［5］张媛．实例分析新版出口报关单下“三单一致”问题［J］．对外经贸实务，2019（4）：73-75.

［6］韩群．我国出口退税法律制度的完善［D］．蚌埠：安徽财经大学，2017.

［7］法律参考网站：https：//china.findlaw.cn

［8］宋华．中国进出口食品监管工作中的问题与对策研究［D］．苏州：苏州大学，2017.

［9］钟雁明．中国成为全球最大的农产品进口国［J］．中国海关，2022（7）：62-63.

［10］《管理学》编写组．管理学［M］．北京：高等教育出版社，2019.

［11］刘旭，王志化．食品进口代理商要承担什么责任［J］．中国海关，2022（10）：65.

［12］田芳．守标法、抓关键，教您如何做食品合规（上）［EB/OL］．http://news.foodmate.net/2023/01/651044.html，2023-01-12.

［13］田芳．守标法、抓关键，教您如何做食品合规（中）［EB/OL］．http://news.foodmate.net/2023/01/651514.html，2023-01-18.

［14］田芳．守标法、抓关键，教您如何做食品合规（下）［EB/OL］．http://news.foodmate.net/2023/01/651726.html，2023-01-27.

［15］王姣. 食品包装和容器相关内容梳理（中）- 国内及进口监管［EB/OL］. http://news.foodmate.net/2019/12/544737.html，2019-12-20.

［16］张颖，白磊. IPPC 标识很有用［J］. 中国海关，2022（7）：42-43.

［17］王果. 进境木质包装要申报吗？［J］. 中国海关，2021（10）：61.

［18］吴可嘉，林泽敏，耿哲. 新疆香梨输美注意事项［J］. 中国海关，2020（9）：30-31.

［19］段伟常. 保税物流的特点及发展策略［J］. 中国储运，2008（3）：75-77.

［20］李玉英. 航海科技名词［M］. 北京：科学出版社，1996.

［21］罗伯特·J·凯伯. 国际经济学（第 15 版）［M］. 北京：中国人民大学出版社，2017.

［22］任彦. "中国是多边主义的有力倡导者和践行者"—访国际道路运输联盟秘书长布雷托［N］. 人民日报，2021-01-26（02）.

［23］唐黎标. 中英海运货物保险条款的比较研究［J］. 航海技术，2009（1）：78-80.

［24］王莉娟，温素霞. 国际贸易常用运输方式的比较［J］. 科技信息（学术研究），2008（22）：55，57.

［25］翁齐鸣. 如何区分单独海损与共同海损［J］. 天津航海，2014（1）：34-36，41.

［26］吴亮，赵永秀. 国际贸易风险防范［M］. 北京：人民邮电出版社，2016.

［27］新华社. 国际道路运输联盟：中国应进一步打通"一带一路"运输通道［EB/OL］. http://www.xinhuanet.com/world/2017-05/08/c_1120938564.htm，2017-05-08.

［28］杨长春，顾永才. 国际物流［M］. 北京：首都经济贸易大学出版社，2020.

［29］张雪芹，曹立新. 各种运输方式的技术经济特征比较分析［J］. 交通与运输（学术版），2013（1）：170-172.

［30］中华人民共和国国家标准：物流术语［J］. 交通建设与管，2007（10）：106-120.

［31］《中国海关报关专业教材》编写组. 2020 中国海关报关专业教材［M］. 北京：中国海关出版社有限公司，2020.

［32］武亮，赵永秀. 国际贸易风险防范［M］. 北京：人民邮电出版社，2016.

［33］何静. 食品供应链管理［M］. 北京：中国轻工业出版社，2016.

［34］叶海丫. 进口冷链食品的防疫和消杀［S］. 上海心古应链有限公司

［35］进口冷链食品查处的法律适用和案例［EB/OL］. https：//www.sohu.com/a/445789350_744299，2021-01-21.

［36］焦阳. 中国食品进出口安全管理政策探讨［R］. 2022 年进出口食品安全大会报告.

[37] 郑铮铮、李学工 . 生鲜农产品的分类标准及其冷链物理品控管理 [J] .2017 (1): 31-36.

[38] 韦光贤，牛德宝，谢仁珍，等 . 食品加工企业食源性交叉污染风险控制分析 [J] . 轻工科技，2014 (7): 36-37.

[39] 周尔民，刘秋红 . 基于交叉污染视角的冷链食品质量控制分析 [J] . 保鲜与加工，2019，19 (3): 137-142

[40] 申炳豪，阿布都热合曼 · 卡的尔，陈茜 . 基于区块链的乳制品供应链溯源研究 [J] . 中国乳业，2021 (5): 7-13.

[41] 国家认证认可监督管理委员会 . 认监委关于发布新版《危害分析与关键控制点（HACCP）体系认证实施规则》的公告（国家认证认可监督管理委员会 2021 年第 12 号公告）[EB/OL] . 国家市场监督管理总局网站 .

[42] 孙玉鼎 . 出口花生检疫风险及管理策略 [J] . 全国流通经济，2020 (8): 34-36.

[43] 林青 . 均化制作的食品税则归类分析 [J] . 对外经贸实务，2013 (3): 65-68.

[44] 吴林海、徐立青 . 食品国际贸易 [M] . 北京：中国轻工出版社，2019.

[45] 吴瑕 .《吃喝玩乐》——第二期“紫菜”的归类 [EB/OL] . 微信公众号：归类小助手 . 2018-01-26.

[46] 进出口食品安全局 . 国家质量监督检验检疫总局关于进一步加强从日本进口食品农产品检验检疫监管的公告 [EB/OL] . 中国海关网 .2020-04-27

[47] 海关总署关于明确进口乳品检验检疫有关要求的公告（海关总署公告 2021 年 114 号）[EB/OL] . http://www.customs.gov.cn//customs/302249/302266/302267/4122618/index.html，2021-12-23.

[48] 最全酒类进出口贸易指南 [EB/OL] . 微信公众号：进口博览会交易服务平台，2020-08-17.

[49] 黄埔海关 . 进口水产品监管小常识 [EB/OL] . 微信公众号：进口博览会交易服务平台，2020-07-31

[50] 中国报关协会 . 进出口商品编码查询手则 [M] . 北京：中国海关出版社，2023.

[51] 中华人民共和国海关进出口税则及申报指南编委会 . 中华人民共和国海关进出口税则及申报指南 [M] . 北京：中国商务出版社，2022.

[52] 赵基 . 水果进口全流程 [EB/OL] . 上海瀚优国际贸易有限公司 . 云贸通平台 .

[53] 林萍萍，彭超，李克明，等 . 进口肉类检疫知多少 [J] . 中国海关，2022 (8): 45.

[54] 杨卫海，赵晓莉 . 肉类产品进口涉及的那些“证”[J] . 中国海关，2021 (3): 50-51.

[55] 樊东波，吴傅荣．乳品进口通关指南［J］．中国海关，2021（7）：38-39.
[56] 刘兰芳．对生产型企业关务合规管理的思考［J］．中国海关，2022（2）：24-25.
[57] 杨子朔．ZD 果汁公司外汇风险管理研究［D］．大庆：黑龙江八一农垦大学，2017.
[58] 林斌．外汇公司汇率风险管理研究—以 X 公司为例［D］．厦门：厦门大学，2019.
[59] 李东坡．国际贸易企业的外汇风险管理［J］．中国外资，2022（8）：116-118.
[60] 潘蕾蕾．国际经济贸易中的外汇风险与防范［J］．中阿科技论坛，2022（12）：21-25.
[61] 庞淑婷,程光伟,刘颖．一带一路市场农产食品贸易及其技术性贸易壁垒分析[J]，2019（4）：160-164.
[62] 李美玲．技术性贸易壁垒对我国食品产业及贸易的影响［J］,时代金融,2018（4）：227-228.
[63] 欧阳秋瑞．技术贸易壁垒对我国罗非鱼出口的影响及对策分析—以海南某罗非鱼出口企业为例［D］．海口：海南大学 .2015.
[64] 刘建华,董建朋,李洪林．三步做好技术性贸易措施应对[J]．中国海关,2021（4）：30-31.
[65] 查传丽．我国农产品出口遭受技术贸易壁垒的特征、原因及其对策［J］．经济研究导刊，2022（29）：78-80.
[66] 金泽虎．国际贸易学（第三版）［M］．北京：中国人民大学出版社，2019.
[67] 何静．食品供应链管理［M］．北京：中国轻工业出版社，2016.
[68] 中检集团商品追溯服务［EB/OL］.http://www.cciccloud.com/
[69] 王素，黄帅．中检溯源：让“进口”更安全［J］．进出口经理人 .2018（3）：58-60.
[70] 王虹，王成杰，杨旭，等．进口食品追溯体系的现状及发展趋势［J］．食品与发酵工业，2021（13）：303-309.
[71] 刘继云，陈传营．润丰国际蔬菜交易中心信息化溯源管理系统案例分析［J］．上海质量，2022（8）：63-66.
[72] 王伟，赵海军，王紫娟，等．区块链在我国出口食品溯源的应用探索研究［J］．食品安全质量检测学报，2021（20）：8234-8241.
[73] 吴江水 | 责编：陆建华，焦春玲．完美的防范—法律风险管理及合规管理的解决方案（第二版）［M］．北京：北京大学出版社，2021.
[74] FREDRIKSSON A, LILJESTRAND K. Capturing food logistics: a literature review

and research agenda. International Journal of Logistics Research and Applications, 2015, 18(1):16-34.

[75] GAJEWSKA T. The Impact of Trailer Conditions on the Quality of Refrigerated Food Transport Services — A Case Study [J] . Transport Problems, 2019(14): 97-107.

[76] KENNY M. International food trade: food quality and safety considerations [J] . Food, Nutrition and Agriculture, 1998(21):4-9.

[77] MILLER R W. This is Codex Alimentarium - 2nd edition [M] . Rome, Italy: FAO, 1994.

[78] RYAN J M. Guide to Food Safety and Quality During Transportation: Controls, Standards and Practices [M] . Netherlands: Elsevier Science, 2013.

[79] TASSOU S A, DE-LILLE G, LEWIS J. Food transport refrigeration [D] . LondonK: Centre for Energy and Built Environment Research, Brunel University.

[80] UNCTAD. Review of Maritime Transport 2018 [M] . New York: United Nations Publications, 2018.